2014年四川省科技厅软科学项目（编号：14l
2014年四川基层卫生事业发展研究中心项目
2015年泸州市科技局项目（编号：2015-Z-56）

U0617017

我国养老服务
综合配套改革实践与创新

主　编　王　琼　王　敏　黄显官
副主编　孙　雪　高子捷　刘　毅
编　委（按姓氏笔画排序）
　　　　龙　凤（成都儿童专科医院）
　　　　刘琰秋（西南医科大学）
　　　　何文武（西南医科大学）
　　　　何　皓（西南医科大学）
　　　　张　鑫（西南医科大学）
　　　　李尚学（西南医科大学）
　　　　高子捷（西南医科大学）
　　　　黄玉梅（西南医科大学）

西南交通大学出版社
·成　都·

图书在版编目（ＣＩＰ）数据

我国养老服务综合配套改革实践与创新／王琼，王敏，黄显官主编. 一成都：西南交通大学出版社，2017.5
ISBN 978-7-5643-5449-7

Ⅰ. ①我… Ⅱ. ①王… ②王… ③黄… Ⅲ. ①养老－社会服务－研究－中国 Ⅳ. ①D669.6

中国版本图书馆 CIP 数据核字（2017）第 110613 号

我国养老服务综合配套改革实践与创新

主编　王　琼　王　敏　黄显官

责任编辑	梁　红
助理编辑	郑丽娟
封面设计	何东琳设计工作室
出版发行	西南交通大学出版社 （四川省成都市二环路北一段 111 号 西南交通大学创新大厦 21 楼）
发行部电话	028-87600564　028-87600533
邮政编码	610031
网址	http://www.xnjdcbs.com
印刷	成都勤德印务有限公司
成品尺寸	170 mm×230 mm
印张	16
字数	287 千
版次	2017 年 5 月第 1 版
印次	2017 年 5 月第 1 次
书号	ISBN 978-7-5643-5449-7
定价	78.00 元

序

众所周知，我国的养老问题日益突出，养老任务日渐加重，但是能够承载社会需求的养老体系尚处于建设过程中。立足我国的现实国情和未来的发展预期，秉持系统建设理念和原则，则可以建成有质量和效益的养老体系。

目前，我国的养老服务业呈现出需求与供给严重失衡、不匹配的现象（平价养老服务供不应求、高端养老服务乏人问津），造成这种现象的深层次原因在于我国的养老保障事业发展时间短、积累少、底子薄，同时老年人也整体处于未富先老、无更多储备资源支持高端养老服务的尴尬境地。而要在人口老龄化加速和养老储备基础薄弱等不利条件的交织下有效应对养老问题，则需要通过实施养老综合配套改革才能找到出路。

为此，课题组就养老业的发展进行了深度创新研究，并形成专著。全书共计十章，包含的具体内容有：我国养老服务体系的发展历程、养老服务法制建设、国际养老模式经验借鉴、我国养老模式及创新、老年医疗保障制度建设、养老护理服务人才的培养、公共财政政策调整与完善、老年心理健康教育与促进、智慧养老、社会化养老服务中的政府责任等。本书涉及面较为广泛，在一般性研究的基础之上，重点突出了以下问题。

借鉴国际经验，结合我国国情来看，要较好地解决我国所面临的养老问题，必须走政府调控与市场运行相结合的路子，充分发挥我国的政治体制优势，集中优势资源提供基本的养老服务，然后充分激发市场要素提供多层次差异化的养老服务，两者相济，最大化地满足社会的多层次需求，形成相互协调、互为补充的养老体系。

在法治中国的大背景下，我国的养老业必须逐步步入法制建设的轨道。主要体现在两方面：一是养老业发展过程中会遇到许多新的情况，这需要创新地运用法律去规制和解决；二是需要用法律法规固定和保护已有成果（包括制度、程序以及养老服务经营实体等），期望以此形成长效机制。对我国养老服务施行法制化建设，既是过程，也是结果，是保障所涉主体合法权益的必然要求，管理者、经营者和其他所有参与者均必须牢固树立这样的理念，并落实到实践中。

养老服务综合配套改革涉及的内容十分广泛。从基本内涵来看，包括了养老模式、养老制度等内容；从具体需求来看，有医疗保障、护理、心理干预等方面的内容；从技术手段来看，主要是现代科学技术下的智慧养老问题；从运行主体来看，主要有政府管理、财政影响和市场其他主体自我发展等。课题研究者针对上述重点、难点、热点问题，进行了广泛深入的研究，针对不同的研究核心内容，创新地提出了相应的解决措施，具有一定的指导意义。

在本书的编写过程中，得到了西南医科大学人文与管理学院、泸州市民政局、泸州市老龄委等部门的关心和支持，特表示衷心感谢。本书参与者利用假期时间，在参阅大量参考文献的基础之上，通过实地调研，在相应理论的支撑下，形成了新颖的研究成果，对于他们的辛勤工作，在此一并表示深深的谢意。

由于时间比较匆忙，加之作者水平有限，书中难免会存在一些瑕疵，请读者见谅，下一步我们将会在现有基础之上进行更为深入的研究，期待您的指正和帮助。

黄显官

二〇一六年十二月二十六日

目　录

第一章 我国养老服务体系的发展历程

第一节 我国养老服务体系的历史沿革

养老服务体系既包括家庭提供的基本生活设施和生活环境，也包括社区提供的各种服务和条件，更加包括政府、社会提供的有关服务的形式、制度、政策、机构等各种条件。

养老服务体系主要是指与经济和社会发展水平相适应，以满足老年人基本生活需求、提升老年人生活质量为目标，面向所有老年群体，提供基本生活照料、护理康复、精神关爱、紧急救援和社会参与的设施、组织、人才和技术要素形成的网络，以及配套的服务标准、运行机制和监督制度。

一、我国养老服务体系萌芽阶段

中华人民共和国成立后至改革开放前，我国的养老服务体系处于萌芽阶段。在这一段时期内，由于中华人民共和国刚刚成立，国家百废待兴，政府重点关注和解决的是社会主义改造、国民经济的恢复等问题，对养老问题的重视程度不够高，国家也没有单独提出养老服务体系这一概念，更没有针对养老服务制定专门的政策和法规。当时老年人的养老问题，主要还是由家庭负责，只有极少一部分入驻养老机构的孤寡老人，才由养老机构提供水准较低的养老服务，所以这一时期我国的养老服务还未形成完整的体系，处于萌芽阶段。

（一）背景介绍

1. 高度集中的计划经济和农业为主的经济结构

在中华人民共和国成立初期，我国学习苏联实行高度集中的计划经济体制，严格的户籍制度使得人口在各个地方的流动受到非常大的限制，无论在城市还是农村，人口在空间上流动的频率都非常低；加之当时工农业发展不平衡，农业在经济比重中占了绝对的主导地位，而且农业生产模式仍然是以人力劳作为主，这种生产方式十分有效地保证了构成社会的基本单元——家庭的稳定性，使家庭为老人提供照料服务更具有稳定性和持续性，家庭有效地承担起了保障老年人老年生活的责任。

2. 以家庭养老为主

1950 年我国总人口为 5.44 亿，1980 年增长到 9.78 亿，这段时期内老年人口占总人口比例小，社会养老压力小，养老问题并没有成为一个突出的社会问题，家庭的养老功能已经能够基本满足当时社会的养老需求。除了鳏寡孤独入住国家或集体设置的养老机构外，其他老年人在家中养老。

3. 奉行孝文化

在我国历史上，儒家思想成为社会主导思想，社会长期受到儒家文化的影响，长期以来形成了"家庭养老"的传统模式，赡养年迈的父母是后代不可推卸的责任，"养儿防老""百行孝为先"等道德伦理思想都已经深深扎根于国人的脑海中。父母将子女抚养成人，待到父母年迈之时，子女须赡养父母，这是一种天经地义的行为，不然，将受到道德舆论的谴责。传统的赡养方式以这种"孝文化"为思想基础，由家庭单位直接承担起年老家庭成员的养老责任，在国人的传统道德观念中早已根深蒂固。

"孝"在中华民族几千年的历史中一直被当成最基本的道德规范，社会成员一直有着极强的崇尚"尊老"的社会伦理道德观念。赡养老人强调物质与精神赡养相统一，社会大众仍然普遍认可"养儿防老"的传统思想，传统文化使得人民具有极强的家庭观念，这也使得当时家庭承担养老功能有着极其浓厚的思想文化基础。同时，这一思想也在法律层面上得到了体现，《中华人民共和国宪法》(以下简称《宪法》)第四十九条规定"成年子女有赡养扶助父母的义务"。

（二）政府在养老服务萌芽阶段发挥的作用

1. 设立养老服务机构

当时我国实行计划经济体制，在这种高度集中的经济体制中，政府当时的工作重点是发展经济和军事，举办的养老服务的公共事业十分有限，能够覆盖的人群也仅限于鳏寡孤独等弱势群体，为他们提供的也只是最基本的救助。

生产教养院是最早的带有养老服务色彩的机构。政府为了对城镇流离失所的人员进行救济教育和劳动改造而设置了生产教养院，设置生产教养院的初衷是为这些人员提供一个安身之所，它并不是专门的养老机构，为机构中收纳的老年人提供服务也不是它主要的目的。根据统计，到 1953 年年底，全国共建成这类机构 920 个，接收的孤寡老人约 10 万人次。后来，对生产教养院加以改造，清理出并不再接收有劳动能力的人员，成为专门为孤寡老人提供服务的机构，名称也变更为"养老院"。1964 年，全国类似机构增加到了733 个，收容安置约 7.9 万老人。

在农村，敬老院是在农村"五保户"的基础上发展起来的。1956 年农业合作化时期，农业生产合作社对缺乏劳动能力，生活没有依靠的鳏、寡、孤、独者，实行保吃、保穿、保住、保医、保葬，简称"五保"。1958 年人民公社化时期，对五保户实行集中供养，在全国各地兴办了一批敬老院。1958 年年底全国范围内共办起、建成养老院 15 万所，收养 300 余万"五保户"。受"文化大革命"影响，城市的养老院和农村的敬老院等机构发展曲折。

2. 建立社会保险

1951 年 2 月 26 日，国家颁布《中华人民共和国劳动保险条例》，并于 1953年、1956 年两次进行修订，全面确立了适用于中国城镇职工的劳动保险制度。其中对职工的养老待遇做出了明确的规定。这份条例并不是为养老而制定的，且其涉及范围有限，只是针对城镇职工。

（三）养老服务萌芽阶段的特点

1. 城乡养老服务二元化

改革开放之前，城镇老年人能够得到单位福利制度支持，年轻时有了就业保障，年老时也就有了生活保障，能够依靠机关、企事业单位保障他们的基本生活，而且城镇家庭的经济条件相对较好，家庭和单位共同提供老年人的养老服务。尽管受当时社会整体经济发展水平的限制，家庭和单位能够提供的养老服务水平不高，但是通过双方共同的努力，不充足的养老服务资源还是较充分地发挥了它们的作用。年老后的保障责任由单位承担，由于每个单位效益、福利制度的差异，造成不同层次、不同群体、不同职业的人员享受的福利待遇也不同。

在农村，除了五保家庭的老人由国家和集体提供养老保障之外，其他老人的养老保障主要靠家庭来提供，有时也辅以邻里和亲戚的帮助。农村在土地政策上也对鳏寡孤独有所倾斜，进行土地改革时，鳏寡孤独比普通人适当地多分土地，但是这也不能从根本上解决老年人生活保障的问题，仍存在有地却没有能力耕种的现象。在推行人民公社和合作化后，集体承担了更多为老年人提供养老保障的责任，从集体劳动成果中划出一部分保障老年人生活。毛泽东曾强调："一切合作社有责任帮助鳏寡孤独缺乏劳动力的社员（应当吸收他们入社）和虽然有劳动力但是生活上十分困难的社员，解决他们的困难。"在农村，对老年人的照料护理等养老服务基本上是由家庭提供，邻里互助等非组织形式是重要补充。

城镇家庭的养老功能强大。尽管当时资源有限，但家庭和单位形成合力，各尽其力，使老年人的养老服务资源得到很好的发挥。在农村，政府和集体合力为"五保"老年人提供养老服务，而其他农村居民只有靠家庭，有时也会通过求助亲戚和邻里互助来照顾老人。当时中国社会养老服务的二元结构特征非常明显。

2. 政府在养老服务建设方面发挥的作用小

在这段时期，我国学习苏联实行计划经济体制，由政府举办的养老服务的公共事业项目不多，而且能够保障的人群范围也是相当狭窄的，仅限于对社会弱势群体的低水平的救助。当时的国有企业建立和兴办了一些与企业自身生产经营没有直接联系的机构和设施，承担了产前产后服务和职工生活、福利、社会保障等社会职能，即企业办社会现象。所以很多社会福利被误认为是企业或单位提供的福利。在城镇单位的职工，年老之后一切生活由其所在单位负责，有了就业保障就有了从生到死的生活保障。年老后的生活保障通过单位内部的福利解决，使不同层次、不同群体、不同职业的人员享受的福利待遇也不同。而在农村，除了"五保"家庭外，其他老人的养老服务主要靠家庭来提供。

从中华人民共和国成立到 20 世纪 80 年代之前，除了在宪法上明确规定了成年子女有照顾父母的义务，在养老服务这方面政府并没有做出系统性的安排，国家设立的养老院仅仅是为城镇"三无"老人和农村"五保户"老人提供养老服务。如 1958 年中共八届六中全会上通过的《关于人民公社若干问题的决议》中指出："要办好敬老院，为那些无子女依靠的老年人（五保户）提供一个较好的生活场所。"在当时，养老仍然被认为是家庭内部的事务，是子女需要负起的责任，还没有认识到国家对提供养老服务和保障也有不可推卸的责任。在这一阶段，国家只是有限地干预养老事业的发展，绝大部分个体的养老服务需求都能够在家庭内部得到解决，养老服务也没有成为普遍的社会问题，因而家庭作用是主导的，机构养老只是一个必要的补充。

3. 以家庭养老方式为主

家庭养老方式在我国养老方式中占有绝对主导地位，"养儿防老"经过上千年历史积淀已经深深根植于中国人民的思想中。用现代社会保障的观点来看，父母在有劳动能力的时候生育和抚养子女，就类似于为养老而投入的社会保障基金。当父母年老时，丧失或者部分丧失劳动能力，子女正好处于劳动年龄，有能力赡养父母，这就类似于保障基金开始给付。因此生育子女就成了一种保障老年生活的方式。

从传统家庭的角度看，这种养老基金的缴纳、积累、增值以及给付，是一个合情、合理、合法的过程，衔接的过程也非常稳定。总之，在中国传统家庭中，家庭承担着老年人生老病死的全部风险，用于赡养老人和老年人养老的花费也全部由其家庭承担。

4. 家庭养老在当时的优越性

（1）家庭养老促进与老人的交流，能够给老年人以精神上的慰藉。老年人为家庭付出了一生的心血，可以说家庭已经成为绝大多数老年人生命中不可分割的一部分，对中国的老年人而言更是如此。老年人对家庭经济上和精神上的依赖比较强，老年人"落叶归根"的思想也很强烈，家庭和故乡就是老年人的根，是老年人最满意的养老处所。享天伦之乐是大部分老年人最美好的愿望，它也有利于保证社会的稳定性。

（2）家庭养老的养老成本相对较低。与社会养老相比，家庭养老将给老人养老的责任交给了子女，当政府提供的养老服务和养老保障不能完全发挥其作用时，依然能够做到老有所养，这也避免了社会保障基金管理中存在的风险。

（3）家庭养老是中国传统道德强大内在力的必然结果。中国人提倡尊老爱幼，在全社会形成养老尊老的风气，赡养老人自古以来都被认为是子女的一种理所当然、责无旁贷的义务。

二、我国养老服务体系的探索期

改革开放之后到 2000 年，我用养老服务处于探索发展期。这一时期，我国政治、经济、文化环境发生巨大变化，开始社会主义市场经济体制改革，开始了建立独立的社会保障体系之路，为老年公民提供基本的生活保障，推进社会福利社会化，以福利改革为社会福利社会化改革的突破口。在这段时期内，国内的养老机构如雨后春笋般迅速发展起来，社区养老这一属于第三产业的新型养老方式开始受到重视，得到了一定的支持，也得到了不错的发展。虽然家庭依然是养老服务的主体，但在家庭之外，机构养老和社区养老也逐渐兴起。

（一）背景介绍

1. 步入市场经济时期

随着改革开放的号角吹响，我国开始引入市场经济，实行社会主义市场经济体制，国有企业改革，企业办社会的现象消失了，单位能够给员工提供的服务越来越少，甚至有些企业转轨后，员工没有机会再享受单位的任何福利待遇。到如今，由用人单位为其员工提供养老服务的现象已经基本消失，逐渐被社区和其他组织提供的养老服务所取代。

2. 计划生育的实施

1982 年计划生育政策被确定为基本国策，改革开放以前占绝对主导地位的家庭养老的功能不断被削弱。然而，虽然其功能有所削弱，但是家庭养老仍是改革开放后乃至今天最主要的养老方式，这种养老方式在传统文化的影响下已经成为一种非常稳定的模式。然而，随着经济发展、社会转型、人口结构变动等诸多因素的影响，家庭养老出现了一系列问题，而政府无论在制度上、政策上还是财力上都还没有做好准备。公共需求与政府提供公共物品、公共服务的能力之间的矛盾凸现出来。

（二）政府在养老服务探索时期的尝试

1. 进行福利改革和举办福利事业

"文化大革命"之后，全国开始了拨乱反正的浪潮。1979 年，民政部开始拨乱反正，重申机构的福利性质和服务方向。1984 年 11 月召开全国城市社会福利事业单位改革整顿工作会议，进一步明确了"社会福利社会办"的城市社会福利事业的指导思想。1987 年民政部提出要发展城市社区服务，逐步形成包括养老服务在内的社区服务体系。社会办社会福利事业不再由国家包办，而是由国家、集体、个人一起办。此外，还在农村鼓励和支持建设敬老院，积极调动社会各方面的力量建设养老服务设施和机构，机构服务对象扩大至社会老人，到 1988 年，城镇达到 1.7 万人，农村达到 9 000 人，分别占收养人员总数的 24%、2%。1998 年 3 月，民政部门选定 13 个城市进行社会福利社会化试点，作为第三产业推进。当年，国务院办公厅转发《关于加快实现社会福利社会化的意见》，进一步推动此项工作。

2. 制定一系列养老法规

随着养老事业的不断展开以及政府加强了对养老事业的重视，政府出台了一系列与养老服务相关的法律法规，民政部等部委相继发布了《社会福利机构管理暂行办法》《老年人社会福利机构基本规范》《老年人建筑设计规范》《农村敬老院管理暂行办法》等，通过法律法规来规范养老机构的建设，养老机构为老人提供的服务项目也越来越宽广，由单一的生活保障发展为集居住、医疗服务、康复、娱乐等于一体，养老服务质量得到改善。

3. 继续完善养老保险

1985 年 9 月 23 日，中共中央发布了《关于制定国民经济和社会发展第七个五年计划的建议》，并在 1986 年 3 月的第六届全国人民代表大会第四次会议上通过，成为我国养老保险工作的指导性纲领。1995 年 3 月，国务院发布了《国务院关于深化企业职工养老保险制度改革的通知》，确立了我国对企业职工养老保险制度改革的目标和"社会统筹和个人账户相结合"的原则，对基本养老保险金计发办法、个人账户管理建立等主要问题，做出了变革决定。1997 年我国明确了社会统筹和个人累积相结合的养老保险制度改革方向，并努力实现筹资模式从现收现付变为部分积累，支付模式从收益确定型变为缴费确定型，资金来源从完全由财政拨款变为由政府、企业和个人共同负担。

（三）养老服务探索阶段的经验教训

不少的西方国家在公共服务行业中引入了市场机制，希望通过市场发挥对养老资源的配置作用，通过更多资本进入养老产业触发竞争机制，通过私人资本之间的竞争、私人资本与公共部门的竞争，能够促进养老行业的良性发展，为老人提供更好的养老服务。与西方国家养老服务主体多元化不同，我国在改革开放后实行福利社会化改革，政府应该在养老服务行业发挥主导作用。此时却出现了一个严重问题，在实行社会主义市场经济后，很多行业都开始引入市场机制，养老行业也引入了市场机制，部分地方政府通过养老服务市场化，将养老责任扔给社会和市场，对养老服务行业完全放手不管。社会福利社会化的政策被扭曲了。这对养老服务体系的发展造成极大的不良影响，同时也为我国养老服务体系的进一步发展提供了宝贵的经验和教训。

三、我国养老服务体系的形成阶段

2000 年至今，我国养老服务处于系统化的形成阶段。2000 年，我国开始进入老龄化社会，养老成为一个严重的社会问题，影响着国家经济的发展。民政部的统计数据显示，我国老年人口将年均增加 800 万至 900 万人，到 2020 年，老年人口将达到 2.48 亿，较当前增长 1 个亿。预计到 2050 年进入重度老龄化阶段，届时我国老年人口将达 4.37 亿，约占总人口的 30%。养老问题越来越凸显，必须继续健全和完善养老服务体系，以面对人口老龄化所带来的压力。因此，在这一阶段，养老服务的重要性日益凸显，开始朝着体系化方向迈进。

随着人口、经济、政治、文化等社会结构的急剧变动，原有的养老服务赖以存在的社会基础已经不复存在，构建适应时代的养老服务体系成为当务之急。

（一）养老成为严重的社会问题

虽然改革开放后我国经济得到了长足的发展，但面对突如其来的老龄化，还是显得力不从心，政府不得不把老龄公共事业推向社会，发动社会力量来共同发展老龄事业，即所谓的社会福利社会化。2000年2月，各部委联合发布了《关于加快实现社会福利社会化的意见》，明确提出推进社会福利社会化的福利政策。主张在供养方式方面坚持以居家为基础、以社区为依托、以社会福利机构为补充的发展导向；国家积极动员社会各方面的资源兴办养老服务的福利事业。中国的"社会福利社会化"包括投资主体多元化、服务对象公众化、服务方式多样化和服务队伍专业化。

"社会福利社会化"是我国独创的一个概念。以前并没有"社会福利社会化"这个概念，与之相近的一个概念是第二次世界大战后西方国家提出的"社会福利民营化"。"社会福利民营化"是指政府将社会福利的供给，通过服务承包、补贴制度、市场等方式完全或部分转移到民营部门。

（二）提供养老服务的主体多元化

改革开放前的养老服务主要依靠家庭和单位，虽然保障水平不高，模式单一，但基本能满足老人的需求，老人可以安度晚年。这种方式还是比较符合当时的经济和社会环境的，对保障老年人的基本生活和维护社会的稳定发挥了一定的作用。改革开放以后，国内的经济和社会环境发生了剧烈的变化，养老服务也跟随着社会的需要不断发生着变化，其中一个重要的变化就是养老服务的主体从以往的家庭和单位向着多样化发展。这是养老服务在社会主义市场经济体制下的必然趋势。同时，养老服务的对象也发生了变化，范围从孤寡老人扩大到全体老人。依据养老服务的主体分，现在我国主要的服务体系可以分为家庭养老服务体系、社区养老服务体系和社会养老服务体系三种。

（三）政府大力兴办养老服务公共事业

各级政府继续推进社会化，积极调动社会力量参与养老事业建设，通过加大财政投入完善养老保障，鼓励和支持养老机构的建设和发展，我国的养老服务呈现出投资主体多元化、服务对象公众化的特征。我国的养老行业引入了市场化机制，适应社会主义市场经济体制的发展格局，较好地保障了特殊对象的需求，一定程度上满足了社会公众对福利事业的要求。据全国老龄工作委员会统计，2016 年全国养老机构的床位数已达到 669.8 万张，每千名老人拥有养老床位数达到 30.2 张，居家养老服务设施已基本覆盖城镇社区和50%以上的农村社区。

对于没有入住养老机构的社会老人，通过社区范围内提供的照料护理，发展居家养老服务。2000 年开始，在经济比较发达的江浙，居家养老工作陆续展开，其成效得到了社会各方的认同。通过总结教训经验，2008 年 1 月，全国老龄办、民政部等十部门联合下发《关于全面推进居家养老服务工作的意见》，对居家养老工作做出全面部署。在具体实施居家养老政策时，各个地方政府要根据当地的财政状况确定享受服务的对象，一般享受服务的对象都是 70 岁以上的老年人。根据老年人的家庭收入状况、老年人自身的健康状况将老年人分成不同的类别，按照类别的不同享受相应标准的财政补贴，提供的服务的主要内容有最基本的生活照顾，提供医疗设施和医疗服务，以及对老年人的精神慰藉。

（四）正式提出"养老服务体系"概念

1. 提出"养老服务体系"概念

这一时期最重要的是明确提出了"养老服务体系"的概念。2006 年 2 月召开的第二次全国老龄工作会议强调发展"以居家养老为基础，社区养老为依托，机构养老为补充"的中国特色养老服务体系建设。2008 年年底，民政部在全国民政工作会议上提出，要建立和完善"以居家养老为基础，以社区为依托，机构为补充"的养老服务体系，养老服务进入到实施阶段，养老服务体系正在逐步完善。

在 2000 年颁布社会福利社会化政策以后，民政部 2005 年又出台了《关于支持社会力量兴办社会福利机构的意见》，2006 年又颁布了《关于加快发展养老服务业的意见》，政府通过建立健全法律、法规和推出一系列政策的方式让养老服务体系走上规范化道路。2005 年出台的《关于支持社会力量兴办社会福利机构的意见》中强调了社会办福利机构的原则——应当坚持非营利的性质和发展方向。同时还明确规定了"各地要按照建立以国家办福利机构为示范、以其他多种所有制形式的福利机构为骨干、以社区福利服务为依托、以居家供养为基础的社会福利服务体系的总体要求，对于社会力量根据当地社会福利事业发展规划和区域社会福利机构设置规划依法兴办的非营利性福利机构给予政策和资金的支持"。在 2006 年 2 月国务院转发的 10 个部委的《关于加快发展养老服务业的意见》中，"养老服务业"被作为一个专门用语明确提出来。它是为老年人提供生活照顾和护理服务，满足老年人特殊生活需求的服务行业。

2.《民政事业发展第十三个五年规划》中对养老服务体系发展的指导性意见

（1）鼓励社会力量参与。通过补助投资、贷款贴息、运营补贴、购买服务等方式，支持社会力量兴办养老服务机构，重点鼓励社会力量投资兴办面向失能、失智、高龄老年人的医养结合型养老机构和养护型、医护型养老床位。落实好社会兴办养老机构在资本金、用工、税费、土地等方面的优惠政策。支持境外资本投资养老服务业。鼓励民间资本对企业厂房、商业设施及其他可利用的社会资源进行整合和改造，用于养老服务。

（2）公办养老机构建设。加大财政投入，加强公办保障性养老机构建设。坚持建设标准适度，避免铺张豪华，充分发挥公办养老机构托底作用。探索建立公办养老机构入住评估制度，重点保障特困人员中的老年人、经济困难老年人、失独家庭老年人和做出特殊贡献的老年人等养老需求。加强农村特困人员供养机构建设，强化托底保障功能，在满足农村特困人员集中供养服务需求的前提下，鼓励、支持有条件的机构积极为农村其他老年人提供养老服务。

（3）公办养老机构改革。建立健全"公建民营"管理办法，加大公办养老机构实行"公建民营"试点工作力度。鼓励政府投资新建、改建、购置的养老服务设施，新建居民区按规定配建并移交给民政部门管理的养老设施，采取"公建民营"等方式，进行社会化运作。实行"公建民营"的养老机构，在优先接收有入住需求的养老服务保障对象基础上，闲置床位全部向失能或高龄社会老年人开放，确保继续履行公益职能、确保资产安全。鼓励公办养老机构实行服务外包，更好地为入住老年人提供优质、安全、便利服务。

（4）促进医疗卫生和养老服务相结合。加快推进医疗卫生与养老服务相结合，建立健全医养结合体制机制和政策法规，推动医疗卫生和养老服务资源有序共享，形成覆盖城乡、规模适宜、功能合理、综合连续的医养结合服务网络。

（5）创新养老服务投融资机制。推动政府购买养老服务，改善养老领域金融服务，提升金融支持养老服务业发展能力。

《民政事业发展第十三个五年规划》指出，发展养老服务的目标是积极应对人口老龄化，加快发展养老服务业，全面建成以居家为基础、社区为依托、机构为补充、医养结合的多层次养老服务体系，创新投融资机制，探索建立长期照护保障体系，全面放开养老服务市场，增加养老服务和产品供给。

第二节　我国养老服务体系的现状

在我国，养老服务体系是支持我国养老事业发展的基础。目前我国正在以非常快的速度步入人口老龄化阶段，老年人越来越多，老年人所占的比例也越来越大，养老问题日益成为我国发展道路上一个重大的现实问题。我们国家要实现更好的发展，就必须解决好我国日益突出的养老问题。而要解决好养老问题，首要的就是好好发展养老事业的基础，也就是要建设好我国的养老服务体系，只有打好了基础才能谈得上发展。而要想了解怎样才能完善我国的养老服务体系，那就必须先了解我国养老服务体系的现状，只有了解到现阶段的情况，才能让我们更好地去为养老服务体系的完善做出自己的贡献。

我国的养老服务体系不是单一的一种或是一类体系，而是一种多元化的服务体系，它能够比较全方位地照顾到各个年龄层次、各个地区、具有各种养老愿望的老人。养老服务系统应该是为老年人的生活提供全方位的服务支持的，也就是说它不仅可以为老年人提供各种生活照料方面的服务，还能提供医疗方面的康复护理，甚至为老年人更好的精神享受提供全面的服务，当然还必须具有人文关怀。它提供服务不仅在于形式，还有各种实实在在的服务机构，并且还应有相应的配套制度、政策予以辅助。所以它不仅是一种服务，更是一种多元化的服务体系。

一、我国养老服务体系的分类

根据老年人居住方式的不同，可分为：

1. 居家养老服务

居家养老相信是很多老年人心中最理想的养老方式。能够和家人在一起安度晚年，这是一件幸福的事情，而在中国的传统文化中，一直把"孝道"放在一个重要的位置，所以能够让父母在家中度过余生也是身为子女应尽的孝道。不管怎么说，现在中国最普遍的养老方式还是居家养老。我们所说的居家养老服务是指政府和社会以社区的力量为依托，提供给居家的老年人生活的照料服务、家政方面的帮助服务、病后康复方面的护理服务和精神慰藉等方面的全方位服务的这样一种养老服务模式。我国要建立完善的养老服务体系，发展社区服务，必不可少的就是推进居家养老服务的发展，它可以作为我国传统的家庭养老模式的补充，能够为完善养老服务体系提供一些帮助。

现代的居家养老与传统的居家养老还是有一定差别的。传统意义上的居家养老指的是按中国老年人的传统生活习惯，为了满足老年人的养老愿望让他们居住在自己家中进行养老的一种养老方式，这种方式主要是依靠儿女的力量来支持，是一种以自己家庭力量为主要支撑的养老方式，这种单靠儿女的能力来进行养老的方式会给儿女带来一些压力。而现代居家养老则是指传统的家庭养老形式与社会化的服务体系所共同构成的现代新型的复合养老模式。具体来说，就是以家庭养老为基础支撑，以社区照顾服务为辅助，以养老机构提供的供养服务为补充的形式，在社区建立的一个社会化的养老服务体系，其中大部分为 60 岁以上的老年人，重点服务对象是"三无"老年人、享受低保的老年人以及生活不能自理的特困老年人。

2. 机构养老服务

所谓机构养老服务，就是指社会养老服务机构为老年人的养老生活提供服务的一种养老方式，传统的养老院就是这样一种形式。

我国的机构养老服务带有明显的公益性，大多数不以盈利为目的，它们是以那些儿女没有时间照看的老人、城市的"三无"老人以及农村的"五保"老人为主要服务对象的养老服务组织。养老机构的生活服务与其他服务不同，它是面向全体老人的全方面服务，它不仅仅要满足老年人在吃、穿、住、行等方面的基本生活需要，还要为老年人提供精神享受、疾病防治、康复护理方面的服务，可谓十分全面、非常贴近生活的服务，这也反映了我国养老服务水平的提升。

住在养老机构的老人平均年龄基本在 75 岁以上，所以对他们的照料需要特别注意，不能马虎大意，否则将会出现不良的后果。这就要求养老服务机构的工作人员必须具备较高的素质，包括文化修养以及专业素质，否则是做不好这样繁杂的工作的。

依据服务主要提供主体，可分为：

1. 家庭养老服务体系

这里的家庭养老服务体系是指传统的居家养老服务体系，没有社区提供依托，没有机构养老服务来辅助，需要与现代居家养老服务体系区分开来。

2. 社区养老服务体系

社区养老服务体系也是以家庭养老服务为主体，以社区机构养老服务以及托老所服务为辅的整合社会各方力量的养老模式，这点与现代居家养老有几分相似。这种体系的特点在于：可以让老年人住在自己的家里，可以同时享受到家人与社会服务机构的照顾。可以说，不论是对老人还是老人的家人来说，这都是一个不错的选择。在传统居家养老、社区养老和机构养老这三种养老服务体系中，社区养老有着它自己的优势。

（1）相对于居家养老而言。现代社会发展得越来越快，人们的生活节奏也在不断地加快。受生活压力所迫，青年的工作越来越忙，越来越没有时间照顾老人，传统居家养老面临着困境。在此背景下，以居家为主、社区为辅的养老体系应运而生,社区养老服务体系就不存在这样的问题,体现了它自己独特的价值。

（2）相对于机构养老而言。养老机构的传统养老方式是养老院或者福利院全权负责老人的生活照料，老人很少与自己的家人在一起，这对大多数老人来说是不可接受的。所以社区养老服务在可接受程度上要明显高于机构养老，因此发展前景比机构养老更好。

3. 社会养老服务体系

这是在我国家庭养老服务逐渐跟不上我国老龄化速度，不得不借助社会和政府的力量来支持养老服务体系的发展的现实下产生的，是指主要由社会和政府负责的，对社会上的养老服务的支持，并且制定各种制度来帮助养老服务的发展所形成的系统。社会养老服务体系根据它的性质与服务对象的不同，可以分为基本养老服务体系和非基本养老服务体系。

（1）基本养老服务体系。这是指根据我国的经济发展水平，用适合我国现实的服务水平来满足老年人需要的基本服务。由于这个服务带有福利性，所以对象是所有的老人，但主要还是为了保障失能、半失能老年人以及低收入老年人的基本服务需求。因此服务的水平是满足最基本的需求，并没有什么特别优待。它需要有各种制度来约束，同时需要社会力量的积极参与。

（2）非基本养老服务体系。相对于基本养老服务体系的福利性，非基本养老服务体系是盈利性的，是专门针对那些比较富裕，并且对养老服务要求较高的老年人举办的，以满足比基本需求高一层次的养老服务需求。

二、养老服务体系的社会现状

目前，养老机构在我国也是有很多的，很多地方都有养老机构，养老机构的覆盖面可谓是很广的了。但是即便如此，我国的养老机构还是存在很多不足，也无法充分发挥养老机构在社会上的全部作用。这是因为它的很多设施还不完善，管理服务的手段也还不是很专业，加之服务人员的素质也是参差不齐，这也是中国老年人不愿意在养老机构养老的原因之一，这在一定程度上限制了养老机构在中国的发展。我国的经济正在持续发展，经济实力在世界上处于前列，但是仍面临着巨大的人口压力，在养老事业上的投入还是有很多限制。

以经济发达的上海地区来说，2006 年的时候，养老床位的数量只是人口数量比例的 1.5%而已，当时若要增加床位，每张需要几万元的资金，若要大幅度提高床位在老年人口中的占比，就需要一笔相当庞大的资金。这仅仅是对一个城市而言，若要在全国范围提高床位数，这对当时中国的经济状况来说是不允许的，除非减少其他领域的资金投入，用更多资金来支持养老事业的发展。当然，这是不太可能的，其他领域对于国家的发展又何尝不重要呢。所以，从经济这一点来看，发展养老服务体系还是受到了一定的限制。所以除开经济这一方面，结合我国目前的形势，在经济不是十分发达的情况下，我国的养老服务体系的发展应该更加关注服务质量这一方面，通过其他方面的发展来弥补经济问题带来的些许不足。因此，从发展养老服务体系本身出发，我国应该加强养老服务体系的建设，这对我国养老事业的发展应该是一个可行的好办法。

长期以来，我们国家的养老问题都是十分严峻的。2015 年的一个数据显示，我国空巢老年人数量在老年人总数中所占的比例高达 50%，而独居老人的数量也占到了老年人总数的 10%，而农村的养老问题远比城镇养老问题更加严重。所以加强养老服务体系的建设刻不容缓。

我们国家主要的养老体系是家庭养老体系，然而随着现代化进程的不断加快，很多人面临着较大的生活压力，无暇照看家中老人；而如果放任不管，则是不孝。因此社会上对其他养老形式的需求也越来越多，家庭养老服务的主导地位也遭到了动摇。所以发展多样化的养老服务体系已成为大势所趋，它也是我国养老模式从以单一模式为主导转变为多种养老模式共同发展的必经之路。

从我国的养老形势与经济形势出发，目前我国发展的养老服务体系主要有居家养老服务体系、机构养老服务体系和社区养老服务体系三个部分。它们各自的发展速度都不一样，所达到的水平也不尽相同。

（一）居家养老服务体系的现状

这里的居家养老服务体系并不是传统意义上的居家养老，而是居家养老服务发展至今的具有时代气息的现代居家养老服务体系。不同于传统居家养老由自己家庭的子女全部负责对其父母的照顾，现代居家养老服务体系融合了服务人员的上门服务，是一种混合的养老服务。这种上门的服务也是很全面的，比如有一般对于老人的生活方面的照料，还能为其提供好比钟点工的家政服务，对于身体状况不是特别好的老人还能提供医疗保健和康复护理方面的服务，确保老人的健康。并且还涵盖了精神方面的安慰服务，有利于防止老人产生心理问题。更好的是这种服务体系还能给予失能老年人专项补贴，以便他们可以购买一些康复器具。这些服务可谓是十分周到和十分现代化的了。现代化的居家养老服务体系能发展到现在这种程度已经是很不错了，从中可以看出相关工作人员的不懈努力与坚持。

（二）机构养老服务的现状

我国的养老机构的主要服务人群是失能与半失能老年人，为他们的生活提供专门的服务。因此，养老机构的建设重点主要是发展基础设施，通过改善设施来提高服务水平。现在的机构养老服务可以为老年人提供一般的生活照料服务，比如满足其吃、穿、住等一般生活需求；还能为其提供护理保健的服务，帮助老年人恢复身体健康。还有一项重要的功能是可以提供紧急救援服务，这一点是十分重要的，它可以在老年人突发疾病危及生命和发生其他的紧急突发状况时，为老年人提供专业的应急处理，让老年人能够得到及时的帮助。并且，各个养老机构还能结合自身的优势，为不同需求的老人提供不同的人性化服务。

（三）城市社区养老服务的现状

社区养老服务体系是以社区为平台，以推动社区老年福利事业为目的，进行养老服务，并且还鼓励社会为社区养老承担一部分的工作。从 20 世纪 80 年代开始，城市社区养老服务越来越受到国家的重视，到现在已经基本形成了比较完善的城市社区养老服务体系，各个社区的办事处也已经有一套属于自己的系统的管理方法。大部分城市都形成了自己的上门服务、定点服务形式，服务内容主要有医疗保健服务，康复照料、心理安慰以及文化娱乐等服务，能够让老年人享受到身体与心理上的照顾，使老人无忧无虑地生活，减少老人的心理负担。

三、政府在养老服务体系的发展中采取的措施与取得的成效

（一）政府在养老服务体系的发展中采取的措施

1. 启动"六个计划"

为了能满足发展我国机构养老服务的基本要求，政府大胆改革，构建"以

居家养老为基础、社区服务为依托、机构养老为支撑"的养老服务体系。与此同时，国家为了保障这些敬老、爱老、助老的工程能够顺利地进行，启动了"六个计划"作为支撑。"六个计划"包括：在大中城市建设一批集养老示范、培训实训为一体的较大型的养老机构的"阳光计划"；在区县一级建设一所以养老为重点、兼具残疾人和孤儿服务的综合性服务设施的"月光计划"；以及在各类养老机构和社区配置各种康复辅具的"福康计划"等六个计划。为了把这几项计划切实可行地执行下去，有关部门还制定了关于社会养老体系建设的检测指标，以便对各个地区的发展进行实时监控。通过这几项计划的实施，我们国家的现代养老服务体系将会建设得更加完善。

2."十二五"时期五项任务

我国人口老龄化进程正在加快，人们对养老服务需求也开始大量增加，相应的社会养老保障的强度应当加大。所以在"十二五"时期国家对养老服务体系的建设做了很多的工作。"十二五"时期要求立足于当前的养老形势、着眼于长远的发展目标，要突出养老的重点，实施好关于养老服务体系建设的计划——《中国老龄事业发展"十二五"规划》（以下简称《规划》）。《规划》中明确了"十二五"时期在养老服务建设方面的几个重要任务：第一任务就是政府想要把社会保障的制度发展得更好，进一步完善目前还存在漏洞的社会保障制度，以便老年人的生活得到更好的来自社会的保障。其中有一点就是加大了养老保险制度的覆盖面，使得更多的老人都享受到了社会养老保险带来的保障。第二是从健康方面出发，让老年人的医疗卫生以及健康预防和保健的服务水平得到了提高。比如开展对一些老年人的健康教育、组织定期的体检等工作。第三是从中国传统文化的角度出发，发展完善家庭养老服务的制度，发扬中国自古以来孝敬长辈的光荣传统。第四是要大力度发展居家养老服务，使之覆盖面更加广泛；支持养老机构的发展，具体来说就是医护型、养护型、供养型的养老机构，并且还要实现一个床位的供应目标，即让每1 000名老人至少要拥有30张养老床位。第五就是要提升老人们的精神享受，加快完善对养老服务的扶持政策，加强相关的法制建设和明确各个相关部门的责任，使规划顺利进行，以便维护老年人的权益。

（二）政府在养老服务体系的发展中取得的成效

从近几年的养老服务发展状况来看，我国养老服务体系建设在党和政府的高度重视下可以说是取得了很大的进步。全国各个地区都响应了党和政府的号召，出台了相应的建设政策，并且也加大了资金方面的投入。在机构养老方面：我国养老机构的数量不断地增加，机构规模也在不断地扩大，并且让老年人不仅可以享受到物质文明发展带来的福利，还能享受到精神文明的发展成果。数据显示，到 2009 年年底，我国的各种养老机构的数量已经达到了 4 万个，包括敬老院、老年公寓、福利院、养护院等类型，养老床位的数量也达到了 289 万张，比 1999 年增加了大约 2 倍。另一方面，居家养老服务体系建设也不甘示弱，发展成为具有现代化气息的现代居家养老体系，而现代居家养老服务的兴起，可以保障一些独居、空巢、低收入的老人和失能老人的基本生活，为他们提供全面的服务，并且还有专业化的人员为其服务，这样的局面使得现代居家养老发展十分迅速，也越来越完善，因此初步形成了现代居家养老服务网络。此外，社区养老服务体系方面也得到了健康的发展，社区养老的服务设施得到了很大的改善，服务水平也得到了很大的提高，建成了 1 万个综合性的社区服务中心，留宿照料床位和日间照料床位分别提高到 1.5 万张和 3 万张。养老服务体系的建设已经在不断地探索中得到了长足的发展，也积累了很多有益的经验，为社区养老服务体系的长期可持续发展奠定了坚实的基础。特别值得一提的是，"十二五"期间养老床位数量的增长是十分快的，总数达到了 609 万张，而每千名老人所拥有的床位也达到了 30.3张。单从数量上来看，已经算是实现了"十二五"关于养老服务体系的目标了。

　　此外，政府还出台了各种养老服务政策，这些政策涉及养老服务的各个方面，比如养老机构的建设方面，养老机构的改革方面，以及鼓励、引导社会力量参与到国家养老事业的发展中来等方面。并且政府、社会、市场以及家庭的责任和联系也在发展中不断地明晰，责任框架也已经基本形成，而只有明确了各方的责任，才能在发展中相互配合、并肩前行。当然，这里面责任最重大的是政府，它起到了一个宏观调控的作用，时刻关注和引导养老体系建设的发展方向。而在社会力量的参与方面，投资方也从原来的坐等观望派变成了实际投资行动派，社会投资方对养老事业的投资力度不断增加，并且还形成了较为完整的养老投资模式。同时，养老服务体系建设的发展方向也更加明确。原来政府是大力发展传统居家养老，强调弘扬孝敬父母的传统文化，但是国家和政府并没有意识到在现代社会中，传统的居家养老模式已经落后了，这个模式存在着很多局限，其现实问题也逐渐显现出来。在认识到了传统居家养老模式的现实困境和存在的不足后，政府懂得了若要继续发展居家养老，就需要为其注入新鲜的活力，加入新的内容，从而使它焕然一新。因此政府结合当前的局势来对居家养老进行改革，从而形成了具有现代气息的现代居家养老模式。这一点是很值得肯定的，这也是政府的一项突出成就，它促使居家养老成为了"以居家为基础、社区为依托、机构为支撑"

的综合服务体系，功能更加健全，保障更加全面，老人们也可以享受到居家养老服务体系的发展所带来的好处。

第三节　我国养老服务体系存在的问题

随着社会经济的发展和人民生活水平的提高、医疗条件的改善，人们的寿命逐渐延长，人口老龄化的趋势越来越严重。而我国的养老服务制度也存在着诸多问题。

一、机构养老运行困难

首先，政府兴建养老机构需要投入大量的资金运营，这加重了政府的财政负担。并且兴办养老机构在环境、服务、设施、医疗、管理发展等方面都需要更高、更快的发展，需要更多的人、财、力来支援养老服务，这就造成了养老服务的运营成本高，这对政府来说也是一个不小的问题。社会和个人的力量很难为养老服务做出应有的贡献。

其次，老年人的收入问题也制约着养老服务制度的发展方向，因为大多数老年人主要靠退休金、养老金或子女赡养。相对于养老机构所需要的高昂费用来说，大多数老年人的经济并不宽裕，想住环境好的养老机构却住不起，最终导致养老机构的入住率低，也就造成了养老服务的大量浪费。

最后，也许由于受到传统思想的影响，大多数老年人及其子女在思想上还不能接受社区养老的观念，还是希望居家养老，靠儿女来照顾自己。传统家庭观念的思想根深蒂固，尽管社会在飞速发展，但并不能消除老年人对政府养老服务机构的误解，他们还是对养老服务职工有所戒备。

这就导致了政府投入财政资金高，而部分养老服务机构却存在"难化"的状况，养老服务机构存在大量浪费现象。

二、养老服务对象不明确

基本养老服务的对象具体是谁？养老服务的对象有什么限制，60岁以上的全体老年人是否都可以享受基本养老服务？全体老年人的基本养老服务的需求是什么？这是现在社会养老服务制度亟待解决的问题。

基本养老服务的对象是全体老年人，但是随着老年人口基数不断增加，老龄化、高龄化、空巢化现象的不断发展，基本养老服务制度已经无法满足老年人基本养老服务的需求。如今，经济保障是基础，服务保障是前提，精神保障才能满足老年人更高层次需求的制度安排。那具体的养老服务是什么呢？一是以养老服务为主体，以政府为主导责任，强化社会责任和家庭责任，充分发挥传统家庭养老功能；二是养老服务面向全体老年人，实现全体老年人养老资源共享，政府政策重点保护城市的"三无"老人、农村的"五保"老人以及低收入高龄、空巢、失能、残疾老人，将无偿、低偿和有偿服务相结合；三是养老服务制度的内容包括为老年人提供生活照顾、医疗照顾、长期护理、法律援助、心理咨询等多样化式的服务；四是养老服务主要依靠专业的服务工作者进行服务，同时与志愿者个人相结合；五是在老年服务体系等方面，以居家养老服务为基础，社会养老服务为前提，机构养老服务为技术和示范支撑点。以此解决为全体老年人服务的民办养老服务机构运行无序、发展困难重重的问题，推动养老服务机构的发展。全体老年人的基本养老服务需求很简单，并不是想象中的那么困难。发展身心需求，提高文化水平，这样才能适应老年人的需要。

三、民办养老机构发展缓慢

江苏省南通市各地的调研资料显示，崇川、港闸区和经济技术开发区等地的 27 家民办托老所，平均拥有 40 张养老床位。一些小型养老服务机构，房屋档次普遍偏低，空间狭小，通风、采光条件差，居住环境很差。公用设施不完善，空气污浊，环境条件差，并不适宜老年人居住。其实 27 家民办养老服务机构，实际入住率平均只达到 58%，只有少数几家民办养老机构入住率达到 80%左右，入住率极低。这些养老机构除了给老人提供电视、桥牌等休闲活动外，没有其他文化可言，不能满足老年人的养老服务需求。民办养老服务机构仅能满足定时有饭吃、病了有人报的基本需要，对老年人来说，这是不够的。有的小型养老机构开办多年，没有正规的营业执照，不符合兴办养老机构的条件，政府也没有相应的管理对策。此种养老机构处于无部门管理的状态，造成很多令人伤痛的意外事故。媒体报道的各地区的 "黑养老院"，更能说明这个问题。一些记者曾秘密调研过江苏省睢宁县的一个经民政局登记批准的养老服务机构，看后令人心酸难过：十来个老人同住在一个大房间里，马桶放在屋里，苍蝇遍屋，躺在床上的残疾失能老人露出可怜无助的目光。记者说："大多数农村失去生活能力的老人的生活是很艰难的。"因此，只有政府有效地发展养老服务制度，才能解决老年人的养老问题。

另外，民办养老机构缺乏市场运行发展的空间，而相关的法律法规严重滞后，没有相应的法律法规来规范民办养老机构。按照民办非企业单位管理的规定，举办养老机构的管理者对民营养老机构并没有所有管理权，只对其初次投入资金享有被严格限制的权利，即丧失了对资本自由流转的权利、使用权以及剩余索取权等权利，有的只享受一定的监督权。然而很多公办养老机构面对高收入的退休领导干部，其服务机构设施先进，环境优美，低收费、不计成本的做法，导致了民办养老机构发展困难，而二次分配不公，也引发了诸多争议。

四、养老服务看护人员严重缺乏

2002 年原劳动保障部和民政部共同颁布了养老护理人员职业标准，对养老护理员的职业要求、培训要求等做出了规定，但至今养老护理人员的培训还没有走上规范化、合理化。养老服务职业培训的管理部门不明确，谁负责培训，谁负责批准，谁经管发证，都不明确，而且很多养老服务人员没有具备专业的培训知识。比如说人力资源保障部门只负责非营利性的职业培训，而企业如果想要加入养老护理培训，却不符合申请资质的条件。

我国养护人员缺口大，全国约需要 1 000 万人左右，而现有养护人员仅约 100 万。我国养老服务人员当前最突出的问题是，养老服务人员知识水平普遍较低，专业化程度低，待遇和社会地位不高，从业量不足，队伍稳定性差，服务队伍远跟不上老年人的强烈需求。全国现有养护人员中有 90%的服务人员没有执业证书，绝大多数养护人员缺乏专业护理知识。大多数养护人员缺乏专业的养护知识，根本不具备养护资格。

五、政府职责不明确

政府职责不明确，缺位、错位、越位现象在一定程度上存在。在养老服务机构建设中，政府缺位主要表现为政府在制定政策、出台政策、落实政策等方面没有行动或者力度不够。养老服务制度以政府与社会为共同责任主体，它面向全体人民，可供分配的资源也是一种公共资源共享，因此不仅需要强化管理，还需要强调公共权力的介入。错位主要表现为政府该管的没有管好，不该管的反而去管。如最近几年一些地方政府出巨资兴建豪华的养老服务机构，但是入住的都是高收入退休领导等特殊群体，床位收费相对低，普通老年人排队难进，使得政府资源又变相成为这些特殊老年群体的二次福利。越位表现为政府把该分配下去的任务都揽上身，不会下发任务。政府不重视扶持社会力量去发展培养养老服务机构，而是自己去直接组建养老服务机构，组织相关人员从事具体的养老服务工作，这就导致养老服务社会化没人管或者管理力度不够，政府政策推动养老服务工作滞后。

一些政府部门之所以存在"越位"和"错位"的问题，一方面是由于传统"官本位"的思想作祟，行政指令多，服务意识淡薄。在养老服务制度建设中，整个过程都是由政府包干，这就导致效率较低，居民参与养老服务制度建设的积极性不高，养老资金的来源渠道单一，服务内容僵化，造成养老资源的浪费。另一方面，政府也存在"失职"方面的问题，投入资金没有制度化和预算化的约束，政府政策支持力度不够，在激励、吸引社会力量参与养老服务制度建设方面未能采取积极的优惠鼓励措施，养老服务制度的建设在设计规划、人才培养、服务效率等方面缺少顶层设计因素。

六、其他养老服务机构发展不足

受传统观念的影响，各地在推进养老服务体系建设的进程中，处于不同发展程度的地区都将发展社会养老服务机构作为主体任务，淡化居家养老服务、老年文化建设服务和老年生活待遇服务等内容，促使养老服务体系建设成为了养老机构的建设，根本就没有将养老服务制度作为政府社会保障的中心环节。有不少地方把兴建敬老院、养老院和社区老年服务中心作为养老服务体系建设的主要内容，但是这些措施其实是养老机构的建设，并不是养老服务的建设。政府没有把其他养老服务机构作为发展对象，比如企业养老等，而只是一味地发展养老院、敬老院等社区机构。其他居家养老或者民办养老机构并没有受到政府的重视。政府只是片面地重视养老服务机构的建设，而并没有重视怎样去建设养老服务制度，怎样让老年人能够安心养老、安度晚年，因此也就导致了社会养老服务制度发展不平衡。

七、高效率的管理体制欠缺

养老服务制度体系建设是一项量大、面宽的社会性工作，而现阶段，政府对养老服务制度建设的监管力度还不够。养老服务体系建设虽然是由民政部门主管，但需要国家的各个部门协调配合，并非民政部门一家说了算。加之民政部门的工作人员有限，力量不足，对养老服务体系建设往往力不从心。但是社会上尽管有民营企业人士想要兴办养老服务机构，却苦于门槛过高，牵头的民政部门力量弱小，都不敢投资兴办养老服务机构，望而却步。而且相应的养老服务体系建设在运行机制的效率上缺乏管理手段，协调能力较弱，监督体系不完善，服务缺乏合力。对大众的养老人员来说，不完善的养老服务管理体制机制不能满足养老人员的需求，养老服务体系的建设迫在眉睫。尽管各地区的政府积极进入，直接或间接参与养老服务制度的管理，承担社会养老服务制度的管理与监督职能，但是由于这方面的法制建设尚不健全，因而不能更好地完善整个养老服务制度体系的建设。

第四节　完善我国养老服务体系建设的对策建议

养老服务行业属于第三产业中的新兴产业，这一片土壤亟待开发。我国政府在过去几十年中对养老服务行业做出了体制上的努力，并取得了极大的成效。但随着我国人口老龄化程度的日益加深，原有的养老服务体系已经不能适应现代社会的需要，不断增长的社会养老服务需求与不匹配的养老服务体系之间的矛盾日益加深，构建适应新时代新情况的养老服务体系也更加紧迫。

一、坚持综合治理，构建整合性养老服务模式

坚持综合治理，以社区为平台，凝聚各方力量，动员各种要素，吸收家庭养老、居家养老、社区养老和机构养老的优势，整合政府、市场、社会、家庭和个人的力量，构建一个"以居家为基础、社区为依托、机构为支撑"的整合性养老服务模式。

（一）充分发挥家庭养老功能

"在中国、印度等发展中国家，绝大多数社会成员可以没有社会保障，却不可能离开家庭保障。家庭保障虽然在东方国家与西方国家或发达国家与发展中国家之间存在着功能强弱之分，但它确实是超越了文化、政治背景等而存在的客观事实。"家庭是养老服务不可替代的保障主体，通过家庭养老，老年人可以感受到家族的绵延，获得情感的慰藉，并实现其在家庭中的价值。健全家庭社会支持政策，具体包括：弘扬传统孝道文化，营造"尊老、爱老"的社会氛围；通过优先供房、优惠贷款等方式，补助赡养老人的家庭；完善鼓励"二孩"的社会政策，逐渐扭转家庭小型化的局面，增强家庭的养老照

料功能。

（二）推广社区居家养老模式

宋宝安等人对全国 14 个省区的 5 000 位老年人进行问卷调查显示，95% 的老年人希望获得"共同居住和独自居住的居家养老"，只有 5% 的老年人愿意接受"机构养老"。2006 年全国老龄办等十部委在《关于加快发展养老服务业的意见》中指出：要逐步建立以居家养老为基础、社区服务为依托、机构养老为补充的养老服务体系。社区居家养老是以家庭为核心、社区为依托、专业服务机构为载体，整合政府、市场、社会、家庭方面的资源优势，为居住在家的老年人提供生活照料、康复护理和精神慰藉等服务的一种养老模式。这种养老模式既避免了家庭养老非专业化的局限，也避免了机构养老缺乏亲情滋养的缺陷，而且以社区为载体将家庭和机构两种养老模式结合起来，整合社区养老服务资源，实现了老年人养老不离家的愿望。具体形式分为：一是日托式，老人白天入托，解决日间无人照顾问题，晚上回家享受天伦之乐。二是临时式，子女临时有事，老人无人照顾短暂入托。三是长期式，老人住在托老所里，托老所负责照顾。四是上门助老服务，使老年人足不出户或不离社区就可以得到优质的养老服务。

（三）发展医养结合养老模式

鼓励医疗机构和养老机构整合资源、双向合作，实现融合发展、共赢互利，实现老年人老有所养、老有所医。一是发展具备医疗功能的养老机构，养老机构配备专业医护人员和医疗设备；二是发展具备养老功能的医疗机构，医疗机构依托自身医疗资源开设养老床位；三是鼓励养老机构与就近的社区卫生服务中心或者综合性医院开展合作，建立双向转诊机制，在疾病加重期或治疗期进入医院接受治疗，在疾病康复期和稳定期转入养老机构接受其他养老服务；四是鼓励医疗机构开展面向养老机构的远程医疗服务，推动医疗机构与养老机构建立医疗契约服务关系，通过网络平台实现老年人卫生健康服务在养老机构与医疗机构之间便捷对接。

根据老年人身体健康状况，灵活选择不同的养老模式。对于生活能够自理，家庭照料资源充足的老年人，鼓励家庭承担养老责任；对于生活能够自理或者部分自理，家庭照料资源不足的老年人，通过社区居家养老满足老年人的养老需求，不仅可以给予老年人生活照料，还可以满足老年人的精神需求；对于身体健康状况较差、生活不能自理，家庭又无力照料的老年人，医养结合的机构养老则更加合适，他们既可以享受专业服务，提高生活质量，又可以减轻子女负担，避免家庭关系恶化。

二、坚持系统治理，形成多元化养老服务参与主体

（一）加强政府主导

一是加强规划指导。统筹规划养老服务体系建设，确立指导思想和发展原则，明确发展方向和发展目标，完善制度和体制建设，制定全民养老保障规划和从业人员规划。二是完善服务监管。制定服务评估体系，既包括对服务对象即老年人的评估，也包括对养老服务提供者的评估。加强组织机构和从业人员监管，制定社会组织及相关服务机构参与养老服务准入标准，严格考核社会组织及服务机构相关资质；制定养老服务从业人员国家标准，要求从业人员持证上岗。三是保障兜底救助。加强公益性养老服务设施建设，采取集中供养或分散供养方式，保障城市"三无"、农村"五保"老人的基本生活不低于当地居民平均生活水平。

（二）动员社会力量

一是培育民间组织。积极引导和鼓励民间组织采取独资、合资、合作等形式举办民间组织性质养老服务机构；完善税收优惠政策，能减则减，能免则免；完善土地供应政策，探索划拨、出让、流转相结合的供地模式，多渠道保障土地供应。二是发展慈善事业。激发社会慈善资源，弘扬社会慈善意识，创新劝募和捐赠方式，开通多种慈善捐赠渠道，推动养老福利事业和慈善事业良性互动。三是完善市场机制。充分发挥市场在资源配置中的基础性作用，营造平等参与、公平竞争的市场环境，加大力度吸引更多民间资本，培育和扶持养老机构和企业参与养老市场的发展。

（三）培育志愿组织

健全各级志愿者组织，形成市、区、街道、社区各级志愿者服务网络，广泛实施志愿者与老年人结对服务计划。构建志愿者工作管理体系，建立组织招募机制、登记注册制度以及保障机制，规范志愿者管理。完善志愿者表彰激励机制，给予志愿者精神激励的同时也给予适当的物质回报。设立老年人互助银行，鼓励身体健康的低龄老年人帮助照护生活难以自理的高龄老年人，记录其服务时间，以备日后换取相应的照护。

三、坚持依法治理，健全系统性养老服务法律制度

坚持依法治理，加强养老服务社会保障制度建设，推进养老服务基本法律建设，完善养老服务纠纷解决机制，形成系统性养老服务法律制度，运用法治思维和法治手段治理养老服务市场，让养老服务体系运行、管理有章可循、有法可依。

（一）加强养老服务社会保障制度建设

美国自1935年开始建立国家统一的基本养老金制度，为所有参保人员提供基本养老保障，同时建立了灵活多样的职业年金制度。具体到我国，应为所有参保人员建立一个全国大致相同的基本养老金制度，在其达到法定退休年龄时，为其提供一个替代率大致平衡、总体水平达到基本生活保障线之上的基本养老金。

（二）推进养老服务基本法律建设

制定"养老服务法"，明确规定政府、社会组织、社区、家庭等主体在养老服务体系建设中的责任义务，统一规范居家、社区、机构等不同养老服务模式的性质定位、资金来源、运行管理。出台"养老保险法"，规范养老保险参保对象、资金来源、运营方式、支付待遇和资金监管，加强养老保险法律保障。完善《中华人民共和国老年人权益保障法》（以下简称《老年人权益保障法》），维护老年人合法权益，严厉打击拒绝赡养老人、虐待老人的违法犯罪行为，尽量细化老年人养老保障、医疗保障等合法权益，使得老年人的福利、保健和护理上升到法律层面。

（三）完善养老服务纠纷解决机制

制定养老服务意外伤害事故处理办法，规定养老服务伤害事故的定义与类型，明确伤害事故不同主体的法律责任和伤害事故的赔偿要求以及具体处理程序。另外，法律政策的制定、执行、监督由不同部门相对独立地行使，为了确保法律制度行之有效，严格划分权力使用边界，避免部门利益分化，打破各种利益链条，在不同部门之间形成既相互制约又相互配合的权力结构，形成法律制度内部相互制约与协调机制。

总之，我国养老服务体系的构建还需要经过长时间的不断调整，涉及政策支持、社会力量、公益力量，法律法规、经济、制度建设、体系整合等方

方面面，仍需要在养老服务体系信息系统、专业的服务型人才和养老专业人才的大力培养上做好工作。总之，我国要构建科学而完善的养老服务体系，仍需要社会各界人士不断的努力，还有较长的一段路要走。

（张鑫、黄玉梅、何文武、何皓）

第二章　养老服务法制建设

据《2015 年社会服务发展统计公报》数据显示，截至 2015 年年底，我国 60 岁以上的人口达 2.22 亿，占我国人口总数的 16.1%，其中 65 岁以上的人口高达 1.44 亿。我国老龄化日益严峻，不仅面临老龄人口的急速增长，还将承受劳动力供给格局巨大转变所带来的经济发展压力。我国"未富先老""未备先老"的特征日益明显，老年人在养老这一问题上面临诸多困难，养老服务事业发展出现瓶颈，因此，加快发展我国养老服务，积极应对日趋严重的人口老龄化是我国目前积极顺应经济发展新趋势和努力实现全面建成小康社会的必然要求。

我国《社会养老服务体系建设规划（2011—2015 年）》要求，在"十二五"期间，要基本建立起以居家养老为基础、社区服务为依托、机构养老为补充，资金保障与服务提供相匹配，无偿、低偿和有偿服务相结合，政府主导、部门协同、社会参与、公众互助，具有中国特色的社会养老服务体系，让老年人安享晚年生活。目前，我国各省市已初步建立起具有中国特色的养老服务体系，养老机构如雨后春笋般大量涌现，社会养老服务也在如火如荼地展开。伴随养老服务的发展而来的法律问题不容忽视，实现老年人合法权益的有力保障，避免潜在的老龄人口的安全风险和法律风险是养老服务面临的法律困境，也是我国构建和谐社会所面临的艰巨挑战。如何对社会养老服务进行法制化管理，促进养老服务事业的有序、高效发展，是我国养老服务事业的当务之急。

第一节　对我国养老法制制度的梳理

在对养老的法律制度进行梳理之前，我们需要对法律制度进行一个明确的界定。法律制度不完全等同于"部门法"。《中华法学大辞典·法理学卷》将"法律制度"定义为：广义的法律制度，泛指国家的法律和制度，其中法律既包括以规范性文件形式出现的成文法，如宪法、法律和各种法规，也包括国家机关认可的不成文法，如习惯法和部分惯例；制度指依法建立起来的政治、经济、文化等方面的各种稳定而又具有一定普遍意义的具体行为规则。为了能够较为全面地概括现有的关于养老服务的法律制度，本文所指的法律制度均为广义的法律制度。

随着《老年人权益保障法》的颁布实施，国务院及各部委对于养老服务所需要涉及的法律、法规、政策文件相继出台，多个省市制定了《老年人权益保障法》实施的条例或办法。我国现已基本形成以宪法为统领、以《老年人权益保障法》为主导，涵盖法律、行政法规、地方法规、部门规章、政策在内的养老法律制度体系。其中关于养老服务的相关规定散落在各个层次的法律法规中，主要分为两个层面：一是法律层面，主要囊括《中华人民共和国宪法》《中华人民共和国老年人权益保障法》以及行政法规、地方法规和部门规章所涉及的相关规定；二是政策层面，即政府出台的相关通知、文件及规划等。现以养老服务涉及的相关主体为线索，对养老服务有关的法律制度梳理如下。

一、法律层面有关养老服务的规定

（一）涉及老年人权益的法律规定

我国老年人除了享有一般公民所享有的权利和承担的义务外，法律还对老年人的其他合法权益进行了相应的法制保障。

1.《中华人民共和国宪法》对老年人权益的规定

《中华人民共和国宪法》是我国的根本法，具有最高的法律效力，是对国家最重要、最根本性的规定。《宪法》第二章第四十五条规定：中华人民共和国公民在年老、疾病或者丧失劳动能力的情况下，有从国家和社会获得物质帮助的权利。国家发展为公民享受这些权利所需要的社会保险、社会救济和医疗卫生事业。从根本上保障了老年人的合法权益，贯穿其他法律性文件及政策制定的始终，是我国养老服务事业需要秉持的法律原则。

2.《中华人民共和国刑法》对老年人权益的规定

《中华人民共和国刑法》第四章第二百六十条之一规定：对未成年人、老年人、患病的人、残疾人等负有监护、看护职责的人虐待被监护、看护的人，情节恶劣的，处三年以下有期徒刑或者拘役。单位犯前款罪的，对单位判处罚金，并对其直接负责的主管人员和其他直接责任人员，依照前款的规定处罚。有第一款行为，同时构成其他犯罪的，依照处罚较重的规定定罪处罚。第二百六十一条规定：对于年老、年幼、患病或者其他没有独立生活能力的人，负有扶养义务而拒绝扶养，情节恶劣的，处五年以下有期徒刑、拘役或者管制。

3. 行政法体系下规范性法律文件对老年人权益的规定

《中华人民共和国治安管理处罚法》第四十三条规定：殴打他人的，或者故意伤害他人身体的，处 5 日以上 10 日以下拘留，并处 200 元以上 500 元以下罚款；情节较轻的，处 5 日以下拘留或者 500 元以下罚款。有下列情形之一的，处 10 日以上 15 日以下拘留，并处 500 元以上 1000 元以下罚款：（一）结伙殴打、伤害他人的；（二）殴打、伤害残疾人、孕妇、不满 14 周岁的人或者 60 周岁以上的人的；（三）多次殴打、伤害他人或者一次殴打、伤害多人的。

4. 民法体系下的法律对老年人权益的规定

《中华人民共和国民法通则》第五章第一百零四条规定：婚姻、家庭、老人、母亲和儿童受法律保护。《中华人民共和国婚姻法》第一章第二条规定：保护妇女、儿童和老人的合法权益。

1996 年 8 月 29 日，第八届全国人民代表大会常务委员会通过了《中华人民共和国老年人权益保障法》，它的制定和颁布实施，初步形成中国对特定人群权益保障的法律体系，标志着中国老年人权益保障工作从此走上法制化的轨道。它兼顾了中国人口老龄化发展和老年人权益保障的客观需要与符合中国实际情况的双重要求。在反映老年人心愿的基础上，保持中国传统，体现中国国情，是一部保护老年人合法权益的具有中国特色的法律。随着我国经济社会的发展、人口和家庭结构的变化，养老服务面临新问题、新挑战，老年人权益保障法律制度需要进一步完善。2012 年 12 月 28 日，第十一届全国人民代表大会常务委员会第三十次会议对《老年人权益保障法》进行了修订，在原有法律规定的基础上增加了社会优待、宜居环境和参与社会发展三章，修改了 38 条，新增了 38 条，此次《老年人权益保障法》修改幅度大，新增内容多，使老年人权益保障法"脱胎换骨"，实现质的飞跃。这是我国目前老龄化趋势下切实保障老年人权益做出的更为妥善的制度设计，更是我国老龄事业发展史上的里程碑。

我国虽然建立了关于老年人权益保障的法律体系，但是上述提到的有关法律的规定，仅是涉及老年人的合法权利以及侵害老年人权利将会承担的法律责任，缺乏细则性的规定，诸如养老服务的具体规范并未直接涉及。我国目前建立的老年人权益保障体系在时代发展的潮流和老年化趋势中较难满足当代老龄事业发展的需要。

（二）涉及养老机构权益的法律法规规定

从法律层面来讲，《老年人权益保障法》是我国现阶段唯一一部涉及养老机构的法律，其中没有对养老机构的规范直接规定，只是涉及部分原则性的规定。可见我国关于养老机构的规范立法空白，这也正是我国目前养老机构行业混乱的根本原因。从行政法规层面而言，国务院并没有出台关于养老、养老机构的行政法规，而只是以"通知"或"决定"等政策形式对养老机构的规范提出指导性意见。综合我国现有的法律法规、政策文件，关于养老机构权益的法律制度更多的是集中在地方性法规、部门规章及规范性法律文件。据不完全统计，我国现有 1 部专门的老年法律，23 件涉及老年权益保障的法律，12 件行政法规及规章。省级的地方规范以省级人大常委会的名义出台省级老年人权益保障条例的有辽宁、江苏、浙江、云南、海南、西藏等，如 2005 年的《西藏自治区实施〈中华人民共和国老年人权益保障法〉办法》、2006 年《海南省实施〈中华人民共和国老年人权益保障法〉若干规定》、2007 年《云南省老年人权益保障条例》、2008 年的《辽宁省老年人权益保障条例》、2009 年《浙江省实施〈中华人民共和国老年人权益保障法〉办法》、2010 年《上海市老年人权益保障条例》、2012 年的《江苏省老年人权益保障条例》等。

涉及养老机构权益的部门规章主要是 1999 年的《社会福利机构管理暂行办法》、2010 年的《农村五保供养服务机构管理办法》、2013 年的《养老机构设立许可办法》和《养老机构管理办法》。其中，《社会福利机构管理暂行办法》主要从审批、管理以及法律责任对社会福利机构做了相应的规定，养老服务机构当属社会福利机构的性质决定其应当遵守《社会福利机构管理暂行办法》的相关规定。《养老机构设立许可办法》分总则、条件和程序、许可管理、监督检查、法律责任、附则 6 章 31 条。2015 年 5 月 4 日，民政部部务会议通过《民政部关于修改部分规章的决定》，删除第十二条第（七）项"资金来源证明文件、验资证明和资产评估报告"以及在第十二条增加一款作为第二款，表述为："申请设立经营性养老机构的，还应当提供营业执照及复印件。"《养老机构管理办法》主要从服务内容、内部管理、监督检查及法律责任方面对养老机构进行进一步规范。

（三）相关利益人的法律规定

1. 政府

我国养老服务事业的发展离不开政府的支持、引导、监督、管理。我国

《养老机构设立许可办法》《养老机构管理办法》均对养老服务涉及的政府相关部门的权限和职责做了相应的规定。要求国务院民政部门负责全国养老机构设立许可工作以及指导、监督和管理，县级以上地方人民政府民政部门负责本行政区域内养老机构设立许可工作以及指导、监督和管理。其他有关部门依照职责分工对养老机构实施监督；并对相关部门的违法行为明确了相应的法律责任，防止行政机关滥用职权、玩忽职守、徇私舞弊等行为。

2. 养老服务专业人员

涉及养老服务专业人员的法律制度并不多，就目前搜集的资料显示，我国关于养老服务专业人员的法律制度主要是 2002 年推行的《养老护理人员国家职业标准》。主要内容包括职业概况、基本要求、工作要求、比重表四个方面，对养老服务专业人员具备的基本要求和工作要求进行了详细的规定。

二、政策层面与养老服务有关的规定

从国家政策层面讲，目前笔者搜集的共有 5 个。2006 年 2 月国务院办公厅发布的《关于加快发展养老服务业的意见》，是我国老年人社会养老服务领域全国性的专项文件。2008 年全国老龄办与国家发改委、民政部等 11 余部门于 11 月出台《关于全面推进居家养老服务工作的意见》。2011 年 9 月 23 日国务院办公厅印发的《全国老龄事业发展"十二五"规划》，强调要"发展适度普惠型的老年福利事业"。2011 年 12 月 16 日国务院办公厅印发《社会养老服务建设"十二五"规划》。

除国家层面的政策外，各地也结合当地的实际情况制定了一系列的配套政策，出台了一系列关于社会养老服务的专项意见和办法。如：河南省《关于加快推进养老服务体系建设的意见》、广州市《广州市社区居家养老服务实施办法》。

第二节　我国养老法律制度的缺陷性分析

经过多年努力，我国形成了以宪法为基础，以《老年人权益保障法》为核心，包括法律、行政法规、国务院规章、地方性法规以及相关政策在内的社会养老法律法规政策体系的雏形。但是目前我国社会养老服务处于以政府政策推进为主的起步阶段，立法存在空白，加之老龄化日趋严重以及养老服务自身的高风险性，导致老年人的合法权益无法得到有力的保障，社会养老服务的发展也得不到来自法律上的规范与支撑。对现有的法律制度进行梳理分析后，认为我国养老服务法律制度存在以下几个方面的问题。

一、政策主导，法律位阶低，法律与政策内部缺少衔接

目前我国养老服务法律制度呈现"法律宏观规定、政策细化"的模式。主要表现在目前我国关于养老服务的法律制度是由政府主导，以政策推进为主要方式，养老服务法制化水平低。从现有法律和政策数量的对比中更能体现出这一点，据不完全统计，我国现有 1 部专门的老年法律，23 件涉及老年权益保障的法律，12 件行政法规及规章，约 382 件规范性文件，主要是国务院及各部委出台的带有明显政策性特点的规范性文件，如指导意见、通知、复函、批复等。社会养老服务在现行的《老年人权益保障法》中基本未涉及，只提出养老要以主要依靠家庭为基础。而《社会养老服务体系建设规划》则对社会养老服务进行了相关规定，明确了社会养老服务发展方向，要求注重养老社会化的发展。"这些政策往往不采用'行为模式法律后果'的规范形式，主要通过确立指导思想、明确方针路线、确认原则或者规定实施措施等方式引导社会主体的行为；这些政策主要依靠公共生活中的行政力量推行，较少设定社会关系紧张时的解决方案，更少有司法资源的介入。"目前制定主体和具体形式多样化，制定主体包括省级人民政府、省老龄委（办公室）、省委办公厅、省政府办公厅等，具体形式包括意见、规定、办法等多种类别。而造成多样化的原因主要在于国家对地方制定社会养老服务制度的规定不明确。

在我国，具有法律效力的"法"包括宪法、法律、行政法规、地方性法规、国务院的部门规章和地方政府规章、自治条例和单行条例、有权机关作出的法律解释、我国加入的国际条约和国际协定。《立法法》第七十九条规定："法律的效力高于行政法规、地方性法规和规章。行政法规的效力高于地方性法规和规章。"第八十二条规定："部门规章之间、部门规章和地方政府规章之间具有同等效力，在各自的权限范围内施行。"因此，我国目前养老服务的有关规定以政策为主导的局面同时使得我国养老服务的法律位阶低，其权威和执行力度都不高。

不仅如此，我国养老服务的政策与法律法规缺少配套和衔接，无论是全国性的还是地方出台的规定，零散而又各自为政，各项规定之间逻辑不严密。在实践中存在各项养老服务政策难以得到有效的落实，特别是在有关养老服务的审批等方面，如税收、信贷、批（用）地。

二、法律制度不健全，多方存在法律困境

（一）老年人监护制度不完善

1. 受监护对象范围狭窄

依据我国《民法通则》《民通意见》《老年人权益保护法》的规定，老年人监护制度的监护对象仅限于限制行为能力和无民事行为能力的老年人。我国现行立法技术对心智正常人采取年龄主义，认为当自然人达到一定的年龄即具备行为能力，精神病人除外。这导致那些智力正常，但是身体存在障碍、不能行动自如或者是由于年老体衰致生活不能自理的老年人并不能纳入监护对象的范围，这些排除在监护制度外的老年人在无人监护或者愿意监护的情况下，其合法权益不能得到良好的保障，甚至成为不法分子常常侵害的对象。监护对象狭窄与日益严重的老龄化趋势下老年人的现实需要相冲突，远不能满足我国老龄人口监护的需求。

2. 监护人选任不合理

现阶段我国对老年人监护人的选任并不合理。一方面是监护人的范围不合理。现阶段我国选任监护人的范围中主要包括的对象有：父母、单位、居委会、村委会和民政部门。该制度设计在长时间中并不能起到对老年人进行有效监护的作用，缺乏现实合理性、操作可行性。老年人的父母也是需要被监护、被照顾的老年人，且不说能否履行监护职责，其能否处理自身事务都难以确定。而单位、居委会、村委会和民政部门作为监护人选任的范围之一，但是我国却并没有设立专职人员履行监护职责，也没有规定监护人的监护责任，导致这些机构面临监护责任时互相推诿，老年人得不到实际的监护。除缺乏明确规定外，从法理的角度看，将民政部门纳入监护人的范围，涉及公权力与私权利的关系冲突。原因在于民政部门属于国家的行政部门，代表国家的公权力，而监护权是属于公民的私权利，倘若民政部门作为老年人的监护人，则是公权力对私权利的一种取代。在目前缺乏对民政部门履行监护职责有效监督的情况下，此种做法显然不妥，不可避免地会出现侵害公民权利的现象。另一方面是监护人的选任顺序不合理。需要指出的是，由于现行的法律规定，老年人不满足未成年人的年龄条件，老年人的监护顺序不同于未成年人的监护顺序。因此，老年人的监护顺序则按照精神病人的监护人的规定，法定监护人的顺序是：配偶，父母，成年子女，其他近亲属，精神病人所在单位或者住所地的居民委员会、村民委员会。而该监护顺序的规定存在的突出矛盾是其配偶和父母是否有能力履行监护的职责。老年人的父母更是高龄老人，他

们照顾自己尚且困难，更不用说照顾其他人。倘若让其作为监护人，无疑是难上加难。其配偶的能力也是需要审查的，通常老年人的配偶极大可能也是老年人，是否将其作为第一顺序的法定监护人还需要根据实际情况而定。

3. 监护程序不明确

目前我国对监护程序的规定尚不明确，关于解决监护争议和补充监护的相关规定仅在《民法通则》第十七条第二款和第三款中有所体现。不明确的监护程序也是监护对象合法权益无法得到保障的重要原因之一。

4. 监护双方的权利、义务不明确

目前对于监护双方的权利和义务的规定鲜有涉及。对于监护人的职责义务，在我国《民法通则》第十八条和《民通意见》第十条中有所体现，但是规定较为粗略，只是涉及监护人对被监护人人身、财产及其他合法权益应当保护，监护人对不履行监护职责或者侵害被监护人合法权益的行为应承担责任；对被监护人财产造成损失的应当赔偿损失。对于监护人的权利，纵观我国关于养老、养老服务的法律制度，都只是强调监护人的监护义务，对其享有的权利只字不提，违背了权利与义务相统一的原则。对于被监护人的权利和义务，由于立法和实践中都是强调监护人的作用，忽略了被监护人，因此被监护人的权利和义务也存在立法空白。

5. 意定监护制度还不完善

意定监护制度在《老年人权益保障法》中首次做了相关的规定，此前我国的《民法通则》只有法定监护和指定监护。目前《老年人权益保障法》对意定监护的规定仅为原则性规定。意定监护制度的有效实施需要对一些重要的程序和实质问题进行详细明确的规定，我国目前在这方面并不完善，意定监护制度停留在纸上谈兵的阶段，老年人与监护人的法律关系适用的法律规范、监护启动程序、意定监护人的权利义务、老年人的权利救济途径、监护职责履行情况的监督等问题都需要法律明确规定并在实践中加以完善。还需指出的是，意定监护制度属于民事法律制度，《老年人权益保障法》属社会法范畴，意定监护制度在《老年人权益保障法》中规定实有不妥。

6. 监督监护机制缺位

尽管我国对监护人不履行监护职责和发生侵权行为进行了规定，但是过于简单笼统的规定并不能满足监护机制在实践中的需要，对于监护机制的监督，存在诸多不合理之处，具体地讲：一是村委会、居委会在担任监护人的同时又充当监督机关，监护机制的监督机关和权力机关重合，监督职能有名无实，难以发挥。自我监督不是有效的监督模式，并不能达到对监护人监护职责履行的监督作用，更容易出现包庇责任、不认真履行监护职责的现象。二是过于简单的法律规定导致监督内容不明确，缺乏细则性的规定，例如监督程序、监督的内容以及监督人员的设立、撤销等，实际可操作性低，监督工作开展举步维艰。三是缺少专门的监督机关和专职的监督人员，我国对监护机制的监督基本上是属于事后监督的模式，监督机关不会主动对监护人的行为进行监督，仅在被监护人的合法权益被侵害后，有关部门才会对此展开调查监督，或向法院起诉寻求救济。事后监督的滞后性决定了监督机关对不履行监护职责和侵害被监护人权益的行为无法及时处置，注重事后追究侵权人的责任而不重视事前的监督和预防。加之作为非专门的监督机构，除了履行自身的职责外，还需完成额外赋予的监督工作，这些单位和组织显然是心有余而力不足。由于意定监护制度生效时，老年人的行为能力已部分丧失或完全丧失，因此完善监督机制、设立专门的监督机构也是意定监护制度实施的强烈要求。为减少现实生活中监护人怠于履行监护职责、侵害老年人合法权益的现象，及时救济被监护人的合法权益，特别是孤寡老人、空巢老人，建立老年人监督监护机制刻不容缓。

（二）老人的精神赡养实现难

《老年人权益保障法》第十四条："赡养人应当履行对老年人经济上供养、生活上照料和精神上慰藉的义务，照顾老年人的特殊需要。"从上述的法律条文中可以看出，老人精神赡养实现难的原因主要在于规定缺乏可操作性，关乎精神赡养的重要内容没有规定，如具体内容、衡量标准、不履行精神赡养义务的法律责任等。

（三）"空巢老人"权益保障存在诸多问题

"空巢老人"，一般是指子女离家后的中老年人。其相对于普通老人，权益更是无法得到良好的保障。目前我国"空巢老人"法律保障体系存在诸多问题。

1. "空巢老人"养老服务法律制度立法不全面

对于"空巢老人"权益的保障，在我国现行的法律法规以及政府规章等法律体系中并没有系统规定，甚至没有涉及。新修订的《老年人权益保障法》对"空巢老人"这部分特殊群体没有做出明确规定，没有给予特殊人群特殊的保护措施，没有特别将"空巢老人"作为一个特别主体加以规范。此外，有关部门在《老年人权益保障法》修订后未及时制定配套的实施细则，与社会的发展相比具有严重的滞后性。《老年人权益保障法》在实际应用中与现实脱节，除内容不够全面、系统外，还因为其指导性条款和原则性规定太多，法律法规的可操作性不强，缺乏细致的规定。例如：缺乏对"空巢老人"在生活保障、福利、社会救济以及医疗保障等方面的强制性规定；缺乏对诸如行政不作为等触及老年人权益行为的监督和惩处措施；缺乏对干涉老人婚姻自由、歧视、侮辱、遗弃"空巢老人"行为的有力惩戒措施等。

2."空巢老人"权益保障执法监督不足

由于"空巢老人"子女离家，不在其身边，无法对老人进行有效监护，因此"空巢老人"更需要执法部门对其权益保障进行有力的监督。然而，由于"空巢老人"养老服务法律制度不全面，立法不足，加之没有特别规定一支专门的执法队伍，即使有执法部门，对侵害"空巢老人"合法权益的人也难以直接、主动地进行监督，因此，在"空巢老人"合法权益受到不法侵害时常无法有效地进行维权，"流血又流泪"常是"空巢老人"受到不法侵害时的真实写照。

3."空巢老人"自我保护能力有限，限制了运用法律武器保护自身合法权益

在现实生活中，很多老年人，特别是"空巢老人"面对自己权益被侵害时，常会忍气吞声，很少有老人运用法律武器保护自身的合法权益。结合我国的现状以及传统观念，主要有以下几点原因：

一是空巢老人"多一事不如少一事"的局限的思想观念。"空巢老人"由于自身的劳动能力、经济收入下降，再加上子女不在身边，给予的经济帮助普遍较低，多数老人常常面临经济困境，甚至有些老人并未获得过子女的帮助。当自身权益受到侵害时，大多"空巢老人"在考虑诸多因素后，常会出现"多一事不如少一事"的思想观念，不愿意诉诸法律，而常常选择息事宁人，不给子女和自己造成经济负担和诉讼压力。二是法律意识薄弱。特别是农村地区的"空巢老人"法律意识淡薄，对我国的法律法规不了解，因此，他们很难利用法律武器去维护自己的合法权益。三是维权方式不当。"有事找政府"是深受我国几千年传统文化影响而遗留下来的观念。再加上过去计划经济体制下政府职能过宽的影响，"空巢老人"在自身权益受到侵害时，大多依赖政府，在"有事找政府"的观念影响下，他们倾向于选择村委会或居委会、政府部门，认为政府部门有职责解决并且能够解决他们的问题，而不知道还可以通过调解、仲裁、诉讼等方式加以解决。但并非所有的问题都是政府可以解决的，政府等相关部门及基层组织职能范围有限，对老年人权益保障能够发挥的作用更是有限。四是对法律诉讼的认知有限。"空巢老人"考虑通过法律诉讼途径救济自己的权利通常是在用尽各种办法仍然无法救济自己

的权利的情形下，处于万般无奈的境地中的下策。因为在他们看来，诉讼是费钱又费力的事情，即使花钱走诉讼途径，最后也不一定能很好地维护自己的权益。即使是这样，想采取法律诉讼途径的大多数老人对如何运用法律途径有效地维护自己的权利不了解，对我国现行的司法运行体制不了解，对诉讼中法律程序和证据的规则不了解，对申请法律援助制度以及申请法律援助制度的条件也不了解。

（四）养老纠纷救济乏力

养老纠纷主要涉及两方面：一是老人人身权益受到侵害所造成的纠纷，二是老人财产权益受到侵害所造成的纠纷。而最容易发生养老纠纷的主要是养老机构和老人以及老人的亲属。一旦养老机构和老人之间产生纠纷，纠纷常难以得到良好的解决。其中的原因很复杂：一是老人及其亲属难以接受已发生的伤害事实。二是缺乏专业的第三方评估鉴定机构，通过沟通，双方很难对彼此的责任进行客观合理的划分，无论是家属向养老机构提出的过分赔偿，抑或是养老机构对纠纷的强硬态度，都将不利于纠纷的解决。三是社会舆论压力对养老行业的影响。四是目前养老机构本身的发展存在困境，对风险的承受能力和防御能力较差。五是由于法律诉讼存在周期长、费用高、执行难等问题，通过司法途径解决问题具有严重的滞后性，常无法及时向受害老人进行赔付，对老人、亲属造成的伤害无法及时弥补。错综复杂的因素使得养老纠纷发生后老年人的权益难以得到有效的救济。

（五）养老机构法律规范矛盾，监管体系未形成

1. 养老机构已有准入制度的规定与《行政许可法》冲突

在实践中，养老机构设立的程序大致是：首先是申请人或筹办者按照规定的法定程序向所属辖区的县级以上民政部门递交筹办材料，经主管单位审批同意发放设施批准书等证明材料，在取得设置批准书等材料后申请人设立养老机构的，在设立完成后养老机构开业前，还应经过主管部门的验收，验收合格后主管部门发放执业证书，养老机构在取得执业证书后，应办理法人登记。

《行政许可法》第十四条和第十五条规定，设置行政许可只能是由国务院来进行，省级人大的地方性法规可以对国务院未规定的设立行政许可，而各省级政府和较大的市的市政府的政府规章可以设立临时性的行政许可。各省人大常委会通过地方性法规设立的行政许可以及各省级人民政府或较大的市的市政府通过地方政府规章设立的临时性的行政许可，都不能包含对企业或其他组织的设立许可以及对其的前置性的行政许可。而我国现行的法律法规

对养老机构的准入规定并不是由国务院设定行政许可,而是由民政部规定的,在《社会福利机构管理暂行办法》中,第八条、第十一条、第十二条明确规定了申请筹办社会福利机构所应符合的程序条件和实质条件;地方规定也涉及了养老机构的准入,如上海市、厦门市在其对养老机构的管理规范中规定了养老机构的审批、设立等条件。

中央到地方对养老机构设立的相关规定均属长期有效的法律规定,是行政许可的范畴。根据上位法优于下位法的法的效力位阶原则,当下位法与上位法相冲突时,相冲突的部分无效。因此,现有的养老机构准入的规定与《行政许可法》相冲突,理应无效。

2. 养老机构监管机制缺失

养老行业混乱的原因之一在于养老机构监管机制缺失。《老年人权益保障法》在符合老龄化趋势和经济发展需要的背景下进行了相应的修订,虽然涉及了养老机构监管的部分内容,但并非一部专门针对构建养老机构监管机制的法律,并且该法对养老机构监管机制的规定主要是原则性、宏观性强的内容,在实际操作中存在很大的可行性,会出现许多的阻碍及矛盾。如《老年人权益保障法》第三十六条,简要地规定国家要建立以居家为基础、社区养老为依托和机构为支撑的养老体系;第三十九条和第四十条规定给予新的养老机构特别是在养老服务设施方面一定的支持;从第四十一条到第四十七条涉及许多内容,如养老机构在服务对象方面应有选择性和照顾性,在养老机构监管机制中应建立的规章制度,养老机构的准入条件、养老机构的监管部门和养老机构的养老服务人员要求。

(六)多样化的养老服务合同不利于养老服务的规范

养老服务合同是指由养老机构提供,通过养老机构、入住老人、第三方相对人协商达成一致的关于入住老人在养老机构如何进行养老的民事协议。在实践中,常见的养老服务合同有三类:《自费养老合同》《养老院服务协议》和《养老服务合同》。

《自费养老合同》是入住老人与养老机构双方签订的,并不涉及第三方相对人。此合同内容规定了养老机构和入住老人的权利和义务,对养老机构应提供的基本场所、服务内容和收取的相关费用以及老人需要提供的养老费用进行了明确的规定。自费养老的老人所需的个人生活用品和其他生活消费支出需要自己承担。尽管合同规定简单,但是对合同的终止、解除、违约及意外事件处理、入住老人去世后遗体、财产的处理进行了详细的规定。此类合同适用的范围狭小，仅限于养老金充足的老年人。相较于《自费养老合同》，通常是三方协议的《养老院服务协议》和《养老服务合同》的规定较为复杂，但是仍存在许多不足。《养老院服务协议》所规定的内容包含对三方当事人的规定。除三方当事人的基本信息、联系方式、权利和义务以及入住老人需要支付的养老服务费用外，将三方之间的安全注意义务单独列出来，在《养老服务协议附则》中对合同的单方协议解除、违约责任、争议解决条款和三方另行协议达成的其他补充规定更是做了详尽的规定。但此类养老服务合同也存在着许多不足之处：一是其在单方解除权上对甲方养老院的解除权规定极为细致，而在乙方入住老人的解除权上较为模糊；二是未对意外事件的处理办法和风险处理模式进行规定。《养老服务合同》是老年公寓所提供的，具备正规专门的合同编号，并对适用的群体做了明确的规定，更加体现老年公寓所提供的服务具有营利性的特点。《养老服务合同》甚至对三方当事人签订合同的背景都有所交代，对甲方老年公寓接收乙方入住的条件及程序、甲方提供的服务地点和服务设施、甲方提供的各种服务项目和服务质量标准、甲方根据乙方选择的服务项目进行收费的收费标准、三方各自的权利和义务都进行了详细的规定。此外，它还做了特殊规定，主要涉及出现疾病或事故等紧急事件的处理、乙方去世的善后服务及相关费用、丙方与甲方中断联系时的情况处理以及各种特殊情况、意外事件的处理、养老合同的变更、解除情况、违约责任、免责条款和三方自行协商达成的关于入住老人的特殊服务护理条款。

在对三种养老服务合同做了仔细的梳理和对比后发现，三者所适用的老年人群不一致，其养老服务内容、服务质量标准、合同当事人权利和义务的划分、合同解除、意外事件的处理等都不一样，缺乏统一的合同范本；同时，意外事件发生后风险损失的承担原则也未涉及。

（七）政府在养老服务管理中的尴尬局面

1. 政府在养老服务监管过程中角色定位失衡

养老服务的发展离不开政府。政府参与养老服务全过程，包括立法、建立养老行业的准入制度、规范服务合同、监管服务质量、解决养老纠纷等。长期的实践表明，政府角色定位不清，对养老服务的监管力度和扶持力度不够，在民办养老机构设立申请时，政府的法规政策所规定的各项优惠政策和便利设施并不一定能完全得到落实；政府对养老机构监管的规划考虑不够长远，阻碍了养老机构的发展。除此之外，政府对养老机构的管理也存在失衡现象。政府对养老机构的监管具体来说是相关部门及人员对养老机构的监管，而在现行的法律法规以及政策文件中，对监管人员的管理和要求并没有明确的规定。然而，明确监管部门的职责权力以及监管人员的管理体系、职业技能、思想道德要求对提升养老服务的监管质量有重要的意义。

2. 政府购买居家养老服务存在法律适用尴尬

政府购买居家养老服务，是指政府不再垄断居家养老服务的提供，转而变为服务的"安排者"，决定怎样选择承接者、选择怎样的承接者，为谁提供居家养老服务，如何付费等问题，把居家养老服务的生产完全交给社会力量进行的一种方式。在实践中，政府购买居家养老服务具有很多形式，包括公办公助，公办民营，民办公助，竞争性方式。购买的承接者包括社会组织、个人、企业法人。

从现在养老服务的实践来看，政府以政府采购的方式购买居家服务的省份寥寥可数，并未全面推行。尽管如此，政府购买居家养老服务合同在法律适用方面却很尴尬。部分地方政府直接和养老服务机构签订协议，仅约定双方的民事权利、义务，却未涉及违约责任、纠纷解决途径等。法院在审理此类纠纷时，适用法律不统一，有的适用《民法通则》《合同法》《侵权责任法》等私法规范，有的适用《政府采购法》，按照行政合同的相关规定处理，法律依据适用不统一，导致审判结果也不一样。适用私法规范虽可以在一定程度上规范双方当事人的权利义务，但由于政府参与到该法律关系中，仅适用私法规范存在一定的弊端，诸如"行政遁入私法"、权力寻租等问题，为政府逃脱法律制裁创造了机会。此外，适用《政府采购法》也并不合理，原因在于：一方面是服务对象的本质区别，政府采购服务面向的服务对象是政府及其工作人员，而居家养老服务面向的是社会上的老年人；另一方面是政府采购目录大多并未将养老服务包括在内。因此适用《政府采购法》也不合理。

（八）养老服务专业人员行业标准落实效果不理想

我国养老服务事业体系的建立并不完善，养老服务人员更是紧缺，特别是专业的养老服务人员。据一份数据显示：截至 2008 年年底，我国对养老服务专业人员的需求量为 1 000 万人，但取得专业资格的养老服务人员不足 3 万人。而与我国超 3 000 万失能或部分失能老人的潜在需求相比，专业人员的数量是杯水车薪，与满足目前的养老需求有很大的差距。养老服务人员并没有进入职业化阶段，对养老服务人员的准入并未设置较为严格的专业要求，特别是下岗职工、失业人员以及进城务工人员，大多在社区从事养老服务工作，但是其大多数学历水平较低、年龄较大，没有接受关于如何护理老人等养老服务的专业培训，而是通过经验总结服务的技术和方法，与专业的养老服务人员相比，其服务水平和质量有较大差距，传统落后的服务技术与日益增长的多样化养老服务需求不适应。2002 年 2 月，我国推行了《养老护理员国家职业标准》，对养老服务专业人员需要具备的基本要求和工作要求做了详细的规定。然而在实践中，由于养老服务人员现有的数量远不能满足我国日益加深的老龄化的需要，因此该行业标准落实得并不理想。

三、养老服务法律制度缺乏可操作性

我国目前虽形成了以宪法为基础，以《老年人权益保障法》为核心，包括法律、行政法规、国务院规章、地方性法规以及相关政策在内的社会养老服务法律法规政策体系的雏形，但是深入思考后会发现，现阶段涉及养老服务的法律制度大都是单项法规和部门规章，原则性强，缺乏实际可操作性。如《社会福利机构管理暂行办法》第二十七条：社会福利机构有下列情形之一的，由民政部门根据情况给予警告、罚款，直至建议登记管理机关取缔或者撤销登记，并按管理权限对直接责任人给予批评教育、行政处分，构成犯罪的依法追究刑事责任……。该条款虽涉及行政处罚，但是其内容宽泛，对于罚款的数额以及罚款的情形缺乏具体的执行标准，在实践中操作具有很大的主观性和随意性。又如养老服务行业标准《老年人社会福利机构基本规范》规定：自理老人和介护老人夏季每周洗澡 2 次，其他季节每周 1 次；介护老人全身洗澡，每周 2 次。然而各地气候差异以及老人的身体状况差异将导致这项条款并不能普遍适用，此项规定在现实操作中显得过分呆板，或将成为养老服务机构及养老服务人员给老人提供不合理服务后的依据。在现行的养老法律制度体系下，细化养老服务法律制度，需要结合养老服务实践，在增强可操作性的同时适当地给予调整的空间，以便提供优质的养老服务。

第三节　完善养老法制建设

一、健全养老服务法律制度

（一）建立以立法为主导、政策为支撑的养老服务法律制度体系，提升法律位阶，加强立法与政策之间的衔接

目前我国的养老服务法律制度体系是以政策为主导，法律数量少且位阶低，法律与政策内部缺少衔接，导致我国养老服务规定不一，缺乏法律依据，

老年人权益保障无法得到良好的实现。我国已建立起社会主义法律体系，但是养老服务方面仍存在法律缺陷，不仅缺乏高位阶的法律，还缺乏具有针对性的立法规定。因此，需要建立以立法为主导、政策为支撑的养老服务法律制度体系。首先，由全国人大、全国人大常委会系统研究养老服务的特点以及目前存在的问题，在科学合理的依据支持基础上，出台符合老龄化现实需要的法律。其次，由国务院在全国人大及常委会制定的法律框架下，就养老服务法律实施细则或就某一类问题制定相应的行政法规。最后，由国务院下属的具体职能部门及地方政府就养老服务某一具体问题出台具体解决办法或就当地实际情况以及存在的问题制定相应的政府规章等。在形成养老服务系统性法律制度体系的过程中，各地方人大及常委会、地方政府对当地实施的关于养老服务的政策性规定，在长期实行的过程中总结经验，把被实践证实符合养老服务发展规律和现实需要的政策通过法定的程序转化为规范性的法律文件，减少法律滞后性所带来的现实问题。在健全我国养老服务法律体系的同时，立法机关和政府部门也应对现有的法律法规以及政策文件进行梳理，对与现实存在冲突、不合理的或已不再适用的规定进行清理整合，推进养老服务法律体系制度的完善，促进法律法规与政策之间的配套衔接。

（二）完善我国老年人监护制度

1. 界定我国老年人监护制度保护对象的范围

为更好地应对人口老龄化的严峻挑战，我国在完善老年人监护制度时，应将有身体障碍但判断力正常和因精神耗弱致生活不能自理的老年人纳入监护的范围。由于我国老龄化速度加快，未富先老日益显著，建议借鉴国际标准，将老年人定义为年满 65 岁以上的公民。作为老年人监护对象，除了满足法律规定的年龄条件外，还应满足下列条件之一：一是无民事行为能力的老年人；二是限制民事行为能力的老年人；三是因年老、精神耗弱、体力下降不能全部或部分处理自身事务的老年人；四是判断力正常但身体有障碍生活不能完全自理的老年人。但是仅以年龄和行为能力作为监护对象的条件，并不能满足多样化的老年人的监护需求，因此可借鉴日本的监护制度，设立弹性的监护制度，根据监护对象的需求设置不同的监护要求和措施。

2. 优化老年人监护人的选任

一是明确监护人资格。对监护人资格的确定必须通过立法手段，并且采用列举式而非概括式。只有同时满足积极条件和消极条件的才能具备担任监护人的资格。积极条件：必须具备完全民事行为能力；思想品行良好。消极条件：被法院免职的法定代理人或保护人，如正在受刑罚处罚（不包括缓刑、管制）的人，有危害被监护人利益行为的人，如破产人、嗜酒如命、吸毒、赌博成性的人；对被监护人提起诉讼或曾提起过诉讼的人及其配偶和近亲属，即可能对被监护人人身造成危害或损害其利益的人；去向不明的人。

二是修订监护人的选任范围。具体来说，一是排除老年人的父母、单位、村委会、居委会、民政部门作为其监护人；二是老年人的配偶做监护人应视其健康状况和行为能力而定；三是可考虑将与老年人没有利害关系的近亲属和朋友作为监护人；四是可将正规合格的养老机构作为监护机构纳入监护人范围；五是其成年且属于完全民事行为能力的子女也是监护人。

三是确定合理的监护人选任顺序。第一顺序应是其成年子女，第二顺序是其配偶，第三顺序是其没有利害关系的近亲属，第四顺序是愿意承担监护职责并得到法院同意的其他亲属和朋友以及正规的养老机构等监护机构。此法定监护顺序并非一成不变，应当以被监护人的利益为中心，遵循最佳利益原则，结合监护双方的实际情况确定。若前一顺序的监护人并非最佳人选时，可由后一顺序的监护人担任。

四是优化监护人的选任方式。根据"尊重老年人自主决定权"的理念，结合我国现行的监护人的三种选任方式，即法定监护、指定监护、意定监护，建议意定监护优先于法定监护和指定监护，充分尊重老年人的意志，采纳老年人的合理意见。

五是设定监护程序。监护程序的设定包含启动、更换和终止。首先，监护程序的启动应以监护方式的不同而进行不同的规定。若是法定监护，参照我国现行对未成年人和精神病人的规定；若是意定监护和指定监护，均依申请启动。其次，监护程序的更换主要涉及四种情形：监护人不履行监护职责或侵害老年人的合法权益；监护人能力丧失或因疾病、死亡等原因不能继续履行监护职责；监护人监护期限已满不愿继续担任监护人或因当兵、出国等原因不能继续担任监护人；被监护人有重病需在外地长期治疗，而治疗地又有合适监护人，或更换监护人对被监护人更为有利的其他情况。最后，监护程序的终止。可以分为两种情形：老年人与当前的监护人解除监护关系，但其监护仍然继续存在；老年人因死亡或宣告死亡自动解除所有的监护关系。宣告死亡的老人恢复完全民事行为能力，经向法院申请，可解除监护关系。

六是明确监护双方当事人的权利和义务。根据权利和义务对等原则，监护人一味地履行义务却不享受任何权利是不符合法律精神的。结合老年人监护的实际情况，对监护双方当事人的权利和义务做出明确规定。作为监护人，应享有的权利：第一，辞职权和拒任权。这两个权利是为特殊情形而设立的，监护人在行使这两项权利的时候不是随心所欲的，而必须符合行使这两项权利的条件，给予正当充分的理由。第二，报酬请求权。享有此项权利的人不包括其配偶、子女，配偶及子女作为监护人应遵循无偿原则。第三，代理权和撤销权。作为监护人，应履行的义务：一是最大限度地维护老年人的合法权益，妥善管理财产。二是认真仔细地照料老人的身体，维护老人的身体健康。当老年人因患重病需要住院治疗或进行手术时，监护人应提前通知监护监督机关和老年人的其他近亲属，必要情况下需要征得他们的同意。除身体上的照料外，还应给予老人精神上的关怀。三是处理与老年人相关的其他事务。例如代理老年人处理民事纠纷、诉讼争议，当老年人的合法权益受到他人的侵害时，监护人要代理老年人提起诉讼，维护老年人的权益。当老年人侵害他人的合法权益时，监护人要代理老年人承担民事责任。

除了规定监护人的权利和义务外，被监护人的权利和义务也应当明确。作为被监护人，其应享有的权利主要有：第一，自主决定权。老年人未丧失行为能力时，可以依据自己的意愿选取自己信任的监护人。当老年人处于限制行为能力时，并非丧失所有的权利，依然享有剩余意思能力范围内对自身事务的自主决定权，老年人处分重要财产、不动产的，需要得到监护人的同意，老年人未经监护人同意而实施这些行为的，监护人可依法行使撤销权。第二，监护监督权。老年人在具有意思能力和判断能力时，可对监护人的监护工作行使监督权。如果发现监护人不履行监护职责或侵害老年人的合法权益，可及时向监护监督人或法院报告，由法院追究监护人的责任；给老人造成损失的，监护人应予赔偿。被监护人的义务主要有两点：一是配合监护人的监护工作；二是支付监护报酬，配偶、子女除外。老年人没有财产、无力支付的，由国家财政负担。

3. 完善意定监护制度

第一，将意定监护制度纳入民法体系，由民法进行调整。第二，意定监护人由老年人选取，需签订监护合同。意定监护要求老年人必须具备完全民事行为能力，并根据老年人自己的意志来确定。意定监护的合同内容应包括监护事务、报酬、期限、违约责任等，可确定为由我国的《合同法》进行调整。为更好地保障老年人的权益，签订监护合同须双方进行公证。第三，需要对监护人加以监督，老年人及近亲属、村委会、居委会、邻居、朋友等发现有侵害老年人合法权益时，可向监督部门或法院报告。

4. 设立监护监督机制

老年人监护制度的贯彻落实需要建立有效的监督机制。对老年人的监护，应当建立起事前审查、事中监督、事后救济的监督体系。事前审查主要是对监护人的资格和监护双方的财产登记进行审查。事中监督主要包括监督机构的监督、老年人的近亲属监督及社会监督。事后救济则主要是针对第三人或监护人侵害老年人合法权益等违法行为的救济。在监护的过程中，如果第三人侵害老年人的财产或人身利益的，监护人可代理老年人向法院提起诉讼。造成老年人财产损失的，可向第三人提出民事赔偿；造成老年人人身伤害的，可由法院追究其刑事责任。如果监护人利用职责之便侵害老年人人身财产权益，老年人的近亲属或监护监督人可代理老年人向法院提起诉讼，向法院申请撤销监护人的监护资格。监护人造成老年人财产损失的，要进行民事赔偿；造成老年人人身伤害的，要依法追究其刑事责任。

（三）建立老年人精神赡养法律保护制度

为确保老年人精神赡养权利的实现，建议建立老年人精神赡养法律保护制度，用法律手段明确监护人对老年人精神赡养的义务，使精神赡养得到法律保障。结合实际情况，可确立一些禁止性规范，如对子女对长辈的歧视、侮辱、诽谤等精神虐待行为应当加以禁止。明确规定精神赡养的具体内容、衡量标准、违法责任等。对不履行或不完全履行精神赡养义务者，追究相应的法律责任；构成严重后果的，应追究其刑事责任；在刑法中加大遗弃、虐待罪的处罚力度。同时，还应规定赡养人不履行精神赡养义务所应承担的民事责任，以及对不履行义务的子女采取警告、罚款乃至拘留的行政处罚等措施。

（四）完善"空巢老人"权益保障体系

1. 为确保"空巢老人"的权益不受侵害，在立法上，建立并完善我国"空巢老人"权益保障法律体系

在完善我国养老服务法律制度的基础上，结合"空巢老人"的特点来完善"空巢老人"权益保障法律体系。首先，结合老龄化发展趋势和社会实际情况，对《老年人权益保障法》的相关规定可做相应的调整，确立"空巢老人"的保障主体地位，相关规定在道德舆论和法律之间寻找平衡，增强可操作性，建立奖惩机制，将法律条文规范化。其次，完善我国"空巢老人"权益保障制度在法律体系中的构建，权益保障体系应当包括经济保障法律制度、医疗健康保障法律制度、财产继承处分法律制度、婚姻自主、居住权法律制度及社会参与法律制度。

2. 为确保"空巢老人"相关规定的贯彻落实，在执法上，加强对"空巢老人"权益保障法律的监督力度

深化各职能机关对"空巢老人"权益保障法律的执法成效，以加大政府行政机关的监督力度确保老年人权益保障的法律制度能落到实处，行之有效。建议可以从以下几个方面着手：第一，加大执法部门的监督检查力度，以确保对老年人负有义务的单位及人员对老年人权益保障法律制度的贯彻实施以及认真履行其义务，执法部门可定期、不定期进行检查，对于老年人实施侵害的行为人或单位要严惩不贷，为老年人的切身利益做好全面有力的保障工作。第二，以"空巢老人"自身的特殊性为出发点，基层政府应以"真正关心、爱护老人"为服务理念，成立专门的机构或部门处理"空巢老人"的问题，减少甚至可以避免当老年人权益受到不法侵害时相关部门被动介入的现象，增强执法部门的主动性。第三，执法部门的行为也应受到监督，若发现执法部门有玩忽职守等行为，同样也应按照相关规定加以惩处。在保障法律主体权利不受侵犯的同时，更要保障在受到侵权时能够获得及时有效的救济和帮助。关于老年人的救济机制，政府及相关部门需落实到位，给予财政支持和保障。若有贪污挪用、不作为等侵犯老年人权益的行为，应当按照相关法律法规处理。第四，注意执法行为的灵活性，文明执法。

3. 为确保老年人受侵害的权益能及时有效得到救济，在司法上，加大对侵害"空巢老人"合法权益的惩戒力度

当"空巢老人"人身安全受到不法侵害，诸如虐待、遗弃、抢劫、故意伤害、故意杀人等时，不仅在刑事立法上要特别强调对加害人的制裁力度，还应在司法实践中加大对此类行为的处罚力度，以减少对老年人的刑事犯罪。若是该侵害行为尚不构成刑事犯罪，被害人可请求当地派出所等有权机关对该行为人采取如行政处罚、行政拘留等行政处罚措施，对侵权行为加以制止并依法实施制裁，发挥行政处罚、拘留的惩戒作用。

4. 为提升老年人对老年人权益保障制度的知晓度，在宣传上，加强老年人权益保障法制宣传

加强老年人权益保障法制宣传是老年人更好地维护自己合法权益的重要途径之一，也是实现养老服务法制化的内在要求。老年人随着年龄的逐渐增加，身体机能不断下降而导致行动不便或出现健康问题，甚至智力也随之下降，加之大部分老年人的文化水平不高，"空巢老人"孤苦无依，缺乏来自外界的援助，其自我保护能力低下、法律意识淡薄，对如何制止侵害自己合法权益的行为以及如何救济自己的权益知之甚少，甚至完全不知道。所以，需

要加大法律宣传力度。要做好法制宣传工作，需增加法制宣传经费投入，加大法制宣传力度，加强普法队伍建设，丰富法制宣传方式，以老年人的兴趣爱好为宣传形式的基点，采用通俗易懂的形式进行普法教育，使老年人、赡养义务人等人群知法、懂法、守法、用法。

5. 在道德上，发挥道德舆论作用，增强赡养义务责任感和义务感

"空巢老人"精神赡养的问题严峻，受到党和国家、社会各界的关注，"常回家看看"被写入法律。但是这项义务并非只是依靠法律的约束就能很好地实现，在现实生活中，诸多因素导致这项义务的履行存在很大的困难。因此，可以凭借我国几千年的传统文化，如"百善孝为先"的道德观念和尊老爱幼的传统美德，让赡养义务人尽自己最大的能力去关爱老人、赡养自己的父母，让身边的老年人"老有所养、老有所依"。"常回家看看"不仅是一项法律规定，更是老年人对子女的一种殷切的期盼。作为晚辈，尽量经常与家里的老人联系，多关心他们，常回家看看，陪陪老人。"树欲静而风不止，子欲养而亲不待。"趁老人还在自己身边，及时表达对他们的关爱和孝心。此外，从中央到地方再到基层，政府相关部门都对弘扬"百善孝为先""尊老爱幼"等传统美德加大宣传力度，让传统美德深入人心。

（五）优先老年人司法救济制度，健全老年人法律援助制度

老年人司法救济是指人民法院在公民养老权受到侵害并依法定程序提起相关诉讼后，按照法定程序对老年人的合法权益予以保护。主要可以从两方面着手：一是人民法院设立老年人法庭，指派有经验的法官担任审判长，人民陪审员可聘请长期从事老龄工作，对老年人群特殊性熟悉的人员，如老龄办的工作人员。二是对涉及老年人的诉讼案件，秉持"三优"理念，优先立案、优先审理、优先执行。对特困老人的法律案件应推行诉讼费缓、减、免制度。

健全老年人的法律援助制度，一是建立老年人法律援助档案，实施定期回访制度。定期组织人员对法律援助义务履行情况和法律援助需求进行回访。对涉及老年人的赡养费、扶养费、退休金、抚恤金、人身伤害、婚姻家庭等方面的援助案件要加大工作力度，确保老年人及时获得便捷有效的法律服务。二是对老年人申请法律援助的审查，法律援助机构应及时做出决定。只要符合法律援助条件的，应及时办理相关手续并指派法律服务人员；对申请事项不属法律援助范围的，应积极帮助和指引申请人到有关部门处理。三是加强老年人法律援助案件的监督管理，确保每一案件都能尽快得到妥善解决。可

采取发放法律援助卡、设立法律援助信箱、建立法律援助服务热线等方式，方便老年人咨询和申请法律援助，切实保障好老年人的合法权益。

（六）建立养老机构准入制度

目前我国养老机构既有准入制度的规定与《行政许可法》冲突，因此立法机构及政府部门应对现有的养老机构准入制度进行梳理，确立统一的、不相冲突的养老机构准入制度。同时通过立法建立养老机构准入监管机制。

（七）规范养老服务合同内容

根据养老服务的特殊性质和现有的各种养老服务协议，建议规范养老服务合同内容。养老服务合同范本应主要包括合同主体、当事人的权利和义务、养老服务内容、服务方式、服务费用及收费标准、特殊情形的处理、合同的变更解除、违约责任、责任认定和纠纷解决、当事人协商的其他补充事项。具体来说，首先，养老服务合同应先明确双方当事人签署养老服务合同是真实自愿的，双方对合同内容不存在争议事项。其次，关于养老服务合同主体，应标明双方的基本情况。养老机构的基本情况一般包括名称、住所、法定代表人或主要负责人、机构代码、联系方式，而入住老人及监护人或付款人的基本情况一般包括姓名、住址、身份证明、联系方式。关于老人的监护人、付款人的内容可以更加详细，如家庭地址、工作单位、办公地址、家庭电话等。最后，养老服务合同中对当事人的权利和义务的规定要明确详细、分门别类，让人一目了然。养老机构的权利和义务主要是：对入住老人按照规定体检测试，对老人进行入院评估，建立健康档案；养老机构按照合同约定为入住老人提供符合质量标准的服务；养老机构护理入住老人身体健康，保障老人财产安全；合理注意的义务；接受入住老人、老人监护人或担保人和社会舆论监督；养老机构收费和管理的权利；紧急情况下突发事件的处理。入住老人的权利包括老人有享受约定的养老服务的权利，对养老机构的建议监督权，对自身健康护理情况和消费情况的知情权，对养老机构管理人员、护理人员和养老服务人员的批评建议和投诉的权利；其义务主要集中在接受养老机构的管理、配合养老服务的进行、团结其他入住老人、及时向医护人员汇报自身身体健康状况和按时缴费的义务。第三方当事人包括入住老人的亲属、监护人和担保人等，其具有对入住老人的探视权、查阅个人档案等信息的知情权、对养老机构的监督权，而其义务包括如实反映入住老人个人情况、配合养老机构的养老服务、联系方式变更后及时通知和按时缴费的义务。合同中应对养老服务的内容、服务方式、服务质量标准做出明确规定，如对生活照料中的住宿标准、膳食标准、生活照顾、心理疏导慰藉内容进行规定，对服务等级中的不同照顾程度、医疗护理程度进行划分，对应遵循的服务质量标准进行明示。此外，合同中应明确养老服务涉及的服务提供地点、基本养老设施、医疗护理器械、老人活动场所、娱乐项目，对养老机构的安全保障、环境卫生、消防等基本事项都应在合同中标明符合相关的法律规定和行业标准。对于养老机构内老人可能遭遇的各种突发事件和意外伤害事件，合同中要明确授予养老机构充分的临时处分权，而且还要规定具体事件的处理程序，以此来保护老人和养老机构的利益。对于合同的变更，要明确合同的具体变更事项，考虑到入住老人和养老机构的利益保障，规定变更的程序。对于合同的解除，要分别规定养老机构、入住老人的合同解除权，规定养老机构和入住老人分别行使解除权的情形，不能只单方规定养老机构的解除权，也要注意保护入住老人的合法权益。对于违约责任，要分别规定养老机构和入住老人的违约情形、违约责任的认定划分、不同违约情形下的责任承担和赔偿。对于养老纠纷，要规定产生纠纷的原因责任认定原则，对解决纠纷的途径要进行明确规定，并排除适用合同当事协商排出的解决方式。

（八）明确政府角色定位，发挥政府的宏观调控作用

第一，政府作为监管主体，需细化各监管主体的权责范围，实行主管负责制，防止监管部门及人员相互推诿。第二，政府作为养老服务事业发展的推动者，应明确鼓励支持政策的条件和标准，细化各项帮扶方式，对各项政策的落实情况加以监督。第三，政府作为养老服务事业的决策者，应合理安排养老资源，为养老服务事业的发展提供所需的基础条件和设施，如优越的医疗、护理条件和设施以及良好的治安环境。利用各种宏观调控措施平衡不同性质的养老机构的发展，实现良性竞争。第四，政府在养老服务事业发展过程中发挥着举足轻重的作用，因此，政府更应该对自己的角色准确定位，为养老服务制定长远有效的监管机制，促进养老服务健康、可持续发展，缓解养老压力，促进社会和谐。

（九）规范政府居家养老服务合同法律适用

政府购买居家养老服务的合同的性质是行政私法合同。目前我国对政府购买居家养老服务的合同在法律适用方面不统一，合同内容混杂，公法和私法的权利义务相互交错。目前政府购买居家养老服务没有法律和行政法规的规范，出台政府购买居家养老服务的相关规定势在必行。对于法律适用，按照尊重个人利益的同时实现公共利益的原则，总体适用私法，即适用平等、

诚实信用等私法原则和《民法通则》《合同法》《侵权责任法》等私法规则，但是仍受公法约束，即受行政法治、比例原则、法律保留等公法原则和行政法规或规章中具体公法规则等约束。

（十）立法推进养老服务专业人员的培养

养老服务的质量好坏与养老服务专业人员的素质存在必然的内在联系。因此，国家应加大对养老服务专业人员的重视，用法律手段规范养老服务专业人员的培养，建立养老服务专业人员的资格认证制度：凡从事养老服务的人员均需通过专业的培训考试，考试合格后给予从业证书，持证上岗，并定期对其进行继续教育和考核。可通过立法建立不同层级的培训，如：对经由大中专职业技术院校培训的人员，发放初级资格证书；对在职业技术院校培训后，经过劳动社保部门和民政部门考核后的专职服务人员，发放中级资格证书；对从事专业服务人员，经过高等教育机构资格认证并通过劳动社保部门和民政部门的考核后，可获得高级资格证书；对于技师证书，除了在工作年限、专业知识达标、部门考核通过外，还应对其履职情况进行综合评价才能颁发资格证，最终严格实现持证上岗，逐步提升养老服务业的专业化水平。同时还应进一步细化养老服务各个岗位的从业资格，对没有按照法律要求对养老服务人员进行岗前培训和执证上岗的养老机构、单位、组织要求缴纳高额罚金，加大处罚力度；明确养老服务人员的法律责任，对在居家养老、社区养老、机构养老中造成老年人人身或财产损害的依法追究法律责任。

二、增强养老服务法律制度的可操作性

"实践出真知。"要增强养老服务法律制度的可操作性，需要制定养老服务法律制度的相关部门征求社会意见，特别是养老机构、老年人和养老服务人员的意见。同时在构建具体法律制度时，需要始终坚持细化各项条款，在结合国情与当地实际情况下制定出明确的法律规定。例如，在法律条款中应明确老年人应享有的权利和义务，将老年人最低生活保障、医疗保险、养老保健、老年福利、法律援助以及精神赡养等与老年人生活息息相关的各项内容纳入其中。又如，法律应明确规定政府如何支持家庭养老、给予家庭什么奖励。再如，对没有按照相关规定履行义务或职责的主体应当给予什么惩罚？惩罚的标准和依据是什么？具有可操作性的条款是老年人权益保障法律制度得到贯彻实施的前提和基础。

依法治国是我国社会主义现代化建设的基本方略。面对日益严重的老龄

化趋势，以法制建设规范养老服务，保障老年人的合法权益，是顺应我国人口老龄化趋势的发展规律，是社会文明进步的具体体现，是我国促进老龄事业发展的重要举措。对于《老年人权益保障法》的颁布和修订对我国老年人权益保障的重要意义，我们不可否认，但是我国养老服务法律制度的缺失难以应对当前日益严峻的老龄化趋势。目前我国养老服务体系初步建立，各方面都处于探索阶段，养老服务法律制度的缺失将严重制约老年人权益的保障和实现。建立健全我国养老服务法制建设，是对老年人权益保障迫切要求的回应，是我国人口老龄化和家庭养老弱化的内在要求，是实现"不分年龄、人人共享社会发展成果"改革目标的重要保障。然而养老服务法制建设是一项庞大的工程，需要社会、政府、养老机构等多方面的支持和努力，任重道远。

（王琼、龙凤）

第三章　国际养老模式经验借鉴

人口老龄化是世界性课题，也是世界人口发展的趋势。许多发达国家先于我国进入老龄化社会，其在老年保障制度、养老模式、养老政策、养老服务等方面均有较完善、较成熟的发展。本章通过对欧美国家的典型代表英国、美国，以及亚洲国家的典型代表日本、新加坡的养老模式的分析研究，充分学习并借鉴、吸收国外成功的养老经验，同时也为我国养老模式的构建开拓国际视野。

第一节　英国——以社区照顾为主的居家养老模式

一、英国人口老龄化现状

据联合国数据显示，1950 年，英国 60 岁及以上人口占总人口的比例已经高达 15.5%；进入 21 世纪，英国的老龄化程度越发严重，2000 年，其老龄化水平达到 20.8%；预计到 2050 年，这一比例将上升到 28.8%，接近 30%（见图 3-1）。这将意味着有 1/3 的英国人口是老年人。英国之所以老龄化形势严峻，主要是因为第二次世界大战后，社会稳定，经济复苏，国民生活水平不断提高，加之医疗技术水平的不断提升，进一步加速了老龄化进程。

由于受到经济发展水平、文化观念以及人口发展状况等诸多因素的影响，英国人口老龄化在不同阶段呈现不同的特点。

如表 3-1 所示，1950 年，相较于其他国家，英国的老龄化程度最为严重，达到 15.5%。随后，英国的老龄化水平不断提高，保持年均 8.7% 的增长，到 20 世纪 80 年代，英国的老龄化水平已经达到 20%。21 世纪初，英国的人口老龄化进程缓慢推进，2000 年为 20.8%，和十年前的 1990 年相比，没有增加，和 1980 年相比，也仅增长了 0.8 个百分点，尽管低于同期的日本、意大利和西班牙，但仍高于美国等国。

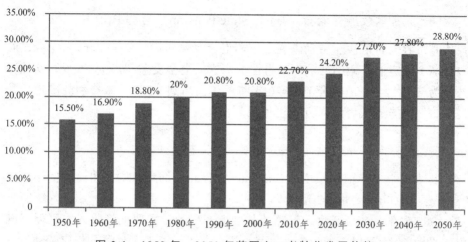

图 3-1　1950 年—2050 年英国人口老龄化发展趋势

资料来源：Word Population Prospects：the 2008 Version，United Nation，2009.

表 3-1　人口老龄化发展趋势的国际比较（%）

年份 国家	1950	1960	1970	1980	1990	2000	2010	2020	2030	2040	2050
英国	15.5	16.9	18.8	20.0	20.8	20.8	22.7	24.2	27.2	27.8	28.8
日本	7.7	8.8	10.6	12.8	17.4	23.3	30.5	34.5	37.9	42.5	44.2
意大利	12.0	13.9	16.5	17.4	20.9	24.4	26.6	29.4	34.8	38.9	39.1
西班牙	10.9	12.3	14.2	15.5	19.0	21.6	22.4	24.7	30.1	36.1	37.5
美国	12.5	13.3	14.1	15.6	16.6	16.2	18.2	22.3	25.3	26.3	27.4
印度	5.4	5.2	5.5	5.8	6.1	6.7	7.5	9.8	12.4	15.6	19.6
古巴	7.0	7.2	9.1	10.8	12.1	14.4	17.3	21.9	30.9	35.8	38.7
新加坡	3.7	3.7	5.7	7.2	8.4	10.6	16.0	26.5	35.6	38.3	39.6
韩国	5.2	6.0	5.4	6.1	7.7	11.2	15.6	22.8	31.1	37.4	40.8
中国	7.5	7.2	6.8	7.4	8.5	10.0	12.3	16.7	23.4	27.5	31.1

数据来源：Word Population Prospects：the 2008 Version，United Nation，2009.

二、英国养老保障制度

英国养老保障制度分为三个层次，第一层次是由英国联邦政府提供的最基本保障。该制度主要覆盖劳动者，从劳动者收入中筹集资金，劳动者可以拥有受益的权利，从而获得最低水平的退休收入保障。具体权利包括基本政府养老金、养老信用额度以及其他广泛性统一保障收益。

（一）基本政府养老金（Basic State Pension，简称 BSP）

其最终支付取决于劳动者在国家养老金受益年龄（State Pension Age，简称 SPA）规定前所缴纳的数额。男性的国家养老金受益年龄为 65 岁，女性一开始为 60 岁，从 2010 年到 2020 年将逐步提高到 65 岁。缴费额的确定比较复杂，缴费方式或者计入方式也呈现多样化特征。

（二）养老信用额度（Pension Credit，简称 PC）

其主要由保障信用额度（Guarantee Credit，简称 GC）和储蓄信用额度（Savings Credit，简称 SC）构成。

GC 是在原有最低收入保障的基础上产生的，主要保障收入水平低于既定水平的 60 岁及以上老年人。也就是说，在考虑了工作时间及相应劳动所得和所拥有的储蓄量之后，仍然无法满足基本生活需要的老年人，GC 为其提供最基本的老年收入保障，支付来源是当前的税收收入。对于特殊群体，如残疾人、有子女养育义务的个人或是有按揭债务的个人等，GC 提供的收益会更高一些。

SC 的主要目的在于，确保那些为退休进行了储蓄或安排的个人相对于未采取任何措施的个人，能够达到更好的福利状况。SC 的支付水平往往受到基本政府养老金水平和 GC 保障水平的影响。对于收入高于基本政府养老金收益水平，但同时又低于 GC 保障收益水平的个人而言，SC 计划额外支付 60 英镑。而对于高出 GC 保障收益水平的额外收入部分而言，SC 计划保障收益水平将有所下降，具体来说，SC 计划下的收益保障部分将减少为 40 英镑。

（三）其他广泛性统一保障收益

其支付与收入或所拥有的资产量无关，主要包括圣诞节金、冬季燃料费等。

英国第二层次的养老保障制度是以非积累的现收现付制作为缴纳基础进行运作的。其主要按照雇员收入的一定比例筹资，同时设定上限和下限，依据缴费水平确定其收益水平，目的在于为雇员提供更进一步的老年收入保障。

私人养老保障计划是英国第三层次的养老保障制度安排，参与该项计划具有自愿性，政府不参与直接融资，主要通过雇主及雇员定期缴费或专项缴费来积累资金，然后将其用于投资。雇主及雇员的缴费能够在一定程度上获得税收豁免或折让等优惠措施。私人养老保障计划的表现形式多样，具体分为两类：一类是雇主资助养老保障计划（包括职业年金计划在内）和个人养老保障制度安排，例如退休年金、个人养老储蓄计划等。

三、英国以社区照顾为主的居家养老模式

（一）社区照顾产生的背景

英国在开启社区照顾模式之前，机构养老模式盛行。随着机构养老的发展，其弊端也日渐凸显，尤其是其将老年人拘束在机构中，限制其自由，这在很大程度上削弱了老年人作为社会人的属性，最终在英国掀起了"反院舍化运动"，英国政府迫于国民压力，开始创新养老模式，大胆尝试以社区照顾为核心的养老模式。经过多年的实践，这一模式在英国发展十分成功，得到国民的强烈认同，也成为世界各国争相学习的范本。

（二）社区照顾的定义

20 世纪 50 年代，英国理论界首次提出"社区照顾"这一概念，随后的1963 年由健康与社会保障部首次使用。社区照顾的界定具有动态变化性，随着理论的不断发展以及实践的不断增多，社区照顾的内涵与外延不断拓展。目前理论界普遍认为：社区照顾是社区通过接受政府一定程度的扶持，为老年人及其家庭成员提供各种形式的照料，并不断扩大服务范围，拓宽服务群体和种类，在充分发挥老年人养老自主性的前提下，给予老年人更多的生活帮助和人文关怀。社区照顾有"社区内照顾"和"由社区照顾"两种主要形式。

所谓的"社区内照顾"是指政府直接干预并有制度和法律体系的规范性养老照顾。而"由社区照顾"是指通过血缘关系或道德维系的没有政府直接干预的非规范性养老照料。这两个概念往往容易混淆，下面从照顾主体、照顾对象、所提供的服务、费用支付、制度约束等方面进行比较分析：

从照顾主体上看，"社区内照顾"由具有从业资格的职业化工作人员承担；"由社区照顾"的服务主体是非政府组织（如志愿者、慈善机构）和老年人家庭成员、亲戚朋友等。从照顾对象上看，"社区内照顾"主要受益对象是失能老人；"由社区照顾"主要面向生活基本可以自理的老人。从提供的服务上看，"社区内照顾"所提供的服务具有长期性、连续性等特征；"由社区照顾"一般具有短期性、间断性、及时性等特征。从费用支付上看，"社区内照顾"需要老人支付一定费用；"由社区照顾"往往是免费的。从制度约束上看，"社区内照顾"由政府直接干预，具有规范性和制度性；"由社区照顾"属于没有政府干预的非规范性养老照顾。

（三）社区照顾的特点

经过多年的发展与完善，英国社区照顾模式愈加成熟，凸显出鲜明的"英

国特色"。

1. 建立在法律基础上

英国老年人在享受养老服务时有很好的法律保障，从养老机构的设立、养老服务的内容、养老机构的管理与评估等方面均有相应的法律加以规范。相关法律包括《国民健康服务法》《国民保健法》《全民健康与社区照顾法案》《国家老年服务框架》《国家黄金标准框架》等。

2. 采用官办民助方式

英国的社区照顾以社区为依托，政府和市场相结合的方式运作，以政府为主，市场化运作为辅，由专业机构提供服务。社区工作人员由管理人员、关键工作人员和照顾人员构成，形成官民结合的管理模式。管理人员是某一社区的总负责人，主要负责这一区域内资金分配、发放、人员招聘、工作监督等。关键工作人员的主要工作是深入老年人中了解他们的需求，并及时解决一些突发情况。照顾人员是为老年人实际提供生活照顾的人，多数是老年人的家人、亲戚朋友，他们所提供的服务还可以从政府领取补贴。

3. 有完善的监管体系

社区照顾在管理方式上实行"契约制"，政府以合同的形式将一部分服务外包给社会机构。对社会机构的管理采取项目制，从项目的申报、具体执行、监督管理、年度报告和评估都有一套完整的、规范的工作管理和评估体系，只有评估合格的社会机构，才能从政府拿到相应的经费。此外，英国还专门设立了负责评估、监督和管理社会机构的组织。组织内有完整的评估、监督和检查机制，有专业的人员队伍和专家队伍，每年都会对社会机构进行评估并公示结果，提出整改意见，同时还会收集老年人的意见，提出完善服务的建议。

4. 有全面的服务体系

英国社区照顾全面性的服务内容涉及生活照料、物质支援、心理支持和整体关怀四个方面。

一是生活照料。主要照顾老年人的饮食起居，分为居家服务、家庭照顾、老年人公寓、托老所、社区活动中心五种形式。

第一，居家服务。服务的对象主要是有基本生活能力，但体弱多病或生活不能完全自理的老年人。服务的地点主要在老年人家中。服务的主体一般是志愿者或政府雇员。服务的费用一般较低，甚至免费。服务的内容包括协助老年人完成吃饭、看病、购物、洗澡、做家务等。

第二，家庭照顾。顾名思义，就是由子女或亲属为老年人提供照顾，政府会根据他们所提供的服务发放一定的物质补助。同时，英国也鼓励子女与老人同住。凡是老人和子女一起居住的，政府还会发放一定津贴，以保证他们的生活水平。

第三，老年人公寓。主要面向低收入老年人群体，他们一般有生活自理能力，但却无人照顾。老年人公寓设施相对齐全，入住老年公寓的老年人需要支付一定费用，费用往往较低。

第四，托老所。分为暂托处和全托院。暂托处只是暂时将老人安置于此，由工作人员为其提供短期的护理服务。一般针对生活不能自理的老年人，所谓的短期最长为一个月，最短为几小时。收费标准依据时长来确定。全托院主要面向生活不能自理且没有子女或子女不在身边的老年人，实施集中式照顾。

第五，社区活动中心。旨在为老年人晚年生活提供丰富多彩的娱乐活动。一般由地方政府兴办，具有综合性功能，包括娱乐场所、购物中心、老年大学等。

二是物质支援。包括提供食物、安装设施、减免税收等。在提供食物方面，每天志愿者都会为老年人提供热饭；在安装设施方面，政府为老年人安装便利设施，如在楼梯、浴室等地安装扶手装置；在减免税收方面，政府会对 65 岁以上的纳税人给予适当的纳税补贴。此外，超过 65 岁的老年人在国内旅游，可以减免交通费，甚至电视、电话费等都可以享受优惠。

三是心理支持。如家庭医生上门为老年人看病免处方费，上门传授健康长寿之道，上门护理、帮助换药等。另外，政府还在五官、精神等方面给予老人以特殊优惠服务。

四是整体关怀。主要表现为对老年人生活环境的改善，对周围资源的协调等。如政府设立社区活动中心，给老年人提供丰富多彩的娱乐活动，便于老年人的娱乐社交及身心健康。此外，老年人可以自愿申请加入各种志愿者组织，以发挥余热，实现自身价值。

"四位一体"的服务内容，从生理到心理各个层面，充分满足了老年人的需求，更是将原本由政府承担的养老重担分摊给了社会机构，从而达到了双赢的效果。

5. 高度的社会参与

英国的社区志愿者活动采取全体总动员方式参与，从议员到普通居民，从青少年到老年人，各个层次的人都热心于志愿者活动，政府甚至还将在社区内从事公益劳动当作对触犯法律的人的感化服务的一项内容。志愿者队伍主要提供专业性相对较弱的服务，而专业性较强的服务一般由经过专门职业培训，拥有照顾老人所需的各类专业技能的专人提供。

第二节 美国——以退休社区为主的自我养老模式

一、美国人口老龄化现状

美国早在 20 世纪 40 年代就已经步入老年国家之列，1940 年 65 岁及以上老年人占总人口比重为 6.8%，接近 7%。2016 年，美国 65 岁及以上老年人口占全国人口的 17.4%，预计 2025 年将达到 20.7%。

美国人口老龄化具有以下特点：一是进入老龄化社会的时间长。美国步入老年国家之列已经有 70 多年。二是人口老龄化速度缓慢。在发达国家中，美国面临的老龄化不像北欧国家那样强烈，而是处于中等水平。这主要归功于较高的生育率和大量青壮年移民，这在一定程度上缓解了美国人口老龄化进程。三是高龄老年人口比重大。根据美国人口调查局的资料，2000 年美国人均寿命就已经达到 77 岁，2014 年男女 65 岁老人的预期寿命分别为 16 年和 19 年，人均寿命的延长使得美国高龄老人增多。预计到 2050 年，美国 85 周岁及以上老年人口数量将达到 1 800 多万。

二、美国养老保障制度

美国养老保障制度建立至今，已有 200 多年的发展历史，经过不断地修订、完善，目前形成了包括个人储蓄养老金、社会养老保险及雇主养老金在内的"三支柱"养老保障体系。

（一）个人储蓄养老金

该计划是指个人建立一种符合联邦所得税法规定的享有税收优惠的退休储蓄账户。联邦政府早在 1974 年就推出个人退休金账户计划（IRA），个人退休账户允许每个人每年向指定账户存入一定数额资金，这笔钱享有纳税扣除，联邦政府对存款有上限的规定，最开始是 2 000 美元，2008 年提高到 5 000 美元。

（二）社会养老保险

这是一个由联邦政府强制实施的养老保险计划，又称为老年、遗属和残疾保险计划。目前全美有 1.2 亿人参加了此计划，覆盖率高达 95%，几乎覆盖所有社会劳动者。此项计划的覆盖对象是雇员及独立劳动者。由雇主、雇员共同筹资，各负担一半。当参保人年满 65 岁，且缴费满 40 个季度时，就可以领取养老金。社会养老保险只能满足退休人员的基本生活需要。

（三）雇主养老金

又称私人养老金计划，体现雇员福利。这个计划有两种类型：确定缴费型和确定收益型。确定缴费型，雇主不承诺雇员的收益，但雇员在退休时有权获得由于对这部分资金进行投资而获得的收益。确定收益型，雇主承诺雇员退休后对雇员支付一定的收益。参与此项计划一般是雇主缴费，雇员不用缴费，雇主缴费部分可以税前列支，筹集的资金一般委托保险公司、商业银行等进行投资。

由于社会养老保险只提供基本保障，其在美国老年人退休收入中所占比例逐年下降，而雇主养老金和个人储蓄养老金作为老年收入的有益补充，在养老保障体系中发挥着越来越重要的作用。

三、美国以退休社区为主的自我养老模式

（一）退休社区产生的背景

美国老年人大多选择在家里养老，尽管老年人体弱多病的趋势无法扭转，但只要得到适当的支撑和服务，老年人仍可在家安享晚年。也就是说，老年人继续居住在家中，若需要任何服务，只要通过联络努力与老龄人口养护机构取得联系，老龄人口养护机构在对老年人的状况进行评估后，上门提供所需的服务，老年人在家生活基本不成问题。

相较于费用昂贵、生活质量不高的机构养老，居家养老得到大多数人的认同和支持，但传统居家养老方式还是有些局限：如老年人本人或其家属并不清楚自己所在的社区能提供哪些服务；即便知道社区能提供的服务，但享受服务往往需要支付一定费用，这让低收入老年人望而却步；在美国向来认为老年人只是服务的被动者，忽视了老年人的能力及积极作用；老年人往往单独待在家中，偶尔外出，这让老年人极易产生孤独感，从而导致疾病和抑郁等精神健康问题。

为了克服传统居家养老模式的局限，自然形成的退休社区养老应运而生。

（二）退休社区发展状况

自然形成的退休社区最早可以追溯到 1962 年，由国际妇女服装工人联合会（ILGWU）建立的纽约市滨南社区（Penn South Community）就是美国第一个自然形成退休社区。滨南社区的居民主要是工会的工人，随着时间的推移，这些居民逐渐老去，很少有年轻人搬入，到 1985 年，该社区超过 60 岁的老年人占到 2/3 以上，社区共同管理董事会（Co-operative Board）借鉴当时威斯康辛大学麦迪逊分校教授米歇尔·享特（Michael Hunt）提出的一个新概念"自然形成的退休社区"，将滨南社区定位为自然形成退休社区。

此后，自然形成退休社区在美国快速发展，如今，仅纽约市就有 43 个这样的社区，全美共有 26 个州建立了这样的社区。自然形成社区大多数位于城市，少数位于城郊或乡村；社区通常由单元住宅建筑物或传统民居构成；社区居民由老、中、青三代构成，几乎涵盖所有年龄段人口；社区拥有各类"养老服务项目"，这些项目由社会服务机构牵头，绝大多数由政府资金支持，少数由私人慈善机构资助。

（三）退休社区养老的特点

1. 充分发挥老年人的主观能动性

自然形成退休社区模式认为只有充分调动居民的积极性，自然形成退休社区才可以持续发展下去。因此，自然形成退休社区想方设法激发社区居民的活力，对于老年人，不仅充分认可其能力，鼓励老年人从服务的被动接受者转变为主动设计者，而且努力激发老年人对社区的贡献意识，鼓励他们积极参与志愿者服务和社区互助服务。在许多自然形成退休社区中，居民们通过调查摸底，充分了解了老年人的需求和他们能提供的服务，由此建立起老年人相互照料的"邻里结对"关系。结成对子的老年人互帮互助，完成饮食起居等日常事务。如果没有结对帮扶，很多老年人只能住进养老院。之所以结对能够成功，一方愿意无偿帮助另一方，是因为我为人人，人人为我。

2. 做到事前控制

传统的社区仅限于基于功能缺陷和应急需求制定服务项目，属于事后控制。而自然形成退休社区更注重事前控制，以日常医疗教育、监督检查和长期预防为主，利用社区现有资源引入医疗保健、健康预防、教育活动等。有的社区与当地药店共同发起"家访"活动，药剂师直接上门，指导居民药品的使用方法；有的社区与当地医院合作，在居民楼内为糖尿病患者开设烹饪辅导班，这不仅让老人学习了健康食谱、掌握了健康烹饪方法，而且也让老人体会到共同烹饪的乐趣；有的社区还和眼科诊所合作，邀请眼科专家为居民检查视力，这对改善居民的视力很有帮助，也有助于防止老人跌倒。

3. 政府支持，多渠道融资，多方合作经营

以滨南社区为例，社区共同管理董事会成立了滨南老年项目（Penn South Program for Senior，简称 PSPS），该项目有两大任务：一是拓宽筹资渠道，实现医疗预防、社会工作、教育活动、文化提升等功能；二是引进社会服务机构，提供及时、便捷的服务。为了明确 PSPS 财政责任，滨南社区还专门成立了一个新的非营利性组织——滨南社会服务股份有限公司（Penn South Social Service，Inc，简称 PSSS）。PSSS 的资金主要来自政府和基金会的拨款，其对外代表社区与社会服务机构签订合同。目前，PSPS 已经得到政府免税政策支持。此外，滨南社区有自己的商业建筑和停车空间，这些都帮助社区获得一笔不小的预算，从而保障了中低收入居民的入住。这种自我拥有、自我决定的私有—公有合作模式，反映了社区居民的企业家精神。

4. 具有价格优势

相较于其他社区，自然形成退休社区更具价格优势。自然形成退休社区侧重于对家庭、社区和社会资源等的整合利用，不需要过多考虑医疗设备和医护人员的投入，因此，相较于专门为老人设计的养老社区和专业的养老机构，自然形成退休社区更具有价格优势。

美国的退休社区除了自然形成退休社区外，还有一类是由政府或企业投资兴建的退休社区，其实质则好比一个大型的养老服务机构，是退休老年人的聚居地。专门建设的退休社区主要有五种类型："退休新镇""退休村""退休营地""老人照顾中心"和"继续照顾退休社区"。其中，"退休新镇"和"退休村"主要面向身体健康、生活能够自理的老年人，社区内设施齐全、种类繁多，除住宅、医院、商场以外，还有休闲娱乐中心、健康咨询中心、法务中心等，以满足各类老年人的物质和精神需求；"退休营地"就是房车的聚集地，里面的基础设施相对简陋，但会重点提供一些房车维修、房车加油、房车安置等服务。老年人可以在房车内生活，也可以随时开启"说走就走"的旅程，这也是一种典型的旅行养老模式；"老人照顾中心"主要服务于身体健康状况较差、需要护理人员照料的老年人，社区内配有较完善的医疗体系和陪护体系，并有大批志愿者加入其中为老年人提供服务；"继续照顾退休社区"的服务对象也是高龄老人，但其更加侧重于老年人的临终关怀。

第三节 日本——由传统家庭养老向居家养老模式转变

一、日本人口老龄化现状

截止到 2014 年 10 月 1 日，日本 65 周岁以上的老人已高达 3 300 万，占人口总数的 26.1%，创下了迄今为止最高的纪录。65 周岁以上老年人比前一年增加了 110 万人，增幅为 0.9 个百分点；75 周岁以上的老年人为 1 430 万，占总人口比例的 11.2%。按这种速度发展，预计到 2055 年，日本社会老龄率将上升至 40.5%。

日本人口老龄化率为世界之最，主要原因在于不断下降的人口出生率和不断提高的预期寿命。日本的人口出生率从 1950 年到 1975 年间接近最佳状态的 2.1 下降到 1996 年的 1.4[1]，降幅达到三分之一。之所以出现这种情况，主要是因为在 1973 年的石油输出国组织（OPEC）石油危机之后，日本女性人口大量进入劳动力市场。在人口出生率下降接近三分之一的同时，日本的人均预期寿命却一直处于世界最高水平之列，并且随着生活水平和医疗技术水平的不断提升而继续呈现上升趋势。以 1975 年和 1996 年为例，65 岁的女性其预计剩余寿命分别为 16.7 年和 21.0 年，男性预计剩余寿命从 13.7 年上升到 16.6 年[2]。日本国家人口与社会保障组织预计，在正常情况下，日本人口65 岁之后的人均预期寿命将在 2050 年之前继续提高，其中男性和女性将分别达到 19.6 年和 24.2 年[3]。

1950 年，日本 65 岁以上的老年人口占总人口比已经达到 7%[4]，据 NIPSSP 的研究结果显示，该比例将在 2025 年提高到 28.5%，在 2050 年达到 35.7%。

尽管这种外推的预测方法是以历史数据为依据的，但是对趋势的预测仍有其合理之处，因而不得不引起有关政策制定者的高度重视。在目前这种趋势下，日本必须采取行之有效的改革措施，避免养老制度所面临的融资危机

---

[1] Chapter 2: Pensions. National Institute of Population and Social Security Research.2002, http://www.ipss.go.jp/s-info/e/Jasos2002/.

[2] Yashiro, Naohiro and T.Oshio. Social Security and Retirement in Japan.Social Security and Retirement Around the World.Ed.J.Gruber and D.A. Wise. Chicago, The University of Chicago Press, 1999:250.

[3] National Institute of Population and Social Security Research.Population Projection for Japan.Jan, 2002.http://www.jpss.go.jp/.

[4] National Institute of Population and Social Security Research.Population Projection for Japan.Jan, 2002.http://www.jpss.go.jp/.

及破产风险。

二、日本养老保障制度

日本养老保障体系包括公共养老保障和私人养老保障两部分。公共养老保障由 Kokumin Nenkin Plan（简称 KN 计划）、Kosei Nenkin Hoken Plan（简称 KNH 计划）和 Kyosai Kumiai（简称 KK 计划）构成。

KN 计划从 1961 年开始实施，其将以前并未涉及的自主就业者，以及在小型企业的工作者和失业者均包括在受益范围之内[①]。可见，KN 计划强制要求日本所有劳动者都要参与，甚至包括失业者。KN 计划以确定给付制下的现收现付为基础，个人每月按统一费率缴费，当参与者年满 60 岁，且最低缴费年限达到 25 年时，按统一收益率支付。

KNH 计划主要为日本劳动者中私人企业雇员提供养老金，也是一个以现收现付为基础的固定收益制度安排。

KK 计划主要覆盖公共部门雇员，如政府公务员、私立学校教师以及其他各种农业、渔业团体。KK 计划的制度安排与 KNH 计划大致相同，而且从整体上看，这两项计划的缴费率和收益率水平也基本相当。

日本的公共养老保障中的 KN 计划承担起劳动者的基本保障，KNH 计划和 KK 计划主要承担起第二层次的保障，而私人养老保障充当起第三层次保障。

私人养老保障主要由企业养老金计划构成，包括企业固定收益计划和企业固定缴纳计划。企业固定收益计划也称为私人雇员养老基金计划，采用确定收益形式。任何一个或者多个企业中的至少 500 名雇员团体可以建立一个雇员养老基金计划，雇员和雇主分别对该基金进行等额和定期的缴纳，并将积累的基金交由信托银行或者保险公司进行投资管理。该项计划要保证在一系列期望条件满足的情况下，实现客观的未来养老保障收益流。

企业规定缴纳计划，最早在 2001 年开始实施，具体包括针对自主就业者的以个人为基础的养老金计划，也包括针对企业雇员的以企业为基础的养老金计划。以个人为基础的养老金计划参与者必须对国家养老基金协会缴纳保费，该协会对基金进行投资。而以企业为基础的养老金计划须由雇员进行全额缴费，同时由企业决定基金的投资方向和方式。两种计划均采用确定缴费形式，并不承诺未来收益。

[①] Takayama, N.The Japanese Pension System：How It Was and What It Will Be.Feb.2004. Institution of Economics Research, Hitotsubashi University.

三、日本由传统家庭养老向居家养老模式的转变

（一）居家养老产生的背景

受传统思想观念的影响，长期以来，日本推行家庭养老模式，主要由家人、亲戚或朋友提供养老照顾。但这种传统养老模式在发展中存在很多局限，与社会环境发生激烈冲突，显得格格不入，难以适应新时代社会的变化。表现在：随着生育率的下降和人口预期寿命的提高，日本人口老龄化问题越发严重，家庭结构呈现少子化、老龄化特点。家庭规模的缩小严重削弱了家庭养老功能。到 20 世纪 70 年代，日本女性逐渐摆脱男尊女卑的思想桎梏，高学历的女性增多，使得女性就业机会大大增加，许多女性走出家门，进入社会，进一步弱化了家庭养老功能。与此同时，老龄人口的不断增多，又对家庭护理提出了更多、更高的要求，传统的家庭养老已经无法满足社会发展的需要，于是新型的居家养老模式便应运而生。

（二）居家养老服务内容

1. 居家上门服务

居家上门服务的服务对象主要是体弱多病、生活不能自理且身边没有人照顾的老年人。为此，政府会对老年人进行细分，并根据老年人的不同需求派出不同的服务人员。如照顾老人饮食起居等日常事务，一般派出专业的护理员；帮助老人打扫卫生、买菜做饭等，一般派出专业的家政人员；老人患上一般疾病、常见病等，则会派出家庭医生进行检查、打针、输液等治疗服务。

2. 短时托付服务

这项服务具体又分为日间照料和短期照顾。服务对象主要是生活不能自理且短期内无人照顾的老年人。日间照料服务机构只提供日间照顾，一般针对上班族家庭，由于老年人的家属白天工作，无暇顾及老人，因此每天一早将老人送至此，由日间照料机构服务人员帮助老人进餐、排泄、洗浴、理疗等，到了晚上老人的家属再将其接回家中。短期照顾主要针对老人家属短期不在身边的情况，由短期照顾机构短期内全权负责老人的日常起居和身体健康。

3. 长期照顾服务

此项服务主要针对生活不能自理且身边无人照顾的老人，对于长期照顾服务，老人需要支付一部分费用，其余费用由政府补贴。长期照顾机构由政府出资修建，提供完善的养老设施，并配备较高水平的服务人员，为老人提供多层次、高水平、全方位的养老服务。

4. 健康指导服务

该服务内容丰富，包括：对老人进行心理疏导；和一些机构合作定期举办老年健康咨询活动，健康体检活动、普及糖尿病、高血压、心脏病等慢性疾病的预防和自我护理知识；定期举办各种学习班、兴趣班等。

第四节　新加坡——以家庭养老为主的养老模式

一、新加坡人口老龄化现状

新加坡人口老龄化在不同阶段呈现不同特点。在 20 世纪 60 年代，新加坡人口老龄化情况不甚严重。据新加坡统计局统计数据显示，1965 年新加坡 65 岁及以上老年人口仅占总人口的 2.5%，到了 1970 年，也仅占 3.4%。到了 20 世纪 70 年代，随着新加坡对生育政策进一步加强控制，如堕胎合法化等措施的实施，使得新加坡的生育率明显下降，这进一步推高了老年人口比例。1990 年，新加坡 65 岁及以上老人占总人口的比例提高到 6%，与 20 年前相比，足足增加了近两倍；2000 年，这一比例又提高到 7.2%，这表明新加坡在 2000 年正式进入老龄化社会。

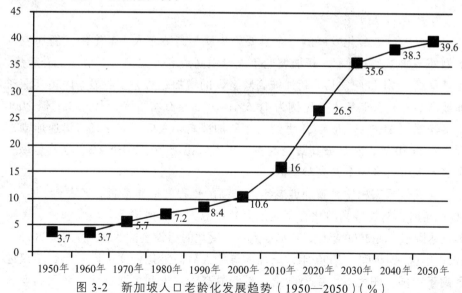

图 3-2　新加坡人口老龄化发展趋势（1950—2050）（%）

资料来源：Word Population Prospects：the 2008 Version，United Nation，2009.

进入 21 世纪后，新加坡人口老龄化速度进一步加快，如图 3-2 所示，在

2000—2050年这50年间，新加坡60岁及以上老年人口占总人口的比例从2000年的10.6%迅速上升到2020年的26.5%，届时将有1/4的人口是老年人；到2030年，老龄化水平达到35.6%，有超过1/3的人口是老年人；到2050年，新加坡的老龄化水平为39.6%，接近40%。在2000年到2050年这50年间，新加坡的老龄化率快速增长了29%，快速提升的老龄化水平也给新加坡社会保障、经济发展带来了重大影响。

通过上述分析，可以看出，新加坡老龄化呈现两大特征：

1. 时间短，速度快

在20世纪70年代以前，新加坡的人口老龄化进程缓慢，直到新加坡政府开始实施严格的生育控制政策，短短十几年时间，新加坡的老龄化水平快速提升，新加坡于2000年进入了老龄化国家行列。新加坡的老龄化不仅时间短，速度也快。2000年新加坡65岁及以上老年人口占总人口的7.2%，到2015年，这一比例提高到13.6%，接近14%，可见，65岁及以上老人的比例从7%上升到14%共花了15年时间。根据美国老龄研究所和人口普查局的报告，65岁及以上人口占总人口比例从7%提高到14%，法国用了115年，瑞典用了85年，澳大利亚用了70年左右，中国和日本平均用了26年时间，而新加坡所用的时间更短，仅为15年。

2. 老年人口高龄化趋势明显

世界人口老龄化发展的一个重要趋势就是高龄老人不断增加，新加坡也不例外。如图3-3所示，新加坡老年人口中高龄老人比例一直呈现上升趋势，尤其是进入21世纪之后，新加坡高龄老人的增加趋势愈发明显。1950年，新加坡高龄老人占老年人口比例为10.5%；1975年有所下降，为5.5%；但2000年又恢复到11.5%。进入21世纪后，新加坡老年人口高龄化趋势迅速加剧，预计到2050年，新加坡高龄老人占老年人口比例将达到36.9%，也就是每三个老年人中就有一个是高龄老人。

与其他国家相比，新加坡老年人口高龄化程度也非常高。如表3-2所示，2000年前，新加坡高龄化程度还没有超过意大利、西班牙、澳大利亚、美国等发达国家。而2000年后，新加坡人口高龄化的趋势愈发迅速，特别是2025—2050年这25年间。2050年，新加坡老年人口高龄化程度接近40%，不仅远远高于中国、印度等发展中国家，更明显高于意大利、西班牙、澳大利亚、美国等发达国家，甚至比人口老龄化最为严重的日本都要高，可见新加坡高龄化趋势更加明显。

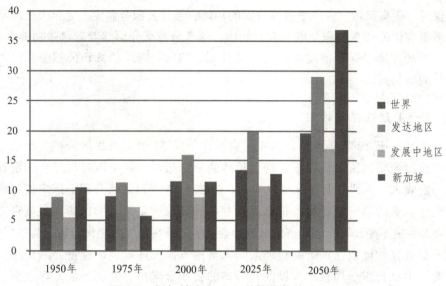

图 3-3　新加坡老年人口高龄化趋势（%）

资料来源：World Population Prospects：the 2008 Version，United Nation，2009.

表 3-2　新加坡人口高龄化的国际比较（%）

国家　　年份	1950	1975	2000	2025	2050
新加坡	10.5	5.9	11.5	12.9	36.9
韩国	7.6	6.9	9.6	15.8	31.2
中国	3.7	7.9	9.2	11.3	23.0
印度	6.7	5.9	7.5	9.3	13.5
日本	5.7	9.1	16.2	29.6	35.3
意大利	8.7	11.8	17.5	24.7	34.4
西班牙	9.5	12.3	17.6	22.6	30.2
澳大利亚	9.2	11.8	18.3	19.6	30.5
美国	9.1	14.4	20.4	17.8	28.5
古巴	9.0	8.4	14.6	17.8	31.2

资料来源：World Population Prospects：the 2008 Version，United Nation，2009.

二、新加坡养老保障制度

新加坡养老保障制度和中央公积金制度是分不开的。中央公积金制度设立于 1955 年，设立之初的目的是帮助劳资双方共同缴付一笔储蓄金，为职工退休后或不能再就业时提供经济保障。可见中央公积金制度最初的功能定位就是养老保障，随着公积金制度的不断修订完善，其除了养老功能外，还兼具医疗保障、住房保障、资产增值等方面的功能，通过公积金制度，老年人的晚年生活更有保障。在公积金的五大功能中，这部分着重介绍其养老保障功能。

新加坡养老保障制度由最低存款计划、"1%"额外利息和公积金终身入息计划等构成。

（一）最低存款计划

该计划于 1987 年推出，其规定会员在年满 55 岁后可提取公积金账户上的存款，但要保留最低存款，待会员达到领取最低存款年龄时每月可固定领取一定收入，直到最低存款领完为止。如果将 55 岁可以从公积金账户提取存款看作养老的第一层保障，那么最低存款的领取则是第二层保障。最低存款额并非一成不变，它会随经济发展和社会进步等外在环境的变化而相应调整。

最低存款计划在预防高龄老人陷入贫困方面发挥着越来越重要的作用，因此，中央公积金局会想方设法让会员的公积金账户存款达到最低存款额。中央公积金局在推出最低存款计划的同时也推出了"最低存款填补计划"，规定会员 55 岁后其账户存款少于最低存款额的情况下，可通过子女公积金账户积累填补差额。从 1995 年 7 月起，该计划允许配偶间相互填补。这样一来，公积金账户就在家庭成员间实现了互助互济功能。

对于最低存款，会员可做出三种选择：第一种选择是继续留在公积金账户，等到会员达到领取最低存款年龄时，每月固定领取一定收入，直到发完为止。一般可领取 15～20 年，若会员中途死亡，剩余存款将发放给指定受益人。第二种选择是会员将最低存款存入银行，一般银行利息较高，会员达到领取年龄后，由银行每月固定支出。第三种选择是可用最低存款购买保险公司的终身年金保险，会员达到一定年龄后，由保险公司向会员每月支付，直到会员死亡。一般保险公司支付额比公积金局更多，但会员死亡后就不予支付。

（二）"1%"额外利息

面对新加坡老人愈发高龄化的趋势，政府也适时在对公积金计划进行调整，以增强其养老保障功能，如通过提高账户存款利息的方式来增加对会员的回报率。目前公积金账户的利率是 4%，虽然不及投资收益大，但有政府担保，收益率完全没有风险。此外，公积金局对于账户中首个 6 万新元，将给予多 1%的利息。这一方法主要是想帮助那些中低收入者为晚年增加积累，因为据统计，有半数以上的公积金账户存款额只有 4.5 万新元左右，主要是刚开始参加工作的年轻员工。对于这 6 万新元，会员可以用来支付房屋贷款或医药费，但不能用于投资。超过 6 万新元的会员，可以自行选择投资计划。

（三）公积金终身入息计划

该计划是在最低存款计划基础上所做的改进。最低存款计划只能让会员维持最多 20 年的养老金，面对老人愈发长寿的现状，中央公积金局于 2009 年 9 月适时推出了终身入息计划。该计划覆盖年龄在 55 岁到 80 岁之间的新加坡公民或永久居民，只要公积金账户有存款，就可加入该计划。该计划保障会员从领取最低存款年龄直到终老的入息，这里的入息就是一定数额的养老金。入息的多少跟公积金账户存款额直接挂钩，存款较少的会员每月入息较低，如想提高存款，可以用家庭成员的账户积累进行填补。此项计划不仅发挥了家庭成员的互济功能，也解决了老年人的后顾之忧。

三、新加坡以家庭养老为主的养老模式

新加坡通过中央公积金制度的有效运作成功化解了养老金支出压力的难题，那么新加坡是怎么应对老年人照料压力的呢？这个问题就涉及新加坡的养老模式。作为一个亚洲国家，新加坡主要以华人为主，受传统观念影响较深，遵守孝道，孝敬父母，因此家庭养老在新加坡养老模式中一直占据重要地位。

（一）政府对家庭养老的倡导

新加坡是一个非常现代化的国家，但这样的一个国家却将家庭养老的传统保持得很好，这主要归功于政府积极倡导家庭养老，努力营造重视家庭、尊老敬老的社会氛围。新加坡把儒家的"忠孝仁爱、礼义廉耻"视为儒学思想的核心，认为这是人们的行为准则，这是政府的"治国之纲"。政府认为"孝道"是伦理道德的起点，孝道可以稳固家庭，可以使人类社会得以延续，还可以把每个人塑造成堂堂君子，他们一旦走上社会，必定会忠于职守，忠于国家，成为对社会、对国家有益的人。[①]换句话说，新加坡政府认为，"孝道"有助于稳固家庭关系，而小家的稳定又有助于大家——国家的和谐安定。这也是新加坡政府积极营造重视家庭、尊老敬老社会氛围的主要原因。李光耀曾在 1971 年的一次讲话中指出"孝敬父母、重视家庭是亚洲文化的精髓，是亚洲三大文化最值得也最应该保留的部分"，他还特别强调家庭是"巩固国家、民族永存不败的基础"。李光耀极力主张按照儒家传统，"保持三代同堂的家

---

① 胡灿伟：《新加坡家庭养老模式及其启示》，《云南民族大学学报》（哲学社会科学版）2003 年第 3 期。

庭结构"，他还强调指出"我们必须不惜任何代价加以避免的就是，我们决不能让三代同堂的家庭分裂……如果能保存这种三代同堂的家庭制度，我们的社会将是一个更快乐、更美好的社会"。李光耀之后的新加坡主要领导人同样十分重视家庭的作用。在阐述新加坡 21 世纪的五大理想时，吴作栋总理也曾强调指出，稳固的家庭是照顾年长国人的需要。①现任的李显龙总理在一次讲话中也曾指出"虽然社会价值观在转变，但人们还是必须推崇孝道，并重视家庭对社会的重要性"②。可见，新加坡历届主要领导人都提倡孝道，十分重视家庭的作用，这也对家庭养老的持续发展起到了积极导向作用。

（二）政府对家庭养老的政策支持

新加坡是个威权的国家，领导人物在社会政治生活中发挥着重要作用，其对社会福利政策的重视影响着整个国家的社会福利政策。通过前面的分析，我们已经知道新加坡领导人高度重视孝道，重视家庭养老，落实到实践层面，一方面，新加坡通过立法强化家庭养老功能，如 1994 年，新加坡制定了世界上首个"奉养父母法律"，1995 年又颁布《赡养父母法》，规定子女必须照顾和赡养其父母，如父母遭子女遗弃，有权控告子女，若罪名成立，判处子女缴纳 1 万新元罚款或 1 年有期徒刑；1996 年设立了赡养父母仲裁法庭，对歧视老人，不承担养老义务甚至残害、遗弃老人的人予以法律制裁③。另一方面，新加坡政府制定了一系列福利政策支持家庭养老，包括：

第一，实施住房新政，鼓励子女与父母同住。建屋局规定，在分配政府组屋时，对三代同堂的家庭给予价格上的优惠和优先安排，同时规定单身男女青年不可租赁或购买组屋，但如愿意与父母或四五十岁以上的老人同住，可优先照顾；对父母遗留下来的那一间房屋可以享受遗产税的减免优待，条件是必须有一个子女同丧偶的父亲或母亲一起居住；如果纳税人和父母或患有残疾的兄妹一起居住，该纳税人可享有"父母及残疾兄弟税务扣除"的优待。④为了满足几代同堂家庭住房的需要，建屋局还专门设计了一些可供一家几代人共同生活的住房，在设计上，既相互独立，也有一些共享的活动空

---

① 胡灿伟:《新加坡家庭养老模式及其启示》,《云南民族大学学报》(哲学社会科学版) 2003 年第 3 期。
② 周殊钦:《新加坡为老人提供免费上网点》,《人民邮电》, 2009-12-02。
③ 周素勤、杨值珍:《浅析新加坡的老人问题及政府对策》,《东南亚纵横》2002 年第 11 期。
④ 胡灿伟:《新加坡家庭养老模式及其启示》,《云南民族大学学报》(哲学社会科学版) 2003 年第 3 期。

间。①由于客观原因造成子女不能和父母同住的，政府通过对父母居住地附件房屋给予一定补贴的方式，鼓励子女住在离父母较近的地方，政府甚至还为子女免除探望父母时的部分小区停车费。

第二，实施津贴计划，减轻赡养老人家庭的经济负担。尽管公积金制度为退休老人的晚年生活提供了一定的经济保障，但保障水平视积累水平而定，对于中低收入老人，公积金账户储存额往往低于最低存款额，为了鼓励子女转移账户积累填补父母的账户，政府推出一系列津贴计划。从 1993 年开始，新加坡政府一共推出 12 个"公积金填补计划"，其中有 4 个计划专门为老年人设计，这些计划都有个共同点，只要子女给父母公积金账户每月存入 20 ~ 50 新元，就可获得政府 100 ~ 350 新元补充金额，每次执行填补计划前，政府都通过多方呼吁孩子和其他家庭成员为家中没有能力的老人填补账户。②政府推出的这四个计划，实际上是对填补父母公积金账户的子女的一种经济奖励。此外，政府还对填补祖父母、父母账户的人给予税收优惠。考虑到老年人的医疗支出数额较大，政府还为低收入家庭的老年人提供医疗津贴，以便他们能享受基本的医疗服务，家庭赡养老年人的负担能得到一定程度的减轻。③

（三）打造老年宜居住宅

对老年人而言，住宅能否满足其要求，直接关系到他是否选择在家中养老，因此需要打造适合老年人居住的住宅，也就是老年宜居住宅。那究竟什么样的住宅是老年宜居住宅，能充分满足老年人的需求呢？这就需要我们充分调查、了解老年人的具体需求。首先，心理方面，老年人常常会感到空虚、寂寞、孤独，总希望有人常伴其左右；生理方面，随着年龄的增大，老年人很多肌体功能逐渐退化，对居住环境的要求更高。新加坡建屋局充分考虑老年人的需求，为老年人提供了一批宜居住宅，使其能在家中安度晚年。

1. 多代同堂住房

为了满足一家几代人共同生活的需要，从 1987 年起，建屋局开始兴建适合"多代同堂"的较大面积的住房。这样的住房主要有两种类型：一种类型

---

① 牛慧恩：《面向老龄化的住区规划与住宅设计——兼介新加坡的养老安居计划》，《住宅产业》2004 年第 7 期。

② 胡灿伟：《新加坡家庭养老模式及其启示》，《云南民族大学学报》（哲学社会科学版）2003 年第 3 期。

③ 胡灿伟：《新加坡家庭养老模式及其启示》，《云南民族大学学报》（哲学社会科学版）2003 年第 3 期。

是住房面积在 90～110 平方米，一般有三个卧室，一个客厅/餐厅，一个厨房，两个厕所和一个储藏室，这种住房基本上可以满足从新婚、育儿，甚至到儿女结婚以后一同生活的居住需要；另一种类型是住房面积在 133～165 平方米，共有四五个卧室，是由两套相邻的单元住房改造而成的，老人和子女都有各自相对独立的生活空间，只是通过客厅和厨房等共享活动空间而连接起来。[①]这种住房设计不失为一种好的选择，老年人可以和子女、儿孙生活在一起，共享天伦之乐，有助于减轻老人的孤独感和寂寞感，而相互独立的空间又保证了彼此的生活习惯不会被破坏。

2. 老年"友好型"居住环境

早在 1985 年，新加坡建屋局就致力于老年人无障碍环境的建设和打造，范围涉及住宅、走廊、步行区等，甚至包括连接所有建筑物与公共设施、公交站点、停车场之间的通道。例如，为了方便老人上下楼，2001 年 3 月，建屋局开始对老楼房进行"电梯化"改造；考虑到老年人的需求，电梯内设置低位按钮，在电梯内四周增加扶手，设计的电梯的宽度可供轮椅进出等。

3. 乐龄公寓

乐龄公寓主要是为只和配偶共同居住的老年人设计的，当然，单身人士、离婚者或丧偶者也可申请。乐龄公寓一般为 12 层到 14 层的精装修板式高层，户型有 35 平方米和 45 平方米两种，价格一般在 5 万到 7 万新元之间，购买者可获得 30 年的产权，之后可延长 10 年，只可入住不可转售，最后由建屋局回收。

乐龄公寓考虑了老年人的具体情况和实际需要，进行了很多人性化的设计，以便老年人能够独立生活。如房间的照明度是普通住房的两倍，以方便视力不好的老年人；所有开关不仅按钮大，字号也比较大，报警系统的音量做了增强型处理，以方便老人识别；住宅内的地砖是防滑的，家具是防火的，煤气能自动熄火等；楼梯和走廊两侧都安装了扶手，以确保老人的安全；门铃和门窗把手等设施的高度都做了适当降低，以方便弯腰驼背的老年人；考虑到老年人容易失禁，一般卧室都紧挨着厕所；住宅的窗户都设计得比较大、比较低，以方便老人看到窗外的景象，不会有"与世隔绝"的感觉。

---

① 牛慧恩：《面向老龄化的住区规划与住宅设计——兼介新加坡的养老安居计划》，《住宅产业》2004 年第 7 期。

第五节 国外养老模式对我国的启示

一、发挥政府主导性作用

养老品是介于私人物品和公共物品之间的一种准公共物品，如果完全交由市场提供，政府完全不干预，会导致产品缺乏可持续性。试想由市场提供养老品，在市场人逐利本性的驱使下，为了获取更多利益，会将养老品价格定得很高，中低收入老年人或缺乏购买力的老年人只能望而却步。养老服务不能及时提供，影响老年人的生活质量；同时，由于养老品仅仅满足少数高收入老年人的需求，影响了社会的公平性，进而影响整个国家和社会的安定和谐。虽然养老品市场化的运作能提高其运行效率，能优化其资源配置，但市场也可能会失灵，需要政府这个"看得见的手"来规制和干预。比如，英国的社区照顾以社区为依托，政府和市场相结合的方式运作，以政府为主，市场化运作为辅，由专业机构提供服务；美国养老服务的提供，尽管强调多渠道融资，但政府的支持起主要作用；日本政府会对老年人进行细分，并根据老年人的不同需求派出不同的服务人员，对于长期照顾服务，老人需要支付一部分费用，其余费用由政府补贴，政府还负责出资修建长期照顾机构，提供完善的养老设施；新加坡政府不仅倡导家庭养老，还制定福利政策鼓励家庭养老。可见，发挥政府主导作用是国际社会通行的做法。我国目前正在构建社会化养老服务体系，可从资金支持、人才配备、用地政策、床位补贴、医疗补贴等方面，发挥政府的重要作用。

二、重视社区在解决养老问题中的重要作用

通过对英、美、日、新等四国人口老龄化现状的分析，得知每个国家的人口老龄化都有着不同的特点，各国也结合自身老龄化特点推行不同的养老模式。各国都没有实行单一的养老模式，而都是结合本国人口特点推行侧重不同的养老模式，如英国侧重于以社区照顾为主的居家养老模式，美国推行以自然形成退休社区为主的自我养老模式，日本正在从传统家庭养老模式向居家养老模式转变，新加坡仍然以家庭养老为主，这些模式都是根据自身人口特点做出的选择。

我国老龄化的突出特征：一是老年人口基数大。根据联合国预测，21世纪上半叶，中国一直是世界上老年人口最多的国家，占世界老年人口总量的

五分之一；21 世纪下半叶，中国也还是仅次于印度的第二老年人口大国。二是老龄化发展迅速，超前于现代化。结合前文的分析，65 岁及以上人口占总人口比例从 7%提高到 14%，也就是老年人数翻一番，法国、瑞典、澳大利亚、瑞士、德国、美国都用了超过 50 年的时间，而在中国不到 30 年就会出现此现象。从发达国家人口老龄化的历程看，经济增长和老龄化是一个先后或同步的过程，属于先富后老或富老同步；中国老龄化的进程却超前于社会经济的发展，属于未富先老。三是地区发展不平衡，城乡倒置。中国人口老龄化发展具有明显的由东向西的区域梯次特征，东部沿海经济发达地区明显快于西部经济欠发达地区。如上海 1979 年人口进入老龄化，而宁夏 2012 年人口才进入老龄化。发达国家人口老龄化的历程表明，城市人口老龄化水平一般高于农村，中国的情况则相反。中国大部分人口都是农村人口，而且随着工业化和城市化，农村大量青壮年流入城市。中国必须在经济还不发达、时间并不充裕的情况下应对老龄化，无论是对经济、社会、政府、家庭还是个人而言，都是一个非常严峻的挑战。因此，我国的养老模式要具备多样性，在不同地区、同一地区不同阶段实行不同的养老模式，即便同一养老模式也要存在差异。在几种典型的养老模式——机构养老、社区养老、家庭养老中，社区养老不失为一种理想选择。机构养老的弊端是养老成本高，中低收入人群往往没有购买力；让老年人离开家庭住进养老机构，往往会影响老年人晚年生活质量。家庭养老也有诸多局限，在现代社会，生活压力大，子女外出工作，往往无暇顾及老人；高龄老人增多又使得护理需求增大。社区养老是国际主流，也是我国的首选，只是需要因地制宜，在不同地区、同一地区的不同阶段开展不同服务内容的社区养老，充分考虑老年人多层次的需求。

三、动员社会力量广泛参与

英、美、日、新等国的养老模式之所以能成功运作，和他们广泛的社会参与也是分不开的。尤其是英国和美国，社会力量高度参与。在英国，从议员到普通居民，从青少年到老年人，各个层次的人都热心于志愿者活动，政府甚至还将在社区内从事公益劳动，当作对触犯法律的人的感化服务的一项内容。美国甚至充分发挥老年人的主观能动性，鼓励老年人从服务的被动接受者转变为主动设计者，而且努力激发老年人对社区的贡献意识，积极参与志愿者服务和社区互助服务。虽然这些志愿者没有专业人员服务水平高，但对专业化的服务队伍是一种有益补充。我国目前还没有完善的志愿服务体系，很多人有心参与志愿活动，却没能找到合适的机会和合适的岗位；而另一方面，很多专业性较弱的养老服务需要志愿者，但又苦于找不到合适的人员。因此，有必要尽快制定一套志愿服务机制，让市场能够对志愿服务这一资源进行供需匹配。而且，我国老年人群体中中低收入老年人占大多数的社会现实，决定了我国养老服务从业人员不可能全部来自专业化团队。社会力量是最好的补充，国家必须加强重视。

四、建立健全法律制度

从以上四个国家的经验看，法律法规的建立和健全对成功推行一种养老服务模式发挥着至关重要的作用。英国的立法可谓最为全面，从养老机构的设立、养老服务的内容、养老机构的管理与评估等方面均有相应的法律加以规范。美国养老事业的发展也体现了完善的法律制度的重要性。日本为了保证养老模式从家庭养老向社会养老转变，首先制定了相应的法律制度，做到有法可依。新加坡也通过立法强化家庭养老功能，还设立了赡养父母仲裁法庭，对歧视老人、不承担养老义务甚至残害、遗弃老人的人予以法律制裁。我国在养老方面的法律法规尚不健全，具体内容也不明确，使得我国养老事业的发展障碍重重。从国情出发，我国应建立和完善相关的法律和标准支撑体系，针对老年人的健康服务和社会服务需求，从法律上对养老模式的选择、养老服务的标准、养老服务的提供方式、对养老机构运行的管理与评估等做出详细的规定，使养老的相关行为有法可依，从而为我国老年人享受养老服务提供法律保障。

五、培养职业化服务人员

以上四个国家的养老服务主体，既有志愿者，又有专业服务人员。专业服务人员要么受过专门的教育，要么参加过岗前培训，他们都具有较丰富的专业知识和较强的实际操作能力。如英国，社区照顾服务由专业的机构提供，服务人员大多经过专门的职业培训，拥有照顾老人所需的各类专业技能，可以满足老人不同的照顾需求。日本提供短时托付服务的机构里有职业化的护理人员帮助老人进餐、排泄、洗浴、理疗等。专业人员利用专业知识和技能所提供的服务，更具高效性、充分性。社区养老服务的提供离不开高质量的人员队伍，可以说，高质量的养老服务是社区养老能够发展壮大的必要条件。是否能够为市场提供充足的合格的专业人才是衡量一个国家养老市场化程度的重要指标。目前我国已经意识到专业服务人员培养的重要性，开始把养老服务人员的工作进行职业化的定位，通俗来讲就是给从事养老工作的人员一个职业名称——养老护理员，并明确其工作性质、工作范围等。2014 年，全国取得养老护理员职业资格证书的人员为 5 万人左右，据相关统计，到 2020年我国失能老人将达到 4 600 万，需要养老护理员数量达 1 000 万人。可见专业服务人员的供给和市场需求差距悬殊。怎样解决这个困境？可以参照"免费师范生"的操作方式培养"免费养老护理员"，由中央财政专项列支、地方财政专项配套，设立全国和区域性的"免费养老护理员的培养专项基金"。免费养老护理员在校学习期间一切费用全免，还补贴生活费用。其次，还可采用"订单培养，定点上岗"的培养方式，委托相关高校和职业院校开展培养工作，免费养老护理员在入学前，就与用人单位或民政部门签订协议，承诺毕业后定点从事老年照护工作十年以上。如若毁约，可要求其退还已享受的免费教育费用并交纳违约金。

六、提供人性化的服务项目

英国社区养老服务内容全面、丰富。结合马斯洛需要层次理论，英国社区提供"四位一体"的养老服务，涉及生活照料、物质支援、心理支持和整体关怀，从生理到心理各个层面，充分满足了老年人的需求，更是将原本由政府承担的养老重担分摊给了社会机构，从而达到了双赢的效果。美国的社区养老服务采取"社区搭台，企业唱戏"的方式，通过和药店、医院等的合作，为老年人提供了一系列医疗教育、保健康复等方面的服务，有力地做到事前控制。日本社区首先对老年人进行细分，并根据老年人的不同需求派出不同的服务人员，提供有针对性的服务。新加坡主要通过打造老人宜居住宅的方式鼓励家庭养老，根据老人的生理、心理需求精心地、全面地设计了老人宜居住宅。我国推行社区养老，若重新打造养老社区，将老人集中养老，需要在医疗设施设备和专业护理方面额外投入。因目前我国养老资金有限，老年人口众多，我国的社区养老立足于现有的社区资源，整合利用家庭、社区和社会资源是最好的选择，通过强化对社区资源的改造、大力引进社会服务机构等方式，发展众多可以满足老年人需求的产业，为老年人的生活提供便利。所提供的服务内容充分考虑全面化、标准化和个性化。可以学习英国，借鉴马斯洛需要层次理论，遵循"金字塔"的思路，首先构建服务的基础和底部，提供最基础的养老服务项目，比如日常饮食起居的照顾；其次，进一步扩展服务的主要内容，比如开展心理咨询、心理疏导，建立社区活动中心，开展文化娱乐活动、体育健身活动等；最后，针对特殊的需求，提供个性化的服务项目，比如益智活动等项目，来满足老年人追求高品质生活、参与社会交流的需要。此外，还要加强改善社区服务设施，如为老年人住宅加装电梯，电梯四周加装扶手，电梯空间适当增大，至少能方便轮椅进出；楼道指示牌可以适当放大，以方便视力减退的老人等。

（王敏）

第四章 我国养老模式及创新

第一节 我国人口老龄化现状及未来发展

一、我国人口老龄化的现状

联合国制定的人口老龄化的标准是：如果一个国家 60 岁及以上老年人口占总人口的比重超过 10%，或者 65 岁及以上老年人口占总人口比重超过 7%，那么这个国家就已经步入老龄化国家行列。我国于 2000 年开始进入老龄化社会，60 岁及以上老年人口比重占到 10.33%，其中 65 岁及以上老年人口占 6.96%，接近 7%。通过比较第四、第五、第六次人口普查数据，可以看出，我国人口老龄化速度在加快，少年儿童所占比重降低速度亦在加快。（见图 4-1）

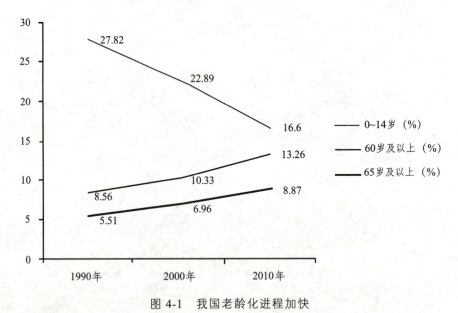

图 4-1 我国老龄化进程加快

资料来源：国家统计局

据 2015 年国家统计年鉴显示，我国总人口为 13.7 亿，其中 65 岁及以上老年人口达 1.4 亿，占总人口的 10.47%。据预测，到 2025 年，我国 60 岁及以上老年人口总数将接近 3 亿，到 2050 年，我国将有接近 4.8 亿老年人（见图 4-2、图 4-3），这意味着每三个人中就有一个是老年人，而这个数字也将超过美国人口总数，几乎占全球老年人口的四分之一。人口老龄化进程的加快，将对我国经济社会发展产生十分广泛而深远的影响。

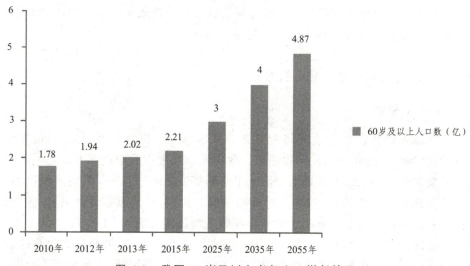

图 4-2 我国 60 岁及以上老年人口增长情况

资料来源：国家统计局

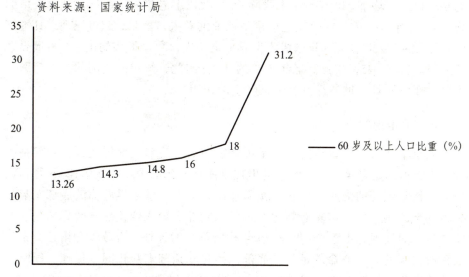

图 4-3 我国 60 岁及以上老年人口占总人口比重

资料来源：国家统计局

人口老龄化是人口年龄结构变化所产生的,而人口年龄结构的变化取决于出生、死亡和迁移三个因素,其中起决定作用的因素是生育率下降。随着20世纪70年代计划生育政策的实行,我国的生育率急剧下降,意味着新生人口减少,同时也意味着老年人口比例上升。另一方面,经过我们几十年生产力的进步、经济的发展以及医疗卫生水平的不断提高,我国的死亡率急剧下降,老年人的寿命逐渐延长。这两方面的原因共同造成了我国人口的老龄化,而且这两方面的原因在将来都不会有很大变化。

二、我国人口老龄化的特征

(一)规模大

我国人口基数大,到2015年年末,我国总人口数为13.97亿,占世界人口的19.24%,接近20%,换句话说,我国人口几乎占到全世界五分之一。改革开放三十多年来,老百姓的生活水平不断提升,医疗卫生条件也不断改善,人口预期寿命日益延长。中华人民共和国成立初期,人均预期寿命只有35岁;据第六次人口普查数据显示,2010年我国人均预期寿命为74.9岁。中共中央、国务院印发的《"健康中国2030"规划纲要》指出,到2030年,人民身体素质明显增强,2030年人均预期寿命达到79岁。随着人均预期寿命的显著提高,老年人口逐年增加,2015年年末我国60岁及以上老年人口数量占到总人口的16.1%,老年人口数量已经接近印度尼西亚的总人口数量,超过巴西、日本等8个国家的总人口数量。我国成为世界上老年人口数量最多的国家,占世界老年人口总数的1/5,占亚洲老年人口的1/2。因此,解决好我国的养老问题,不管对亚洲还是全世界都具有举足轻重的作用。

(二)增速快

人口学认为,人口年龄结构呈现金字塔形,底部是少年儿童,中部是中青年人,顶部是老年人。老龄化的出现可能是底部的少年儿童增速减缓所致,也有可能是顶部的老年人增速过快所造成,也就是学术界所称的底部老龄化和顶部老龄化。发达国家老龄化经过了从底部老龄化到顶部老龄化的漫长变化过程。而我国,由于20世纪70年代所推行的计划生育政策和由社会条件改善所引起的人均寿命的延长,底部老龄化和顶部老龄化同步提速、同时夹击,使得我国的老龄化发展异常迅速。65岁及以上人口占总人口比例从7%提高到14%,也就是老年人数翻一番,法国、瑞典、澳大利亚、瑞士、德国、美国都用了超过50年的时间,而在中国不到30年就将出现此现象。

（三）未富先老

发达国家人口老龄化都是伴随着工业化和现代化，呈渐进的发展趋势，也就是说，发达国家的人口是先富后老或者富老同步。具体的衡量标准是：当发达国家 60 岁及以上人口占到总人口的 10%时，人均国内生产总值一般在 1 万美元以上。而我国 2000 年进入老龄化国家行列，但当时的人均国内生产总值仅为 7 942 元，相当于 959 美元，属于刚刚迈过最低收入门槛的中等收入国家，可见，我国是在经济尚不发达的情况下进入老龄化，是典型的未富先老。

（四）地区发展不平衡

1. 东部地区明显快于中西部地区

我国人口老龄化发展具有明显的由东向西的区域梯次特征，东部沿海经济发达地区明显快于西部经济欠发达地区。如上海，早在 1979 年就已经进入老龄化，预计到 2025 年老年人口将达到最高峰 468.8 万人，占总人口的 32.7%；北京市从 1988 年进入人口老龄化，预计到 2025 年，老年人口将会猛增到 416 万，老年人口比例接近 30%，大大超过现在发达国家人口老龄化程度。而我国中西部地区，人口老龄化程度明显低于东部，如宁夏 2012 年人口才进入老龄化。

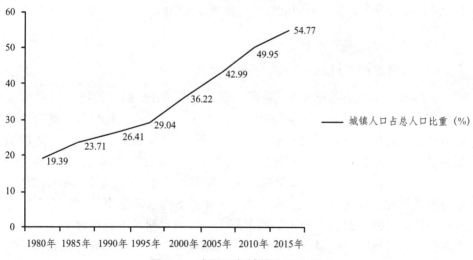

图 4-4　我国历年城镇人口比重

资料来源：国家统计局

2. 城乡倒置

发达国家人口老龄化的历程表明，城市人口老龄化水平一般高于农村，中国的情况刚好相反。随着城市化进程的加快，我国农村大量青壮年流入城市，城市化的直接后果是进一步加剧了农村老龄化趋势。改革开放初期的 1980年，农村迁移人口规模较小，对农村人口的老龄化影响不甚明显，如 1982 年农村地区和城市地区老龄化水平大体相同，分别为 5% 和 4.56%。但从 1995年开始，农村迁移人口加速增多（见图 4-4），进一步加剧了农村人口老龄化，1999 年农村先于城市地区进入老龄化，老龄化水平较城市高出 1.03%。进入 21 世纪，农村迁移到城市的人口规模明显增大，相应地，对农村地区人口老龄化的影响也更加显著。到 2010 年，农村地区人口老龄化率已经达到 10.06%，比城市地区高出 2.26 个百分点。可见，我国所面临的人口老龄化挑战重点在农村。

第二节　我国养老保障制度

一、我国养老保障制度的探索

改革开放以来，我国一直致力于探索建立一个既符合养老保障制度建设的一般规律，又与我国的特殊养老需求相结合的养老保障制度。自 1986 年国有企业改变终身制，实行合同制以来，我国养老保障制度大致经历了 3 个探索阶段。

（一）初步探索阶段（1986—1996 年）

1986 年 7 月，国务院颁布《国营企业实行劳动合同制暂行规定》，明确国有企业废除终身雇佣制，规定国家、企业和个人应按一定比例共同筹集养老保险基金，退休金从共同出资建立的养老保险基金中划拨。自此，个人缴费机制建立，进一步减轻了企业负担。1991 年国务院在总结试点经验基础上颁布了《关于企业职工养老保险制度改革的决定》，被称为中国养老保险改革的第一个里程碑。该《决定》再次强调了我国养老保险基金由国家、企业、个人三方共担，并按照部分积累的原则筹集，同时也明确了我国建立国家基本养老保险、企业补充养老保险和职工个人储蓄性养老保险三者相结合的多层次养老保障制度。基于社会主义市场经济体制建设的要求，1995 年国务院下发了《关于深化企业职工养老保险制度改革的通知》，被称为中国养老保险改革的第二个里程碑。该《通知》将养老保险制度改革目标定位为"适用城镇各类企业职工和个体劳动者，资金来源多渠道，保障方式多层次，社会统筹和个人账户相结合，权利和义务相对应，管理服务社会化的养老保险体系"。

（二）深入探索阶段（1997—2005 年）

经过 1986 年到 1996 年的改革试点，我国建立起了统账相结合的养老保险制度。尽管取得了一些成效，但还存在诸多不足，如基本养老保险制度不统一、企业负担过重、统筹层次偏低、管理制度不健全等问题。针对以上问题，国务院于 1997 年发布《关于建立统一的企业职工基本养老保险制度的决定》，被称为中国养老保险改革的第三个里程碑。其中提出要扩大养老保险覆盖范围，并开始推行全国统一的养老保险制度：① 统一的缴费比例：企业 20%，个人 4%至 8%；② 统一的个人账户规模：11%；③ 统一的基本养老金计发办法：基础养老金+个人账户养老金=当地上年月平均工资的 20%+个人账户储存额/120。1997 年的《决定》将养老保险覆盖范围扩大到城镇所有企业及其职工；1999 年，我国养老保险覆盖范围从国有企业职工扩大到了外商企业、城镇私营企业职工；2002 年，城镇灵活就业人员也被纳入其中。

2000 年《中共中央关于制定国民经济和社会发展第十个五年规划的建议》明确了社会保障体系改革的方向：加快形成独立于企事业单位之外，资金来源多元化、保障制度规范化、管理服务社会化的社会保障体系。同年，国务院又发布《关于完善城镇社会保障体系的试点方案的通知》，明确了调整和完善我国养老保险制度的主要政策。2005 年，国务院发布的《关于完善企业职工基本养老保险制度的决定》主要规定了扩大基本养老保险的覆盖范围，逐步做实个人账户，改革基本养老金的计发办法，并确保养老金按时足额发放。

（三）深入改革阶段（2006 年至今）

为解决农村人口的养老保障问题，2009 年，我国农村养老保险制度开始试点；紧接着在 2011 年陆续启动了城镇居民养老保险试点。至此，我国养老保险制度已经实现全覆盖。

2010 年，十一届全国人大常委会第十七次会议经表决通过了《中华人民共和国社会保险法》，已于 2011 年 7 月 1 日实施，从而以法律形式确立了我国覆盖城乡全体居民的社会保障制度。

2016 年 7 月，人力资源和社会保障部发布《社会保障"十三五"规划纲要》，《纲要》指出，要坚持全民覆盖、保障适度、权责清晰、运行高效，稳步提高社会保障统筹层次和水平。以增强公平性、适应流动性、保证可持续性为重点，通过基本实现法定人员全覆盖、完善社会保障体系、建立待遇合理调整机制、确保基金安全可持续运行四大举措，建立健全更加公平、更可持续的社会保障制度。

二、我国养老保障制度的现状

为解决养老难题，我国建立了多层次养老保障制度：一是由政府提供的基本养老保险；二是由雇主和雇员共同缴费建立的企业年金制度；三是由个人出资的商业养老保险计划和个人储蓄计划。

（一）基本养老保险

基本养老保险是指国家或政府通过立法，以权利和资格相对应为原则，保障劳动者因年老而丧失劳动力，或达到法定的解除劳动义务的劳动年龄界限后的基本生活需要的一种经济制度安排，以增强劳动者抵御老年风险的能力。可见，基本养老保险是建立在法律法规基础上的，是依法强制实施的；强调权利与义务相对应；基本养老保险的宗旨是保障基本生活。

我国基本养老保险采用介于现收现付制和完全积累制之间的部分积累筹资模式。对现收现付制的界定，不同学者站在不同角度有不同阐述，这里采用林义的观点，他认为"现收现付制是在特定精算估计基础上，通过以支出确定收入的方式，使社会保险的资金来源与保险金给付在年度内保持大体平衡的财务机制。现收现付制度运行的基本原理是，在长期稳定的人口结构条件下，这一体制的生产性劳动力负担老年劳动人口的退休养老费用，而现有生产性劳动人口的养老费用，将顺理由下一代生产性劳动人口负担"[①]。可见，现收现付制度体现了收入的代际再分配。完全积累制是指参加养老保险的个人为了在退休后每年获得一定金额的养老金，需要在工作时进行积累，缴纳一定费用，这些费用可按期末基金积累的方法在退休时一次性缴纳，也可在个人工作期间逐年缴纳。所缴纳费用及利息等于未来的退休金。可见，完全积累制体现个人收入在不同生命周期的再分配。在人口老龄化愈发严峻的今天，现收现付制给政府带来巨大的财政压力，同时也不利于代际间的和谐共处；完全积累制尽管能很好地应对人口老龄化风险，但中低收入者因为积累少，养老也"自身难保"，并且这种积累方式不能体现社会保障的公平性和互助共济性。为了规避两种筹资方式的不足，我国走部分积累制的折中路线。统账结合的部分积累制，其中的社会统筹账户就采用现收现付制的基金积累方式，强调收支的当期平衡，体现社会互助共济。统筹账户的基金主要满足

---

① 林义：《社会保险制度分析引论》，西南财经大学出版社 1997 年版，第 137 页。

个人养老的基本需求。而其中的个人账户采用完全积累方式筹集基金，可以充分调动参保人的积极性。个人账户的基金主要用于提高退休人员的生活水平。从理论上分析，部分积累制体现了公平与效率的统一。

对于养老金的给付，主要有待遇确定型和缴费确定型两种方式。所谓的待遇确定型，顾名思义就是退休后的养老金按事先约定给付。而缴费确定型是指参保者每月的缴费是固定的，但退休后每月所领取的养老金是不确定的，因为缴纳的基金将用于投资，投资收益具有不确定性。我国养老金给付选择的是待遇确定型，之所以会选择此方式，主要考虑到参保人员因为对未来收入有所预见，会产生安全感，从而维护社会安定团结。此外，待遇确定型有利于调动社会成员为了更好的老年生活而拼搏努力。

（二）企业年金制度

企业年金是指在政府强制实施的公共养老金或国家养老金之外，企业在国家政策的指导下，根据自身经济实力和经济状况建立的，为本企业职工提供一定程度退休收入保障的补充性养老金制度[①]。一言概之，企业年金制度就是职工在退休后，可以定期获得除国家基本养老金以外的退休收入。企业年金制度是我国养老保障制度的第二支柱，是养老保障体系的重要支撑。企业年金的设立，作为企业的一项福利政策，有利于吸引人才，有利于培养员工的归属感和成就感，有利于提高员工退休后的收入水平，使老年人能够过上更好的晚年生活。

企业年金有如下特点：

第一，企业年金定位于补充养老保险，员工若想参加企业年金计划，前提是必须参加国家的基本养老保险。

第二，由企业自主建立。根据我国 2004 年颁布的《企业年金试行办法》规定，"依法参加基本养老保险并履行缴费义务、具有相应的经济负担能力、已建立集体协商机制"的企业可以依法建立企业年金。

第三，企业年金的资金来源于企业和个人，企业缴费每年不超过本企业上年度职工工资总额的 1/12，企业和职工个人缴费总额一般不超过本企业上年度职工工资总额的 1/6。企业年金包括企业缴费部分、个人缴费部分以及企业年金投资收益部分。企业年金实行完全积累筹资方式，采用个人账户方式进行管理。

第四，国家给予一定的税收优惠。2009 年《财政部国家税务总局关于补

---

① 邓大松，刘昌平：《中国企业年金制度研究》，人民出版社 2004 年版。

充养老保险费补充医疗保险费有关企业所得税政策问题的通知》等文件规定：企业年金在工资总额 5% 以内的部分，企业可直接从成本中列支，不再经同级财政部门审批；超过的部分，不予扣除。

第五，实行市场化的投资运营。为维护企业年金各方当事人的合法权益，规范企业年金基金管理，2015 年人力资源社会保障部法规司发布了《企业年金基金管理办法》，明确了企业年金基金的受托管理、账户管理、托管、投资管理以及监督管理。

（三）个人储蓄

个人储蓄性养老保险是职工根据自己的实际收入水平，定期或不定期地向保险机构投保，以保障自己在退休后的基本生活水平的养老保险手段。[①]个人储蓄养老保险可以分为保险型退休计划和非保险型退休计划两类。所谓的保险型退休计划主要是购买商业保险公司的年金保险；所谓的非保险型退休计划主要是通过银行、信托公司等来对个人储蓄进行管理。个人储蓄养老保险是我国养老保障制度的重要组成部分，其最大的特点是自由性。个人储蓄养老保险对参保对象的年龄、性别、职业没有任何限制，个人自愿投保，自由选择经办机构。

个人储蓄性养老保险主要由个人自行缴纳，国家在政策上进行扶持。个人储蓄养老保险金一般不允许提前领取。退休后，参保人可一次性领取养老保险本金和利息，也可分次领取。人力资源和社会保障部是我国个人储蓄养老保险的管理部门，商业保险公司、银行等是个人储蓄性养老保险的经办机构。

（四）取得的成效

经过 20 多年的实践探索，我国建立了"三支柱"养老保障制度并取得了一定的成效：

第一，基本养老保险取得明显成绩。截至 2015 年年底，全国参加城镇基本养老保险的人数达 35 361 万，较 2011 年城镇职工参保人数增加了 6 970 万人。从基金规模上看，2015 年全年城镇基本养老保险基金总收入达 29 340 亿元，比 2011 年增加了 4 187 亿元；基金总支出 25 812.7 亿元，比 2011 年增加了 13 047.8 亿元。基本养老保险基金累积结余从 2011 年的 19 496.6 亿元增加到 2015 年的 35 344.8 亿元，基金的抗风险能力明显提高。

第二，企业年金稳定发展。人力资源和社会保障部数据显示，自 2004 年

---

① 胡逢云：《社会保障使用手册》，上海辞书出版社 1995 年版。

5 月企业年金制度实施以来，截至 2015 年年底，全国建立企业年金的企业达
7.5 万户，参保职工 2 317 万人，基金累计结余 9 526 亿元。

第三，个人储蓄性养老保险增长势头良好。商业保险是个人储蓄性养老
保险的重要组成部分。据 2015 年保险统计数据报告显示，商业保险公司原保
险保费收入 24 282.52 亿元，同比增长 20.00%，其中寿险公司原保险保费收
入 15 859.13 亿元，同比增长 24.97%。具体到寿险业务，原保险保费收入
13 241.52 亿元，同比增长 21.46%。

第三节　我国基本养老模式

一、基本养老模式的分类

对于我国基本养老模式的分类，目前学术界没有达成共识，主流观点有
以下几种：

（一）将养老模式分为家庭养老和社会养老两类

这一分类方式主要根据养老资源提供者的不同。家庭养老由家人及亲朋
好友提供经济支持、生活照料和情感慰藉。社会养老强调对老人的经济支持、
生活照料和情感慰藉主要由社会提供。有学者在此分类基础上，又补充了自
我养老这类模式。所谓自我养老，从理论上分析，就是既不依靠子女或亲属，
又不依靠社会的养老方式。

（二）将养老模式分为家庭养老、社会养老和居家养老三种模式

所谓家庭养老，即老年人居住在家中，供养者是老人的子女、配偶或其
他亲属。社会养老是指养老服务主要由非家庭关系的社会成员或组织提供。
这里所讲的社会养老，不同于传统意义上的社会养老。原来的社会养老主要
针对"三无"人员的养老，一般由国家发放退休金，组建养老院、福利院等
来实现；而今天的社会养老融入了更多内涵。居家养老综合了家庭养老和社
会养老的特征，老人可以留在家中，由社会成员为其提供养老服务。

（三）将我国养老模式分为家庭养老、社会养老和社区照顾三种类型

家庭养老是一种非正式的制度安排，由家庭成员对上一代老人提供衣、
食、住、行、医、葬等一系列社会服务。社会养老是指老年人晚年生活的经

济来源、生活照料由社会提供，如社会保障机构、各级政府、企事业单位、社会团体等，居住方式有养老院、敬老院、托老所等，其典型特征是集体养老。社区照顾泛指由社区为社会上需要帮助的人群提供照料，既包括正式的社区照料，也包括非正式的社会支持。

（四）将我国养老模式分为家庭养老、机构养老和社区（居家）养老三类

将养老模式分为家庭养老、机构养老和社区养老，被大多数人所接受。

此外，还有学者提出将我国养老模式分为家庭养老、单位养老和社区养老三种类型，或单位养老和社区养老两种类型等。

在对养老模式进行分类时，确定一个一以贯之的分类标准，这是最基本的要求。通过上述对养老模式类型的分析，可以看出存在两个问题：一是缺失分类标准。不少学者所谓的分类，并没有相应的依据，不可避免会造成养老模式类型的混乱，也就是把根据不同分类标准分出来的养老模式放在一起。二是分类标准不当。所谓的分类标准只对某几种养老模式适用，而对其他模式并不适用，换句话说，就是分类标准不具有普适性。鉴于以上两方面的问题，本章在对我国养老模式进行分类时，主要从养老资源的主要提供者这个角度或者说从养老的主要支持力的来源，将我国养老模式划分为家庭养老、机构养老和社区养老三种类型。

二、家庭养老

（一）家庭养老概念的界定

家庭养老在我国已经有上千年的历史，但对于家庭养老的界定，学术界众说纷纭，还没有一个定论。当下对于家庭养老概念的界定，主要有以下三种：

1. 亲情论

该理论认为家庭养老体现一种亲情关系。张文范认为，"传统的家庭养老实际上也就是建立在血缘关系基础上的亲情养老"[1]。郑玮斌、张友琴也认为，家庭养老是"以血缘亲情为基础的养老模式"[2]。两者的共同点是均指出了家

---

[1] 张文范：《坚持和完善家庭养老 积极创造居家养老的新环境》，载《中国的养老之路》，中国劳动出版社1998年版，第26页。

[2] 郑玮斌等：《社会变迁对农村老年人口家庭地位和供养模式的影响》，载《中国的养老之路》，中国劳动出版社1998年版，第248页。

庭养老中血缘亲情居于关键位置。前者明确了家庭养老的主体是亲人，后者未能指明养老的主体，可以是亲人，也可以由非亲人照顾，比如子女花钱雇人照料。

2. 方式论

该理论认为，家庭养老是一种养老方式。张恺悌、党家康认为，养老是一个体系，家庭养老是养老体系的表层框架，是养老模式所决定的养老机制的实际运作形式。[①]而洪国栋认为，与农业社会相适应的养老方式叫作家庭养老。[②]前者侧重于养老的内外规定性，后者侧重于养老方式与经济形态的联系。但他们共同认为家庭养老是一种旨在解决养老问题的具体方式。

3. 家庭论

该理论认为，家庭养老就是家庭或家庭成员支持的养老。2015 年新修订的老年人权益保障法规定："老年人养老以居家为基础，家庭成员应当尊重、关心和照料老年人。""赡养人是指老年人的子女以及其他依法负有赡养义务的人。赡养人的配偶应当协助赡养人履行赡养义务。"穆光宗认为，"家庭养老又可理解为子女供养或老伴供养或亲属供养"[③]。翟胜明、谭克俭认为，家庭养老是指"由子女或其他亲属来承担养老责任"。以上三种界定，都明确了养老主体，同时也对家庭成员有了较为明确的界定。老年人权益保障法的界定是从法律的角度，具有法律条文的准确和严格；而学者们的界定是从社会学的视角来进行的。值得注意的是，老年人权益保障法和穆光宗的文章里都将养老内容明确为经济上的供养、生活上的照料和精神上的慰藉。

通过以上分析可知，家庭养老具有丰富的内涵和外延，所以迄今为止，学术界还没有一个统一的界定。但不管怎样，我们可以从以下几方面把握家庭养老的内涵。

第一，家庭养老，是在家庭这个固定居所，由家庭成员提供物质援助、生活照料、精神慰藉。

第二，当今的家庭养老不同于传统意义上的家庭养老。原来的家庭养老是"在家养老"和"子女养老"的结合体，"子女养老"是主要内容，"在家

---

① 张恺悌等：《转型期中国养老体系的矛盾分析》，《老龄问题研究》1997 年第 9 期，第 24 页。

② 洪国栋：《关于家庭养老与居家养老》，载《中国的养老之路》，中国劳动出版社 1998 年版，第 630 页。

③ 穆光宗：《家庭养老面临的挑战及社会对策问题》，载《中国的养老之路》，中国劳动出版社 1998 年版，第 54 页。

养老"是外在形式;但现在的家庭养老,有时也表现出两者的分离。

第三,家和家庭是两个不同的概念。从广义上看,家可以等同于家庭;但从社会学的角度看,家仅是空间上的一个范畴,它指的是在某个居所范围内以正式或非正式关系建立起来的某个群体或个人组合,而家庭的概念则是基于血缘和婚姻这样的关系联结起来的若干人的群体组合。广义的家包括家庭,但家和家庭并不总是存在包含关系,所以在研究家庭养老时,我们要准确区分家和家庭,真正反映家庭养老的本质和内涵。

(二)家庭养老的内容

老年人权益保障法中明确了家庭养老包括对老年人经济上供养、生活上照料和精神上慰藉三方面。

1. 经济支持

这是家庭养老的最低层次、基础层次,主要由子女在家里为老人提供经济和物质上的支持。目前,我国大部分的家庭养老都属于这个层次。

2. 生活照料

主要通过家庭照料方式从生活起居等各个方面对老年人进行照顾。生活照料可以解决老年人大部分问题。照料提供者主要是家庭成员。

3. 精神慰藉

家庭是老年人的港湾,同时也是老年人的精神乐园。在家庭中,老人不仅可以发挥余热,帮忙照顾家庭、料理家务,同时也从这个过程中得到快乐。老人喜欢留在家中,因为家庭是以亲情和血缘为纽带的,老人的困扰也可以及时得到解决。

(三)家庭养老的理论依据

家庭养老既是一个现实问题,也是一个理论问题。要想深入认识家庭养老这个现实问题,需要首先从理论角度认识家庭养老。关于家庭养老的理论研究,主要有以下七种代表性观点:

1. 生产方式论

生产方式论认为家庭养老是与一定的生产方式密切相关的,而生产方式又表现为一定的财富生产形式和分配形式。洪国栋认为[1],养老方式是由生产

---

[1] 洪国栋等:《论家庭养老》,载石涛:《家庭与老人》,中国文联出版公司 1996 年版,第 16-23 页。

方式和经济形态所决定的，并随着生产方式和经济形态的发展而发展。以家庭为单位的生产方式决定了以家庭为单位的生产资料共享制。家庭成员共同劳动，共享劳动创造的物质财富。劳动者所创造的物质财富，除了满足自身需要外，其他的都留给家庭内部其他成员。所以，家庭成员赡养老年人，责无旁贷。家庭经济形式决定了家庭养老方式，人类社会从奴隶社会到现代社会，这种家庭生产方式一直没有改变，这就决定了家庭养老方式也会一直存在。

2. 经济交换论

经济交换论认为，不同年龄的人在社会生活中处在不同的位置，这就决定了其获得不同的资源，创造不同的产品或提供不同的服务，对社会产品及服务的需求也不同，这样，在代与代之间就产生了交换的可能性、必要性。根据经济交换理论，杜亚军认为，成年人与其子女及老人之间的供养关系就是人类为了自身的繁衍而发生在代际之间的产品和劳务的一种经济交换关系。在未成年人、成年人和老年人三者之间，成年人是主要生产者，成年人要向未成年人提供生活资料、生活服务、医疗保健和教育等。成年人通过这种财产流向未成年人的方式养育了未成年人。但在成年人进入老年以后，未成年人长大成人，开始为老年人提供生存必需品。成年人（原来的未成年人）通过财产流向老年人（原来的成年人）而赡养老年人。所以，成年人对未成年人的供养是一种"投资"，是一种对未来的投资行为；而老年人得到供养，则是一种"回收"以前的投资的行为。正是代际之间的这种交换关系，保证了人类社会的延续，并奠定了家庭养老的基础。[①]

3. 社会交换论

社会交换论主要阐释有关权力关系、互惠、平衡等因素，分析家庭成员之间的互惠关系、代际间的照顾和利益回报、家庭等非正规组织与正规组织之间的互动关系等。[②]经济交换论是从微观层面进行分析，社会交换论是从整个社会宏观角度来考虑，交换双方在一定程度上都是给予者或接受者，从而构成了互惠原则。年青一代不断为社会创造财富，这些财富的积累为社会的进步和发展做出了巨大贡献。当做贡献的一代渐渐老去，享受过他们劳动成果的人们理所应当要承担起这些人养老的义务，可以说这个责任义不容辞。

[①] 杜亚军：《代际交换——对老化经济学基础理论的研究》，《中国人口科学》1990 年第 3 期。

[②] 熊跃根：《中国城市家庭的代际关系与老人照顾》，《中国人口科学》1998 年第 6 期。

4. 需要论

需要论认为，一个社会（或者社区）的首要任务就是要满足其成员的需要，结合马斯洛需要层次理论，需要分为生理需要、安全需要、归属需要、尊重需要和自我实现需要。生理需要是最低层次需要，是基础需要；自我实现需要是最高层次需要。当低层次需要获得满足后，才会产生高层次需要。人们在同一时间段内或许会有多种需要，但总会有个需要占主导地位。所以，我们应当区别老人的需要，设法进行满足。另一种理论则认为，家庭养老就是老人的一种需要。对需要的划分，我们可以从理论和实践两个层面进行。

5. 反馈论

反馈论认为，亲子关系是整个社会关系的基础，亲子关系包括抚养和赡养两个方面。父母对子女有抚养的义务，子女对父母有赡养的义务。如果用公式表示：$F1 \longleftrightarrow F2 \longleftrightarrow F3 \longleftrightarrow Fn$（F 代表世代，$\longrightarrow$ 代表抚养，$\longleftarrow$ 代表赡养）。也就是说，甲代抚养乙代，乙代赡养甲代；乙代抚养丙代，丙代赡养乙代。这种上一代抚养下一代，下一代赡养上一代的模式，被称为"反馈模式"。从理论角度分析，反馈模式体现了社会均衡互惠原则。一个社会若想长期发展，社会成员之间的来往取予，从总体上看，都是均衡互惠的。反馈模式是乙代先取之于甲代，然后再给甲代，取予之间是均衡的。所以，养儿防老是均衡社会成员世代间取予的中国传统模式。

6. 依赖论

依赖论认为，若将人的一生分为三个阶段，人在不同阶段所扮演的角色是不一样的，分别是：被抚养者、赡养者和抚养者、被赡养者。一代人不能脱离另一代人而独立存在，一代人的生存影响、制约着另一代人。可见代际之间是相互依存、相互制约的，具体就表现为"养老"和"生小"的关系。即父母需要抚养子女，子女需要赡养父母，父母取得赡养的前提条件是首先付出一定代价，即抚养子女长大成人。而子女得到父母抚养，同时也承担了赡养父母的义务。所以每代人的切身利益将代与代紧紧地联系在一起。

7. 责任内化论

责任内化论认为，由于受几千年儒家文化的影响，赡养老人已经变成每个中华儿女内在的责任要求和自主意识，是其人格的一部分。无论环境和社会如何变化，这种思想都亘古不变，道德感已让我们在不需要任何强化的情况下肩负起这种责任。

综上所述，我们可对家庭养老理论做如下归类：

第一种，政治经济学的解释。马克思认为："个人怎样表现自己的生活……这同他们的生产是一致的——既和他们生产什么一致，又和他们怎样生产一致。因而，个人是什么样的，这取决于他们进行生产的物质条件。"[1]生产方式论认为，家庭养老反映了一定的生产方式。

第二种，经济学的解释。经济学理论认为两代人之间的本质关系就是一种经济交换关系，无论这种交换关系采用什么方式。

第三种，社会学的解释。早期社会学家齐美尔认为社会是通过人们的互动而产生的，各种人际互动形式是构成宏观社会结构的基本材料。[2]从社会学角度分析，家庭养老其实就是一种社会行为，并且这种行为是在互动中产生并不断传递的。

第四种，人类文化学的解释。人类文化学认为，人类特定群体各具特点的行为都体现了文化。[3]反馈论认为家庭养老反映了特定的代际间互动模式，责任内化论认为家庭养老是价值观支持下的责任体现，他们都阐述了家庭养老运行的文化机制。

（四）家庭养老的条件

第一，家庭中要有一定数量和质量的供养者。家庭中老人各方面的需求都需要供养者来提供，家庭中一定数量和质量的供养者是家庭养老的基础。如果家庭中缺少一定数量和质量的供养者，老人就会觉得"老无所依"。在传统社会，子女就是老人的供养者，子女越多，为老人提供的保障越高。正所谓"多子多福"。但我国从20世纪70年代开始实行计划生育政策，加上城镇化进程的加快，人口流动频繁，传统大家庭越发罕见，核心家庭、特殊家庭成为社会主流。家庭规模的缩小，家庭功能的弱化，无疑削弱了家庭养老能力。

第二，家庭供养者具有孝悌观念。家庭中光有一定数量和质量的供养者还不够，还需要供养者具有孝悌观念；而供养者的孝敬程度受个人价值观念影响极大。只有子女充分认识到老人的需求，并认同老人的需求，他们才会发自内心，真正设法去满足老人的需求。如果子女没有孝悌观念，他们就不会认识到老人的需求，反倒认为老人是在无理取闹，更不用说为老人提供必

---

[1] 马克思、恩格斯：《费尔巴哈》，见《马克思恩格斯选集》第1卷，人民出版社1972年版，第25页。

[2] D.P.Johnson：《社会学理论》，见郑杭生：《社会学概论新修》，中国人民大学出版社1994年版，第162页。

[3] 拉尔斐·比尔斯：《文化人类学》，河北教育出版社1993年版，第30页。

要的保障。而子女对老人需求的认同又取决于供养者与受养者之间的理解和沟通。我国是一个孝悌观念极深的国家，大部分子女都有孝老爱亲的观念，这是我国家庭养老得以正常发挥作用的基础。

第三，家庭中的供养者应具备经济能力和时间上的客观支持。如果没有一定的经济基础和空闲时间，即便有强烈的孝悌观念也无济于事，不能为老人提供良好的保障。子女如果整日忙于工作，缺少一定的经济支持，缺少为老人提供生活照料和精神慰藉的时间，那这样的家庭养老就缺少实质和内涵。现代社会中，子女生活压力大，整日为生计奔波，收入有限，家庭养老的客观支持尚显不足。

三、机构养老

（一）机构养老概念的界定

机构养老是指老人在老年福利院、敬老院、老年公寓、托老所、老年护理院等养老机构，每月交纳规定的费用，获得专门为老年人提供的食宿、护理、照料、娱乐等服务的养老模式。机构养老可以减轻子女负担，让子女可以安心工作；同时也摆脱了年轻人与老年人之间的代沟与矛盾，老年人入住养老机构，和同龄人进行沟通、交流，得到专人护理服务，有助于老人的心理健康和生理健康。

机构养老的对象是所有老年人，包括有自理能力的老人，也包括没有自理能力的老人。机构养老的资金来源于国家、集体、民营企业、个人等，因此可以依据资金来源不同，将养老机构分为福利性养老机构、非营利性养老机构和营利性养老机构三种类型。

第一种，福利性养老机构。国家出资创办的养老机构一般面向社会弱势人群，如城市中的三无人员、农村中的五保人员等，可见，国家创办的养老机构就是福利性养老机构。第二种，非营利性养老机构。一般是民营养老机构，因为其非营利性，可以享受国家提供的相关优惠政策，比如税收减免。第三种，营利性养老机构。一般也是民办养老机构，和非营利性养老机构相比，营利性养老机构不能享受国家优惠政策，但总收入扣除税收后，相关责任人可以进行分红。目前，我国大多数养老机构都是福利性与非营利性的养老机构。

事实上，任何一家养老机构都具有福利性，因为它的服务对象都是老人，而老人都属于社会弱势群体。随着老龄化社会的到来，养老机构的床位根本就供不应求，国家创办的一些福利性养老机构也开始不仅仅接收三无人员、五保人员，还会接收一些寄养或托养的老人。虽然这样的行为存在一定的营利性，但所得收入主要用于补贴政府资金缺口等方面。营利性养老机构一定程度上缓解了我国养老压力，因此，我国大力提倡民间养老机构的建设。对于民间养老机构的建设，可以采用公办民助的方式，或民办公助的方式进行。

（二）机构养老的理论依据

随着社会的不断变迁，商品经济逐渐代替了传统的农业经济，社会分工使得各专业、各部门之间联系更加密切；另一方面，社会分工也削弱了家庭功能，仅仅依靠家庭的力量难以实现老有所养，社会化养老成为可能，其中的机构养老应运而生。一个新生事物的产生一定有一些理论作为支撑，机构养老作为新生事物，也不例外。

1. 生产方式论

养老方式与生产方式密切相关，也就是说养老方式的选择会随着生产方式的变化而不断变化。家庭养老时期，以家庭为单位的生产方式决定了家庭成员共享生产资料，这种传统的养老方式是由农业社会的生产方式决定的。随着社会的不断进步、发展，传统的农业社会过渡到工业社会，这时以家庭为单位的生产方式被社会化大生产的生产方式取代，相应地，养老方式也由传统的家庭养老转向社会养老。而社会养老中一个最重要的表现形式就是机构养老。

2. 社会嵌入性

社会嵌入性理论的代表人物是格兰诺维特，他在前人研究嵌入性的基础上，进行深入分析，并融入自己的思考，得到社会的广泛认可。格兰诺维特认为行动者有多重动机，在权衡多种动机后选择实现最大目标的动机并采取行动。例如，人步入老年，不是简单地成为被动接受者，以享受晚年生活为主要目的。根据社会嵌入理论，老年人仍需要社会化。因为老年人面临角色转变难题；遭受疾病威胁、困扰；由以前的领导者变成现在的服从者，心理落差大。老年人将面临一些新问题，需要进行社会化，由社会帮助解决难题。推行机构养老就是让老人成功实现社会化的一个有力举措。老年人可以在机构里得到想要的服务，很好地转变自己的社会角色。

3. 福利多元主义

福利多元主义主要包含两方面的概念：分权与参与。[①]分权主要是指社会

---

① 常宗虎：《中国社会福利史》，中国社会出版社 2002 年版。

福利服务所具有的行政权由中央转移到各级政府，或者是通过各级政府转移到各社区中，也可以是由公共部门转移至私人部门。参与是指社会各界力量参与到社会福利服务的规划和提供等，而且服务的消费者可以参与到该服务的决策中来。①

福利多元主义强调社会福利的供给主体应该多元化，而不仅仅是政府。社会福利可由公共部门、营利组织、非营利组织、家庭与社区等社会各界共同承担，政府主要作为监管者。此外，该理论也强调非营利组织的积极参与，防止政府从社会福利领域撤走后福利性转向为营利性。我国在发展养老机构时，政府通过采取资金扶持、政策扶持等形式，积极鼓励民办养老机构的建设。

四、社区（居家）养老

（一）社区（居家）养老概念的界定

我国在近十年才提出社区（居家）养老，但社区（居家）养老并非新名词，它是在西方发达国家提出的社区照顾的基础上发展起来的。究竟什么是社区（居家）养老？20 世纪 90 年代，我国开始轰轰烈烈地开展社区（居家）养老实践及研究，但对于社区（居家）养老的理论研究差异较大，对其概念界定也莫衷一是，主要有以下几种代表性观点：

第一，场所论。认为居家养老所在地是家庭。杨宗传认为："居家养老概念较准确地反映了老年人养老的居住形式。何为居家养老？居家养老就是指老年人分散居住在自己的家庭养老，而不是集中居住在养老机构养老。"②张良礼认为："居家养老就是以'家'为养老平台，以相对固定的社区环境为养老基础，政府、社会、家庭等几个方面的力量在'家'这个平台上施展各自不同的作用。"③袁辑辉也认为："家庭养老与社会养老是相对于养老资金来源而言。如果养老资金源自于家庭，由家庭成员提供，就是家庭养老；如果养老资金来自于社会，由社会通过养老金或社会救济金等形式提供，就是社会养老。居家养老与入院养老是相对于养老场所而言。如果家庭是养老生活的主要场所，则是居家养老；如果以养老院或老年公寓等作为生活的主要场所，

---

① 祁峰：《中国养老方式研究》，大连海事大学出版社 2014 年版。
② 杨宗传：《居家养老与中国养老模式》，《经济评论》2000 年第 3 期，第 59 页．
③ 张良礼：《应对人口老龄化：社会化养老服务体系构建及规划》，社会科学文献出版社 2006 年版。

则称为入院养老。"①

第二，主辅论。认为家庭养老在居家养老方式中占主导地位，而社会养老则居于次要位置。陈大亚认为："所谓'居家养老'，就是以家庭养老为主、社会养老为辅的养老模式。就是要积极调动社会各方面的力量，组成一个最符合老年人意愿的、一个最有利于保持和加强老年人自立能力的、一个最切实可行的和一个最有效率的养老保障体系。建立一个最有助于社会持续发展的养老模式，最终形成一个以家庭为核心、社区养老服务网络为外围、养老制度为保障的居家养老体系。"②1998 年 4 月张文范在厦门举办的全国家庭养老与社会化养老服务研讨会闭幕式上的讲话，也表达了相同的意思。他认为："居家养老就是以家庭养老为主、社会养老为辅的养老模式的总称，就是要积极调动社会各方面的力量组成一个最符合老年人养老意愿的、最有利于保持和加强老年人自立能力的、最切实可行和最有效率的养老保障体系，要建立一个最有助于社会发展的养老模式。"③

第三，结合论。认为居家养老是把家庭养老和社会养老相结合的一种养老模式。穆光宗认为养老模式可以分为家庭养老、社会养老和自我养老。这些养老模式的区分主要是看由谁来供养，在现实中往往是多种模式的混合。陈军认为："居家养老是家庭养老和社会养老的有机结合。其基本内容是：劳务养老由社会承担，精神生活养老由家庭承担，物质方面养老由国家、集体和个人共同承担。"④穆光宗、姚远则总结为："居家养老是建立在个人、家庭、社区和国家基础之上的，它是以居家养老为形式，以社区养老网络为基础，以国家制度政策、法律管理为保证，家庭养老和社会养老相结合的养老体系。"⑤

第四，服务论。认为居家养老的老人接受社区的全面服务。2008 年全国老龄办下发《关于全面推进居家养老服务工作的意见》，将居家养老定义为：政府和社会力量依托社区，为居家养老的老年人提供生活照料、家政服务、康复护理和精神慰藉等方面服务的一种服务形式。它是对传统家庭养老模式

---

① 袁辑辉：《养老的理论和实践》，载《老年学文集之六》，中国文联出版社
   1997 年版。
② 陈大亚：《家庭养老问题探讨》，《研究与探讨》1998 年第 9 期。
③ 张文范：《坚持和完善家庭养老 积极创造居家养老的新环境——在全国家
   庭养老和社会化养老服务研讨会闭幕上的讲话》，1998 年。
④ 陈军：《居家养老：城市养老模式的选择》，《社会》2001 年第 9 期。
⑤ 穆光宗、姚远：《探索中国特色的综合解决老龄化问题的未来之路》，《人口
   与经济》1999 年第 2 期。

的补充与更新，是我国发展社区服务，建立养老服务体系的一项重要内容。①
刘笠萍也认为："居家养老不同于家庭养老。家庭养老是指老年人完全由自己
的子女负责赡养和照料。居家养老则是指老人依然可以生活在自己所熟悉的
住所和环境中，政府可以不必花过多的钱建集中的养老机构，只需在老人所
生活的街区范围内，实行各种社会服务，给老人提供购物、清扫、护理等全
方位的日常生活照料。居家养老是目前在我国不少城市备受青睐的一种新型
的养老方式，以社区网络化养老服务为主要内涵的居家养老，必将是未来养
老的主要模式，老年公寓等将是它必不可少的补充和辅助形式。"②

第五，发展环境论。认为居家养老是在经济社会发展水平非常高的背景
下发展起来的，只有那些经济发达国家，经济赡养和生活服务都社会化了，
才能实现居家养老。洪国栋认为："与农业社会相适应的养老方式是我们大家
所熟悉的，叫作家庭养老。""居家养老并不是家庭养老，居家养老是近年来
在长期进入人口老龄化国家首先提出的一个新概念。这里的'家'是指养老
的一种载体，与建立在家庭经济基础上的家庭养老是有本质区别的。""这里
的'家'与家庭养老的'家'已经有全然不同的含义了。因为这时老年人养
老的经济来源不是依靠家人和子女，而是政府发给的退休金，生活照料和精
神慰藉大部分也来自于社区和邻里所提供的各种服务。""居家养老是发达国
家在社会保障有了充分发展的情况下提出的。这种居家养老并不是家庭养老，
而是社会养老的一种方式。""认为发达国家提出'回到家庭中去'，这实际是
提倡一种'居家养老和社会服务'相结合的养老模式。"③环境论者则认为居
家养老的"家"需要良好的社会环境。张卫东认为："居家养老模式的'家'
不是一个物理空间概念，而是具备人际关怀、情感交流，同时具备物质养老
和精神养老条件的社会环境。缺乏心理沟通和精神抚慰的'空巢'家庭，则
不够符合居家养老模式中的'家'的概念含义。"④

综上所述，结合我国实际情况，社区（居家）养老——以家庭养老为主，
社会养老为辅，建立在个人、家庭、社区和国家基础之上的以国家制度、政
策法规管理为保证，以居家养老为形式，以社区福利服务为依托，利用社区

---

① 转引自毛满长:《西北地区社区居家养老: 功能、限度与完善》,《宁夏社会
　科学》2009 年第 2 期。
② 刘笠萍:《城镇养老的现状及对策》,《河南教育学院学报》(哲学社会科学
　版) 2000 年第 2 期。
③ 洪国栋:《关于家庭养老与居家养老》, 载《中国养老之路》, 中国劳动出版
　社 1998 年版。
④ 张卫东:《居家养老模式的理论探讨》,《中国老年学》2000 年第 2 期。

服务网络资源与现代化的信息手段，将社区服务深入到老人家庭，为居家老人提供各种类型的福利服务，是社区服务和家庭养老相结合的现代养老方式。[①]居家养老中的"家"不同于传统意义上的家，居家的家拓宽了家庭中的家的内涵与外延，将家扩展到了社区这个更广义的家庭概念上来。所以，社区（居家）养老也叫居家养老（或社区养老）。

（二）社区（居家）养老的内容

西方发达国家的社区照顾是建立在完善的社会保障制度、社会福利制度基础上的。我国目前也已经建立起较完善的社会保障制度，为社区（居家）养老的实现奠定了一定的物质基础，但社区（居家）养老在我国仅有短短十年时间，尚处于探索阶段，与发达国家相比还有很长的路要走，尤其是应对我国人口老龄化还需再完善。目前，我国有些地区已经开始有益探索，各地结合当地经济发展水平以及自身实际情况，提供了丰富化的社区（居家）养老服务内容，主要涉及以下方面：

1. 物质帮助

对老年人的物质帮助就是提供经济保障，目前我国老年人的经济来源主要是养老金、儿女的资助、国家和地方政府补贴等。虽然我国已经建立起覆盖全民的养老保险制度，但老年人领取的养老金普遍偏低，滞后于物价水平。为了保证老年人退休后生活质量不至于下降太多，他们在经济上离不开子女的照顾和社会的关怀。"三无"老人及有其他特殊困难的老人的情况就更麻烦，所以，居家养老的物质帮助并不惠及所有老人，而主要针对"三无"老人、困难老人、残疾老人及高龄老人。各地情况不同，具体帮助形式也各异。2003年，上海推出"居家养老服务券"，由政府购买，享受的对象为：一是困难老人，补贴每人每月 100～250 元；二是特殊贡献老人，如市级劳动模范，补贴每人每月 50～250 元；三是 80 岁以上老人，补贴每人每月 100 元。[②]成都市成华区规定"三无"老人、困难"空巢"老人、残疾老人每年可免费到助老爱心超市领取 200～500 元的生活必需品。[③]

---

① 祁峰：《中国养老方式研究》，大连海事大学出版社 2014 年版。
② 转引自吴春娟：《无锡市南长区居家养老推进机制研究》，同济大学 MPA 论文，2008 年。
③ 转引自武丽：《我国城市社区养老发展可行性分析》，西南财经大学硕士论文，2007 年。

2. 生活照料

生活照料是目前许多老年人面临的主要问题。随着高龄老人的逐渐增多以及家庭规模小型化，越来越多的老人需要照顾，尤其是生活不能自理的老人。目前的生活照料分为日间照料和上门服务。日间照料一般由社区的日间照料中心提供服务，主要是一日三餐、护理及一些娱乐活动等。上门服务主要针对行动不便的老人，需要服务人员到家中提供服务。服务方式包括家政服务、邻里互助、无围墙养老院（即将养老院提供的服务扩大到社区）。

3. 精神慰藉

现代社会，竞争如此激烈，年轻人为了生活奔波劳累，往往无暇顾及老年人的感受，使得老年人精神上得不到慰藉。老年人单纯依靠家人满足情感需求已经不现实，社区环境便成为家庭空间的最佳补充。社区所提供的精神慰藉的对象主要是子女不在身边的老人、特别孤独的老人等。精神慰藉的具体方式包括开展心理咨询、心理辅导，开展丰富多彩的文娱活动等。这些举措尽管不能完全替代子女与父母的情感交流，但至少可以缓解一些矛盾。

4. 医疗保健

老年是疾病的高发期，尤其是各种慢性病，长期困扰着老年人。若老人患上慢性病，长期待在医院不现实；而待在家里，子女往往无暇照顾：这就迫切需要社区开展医疗保健。社区（居家）养老医疗保健服务形式主要有：第一，家庭医生服务。主要通过家庭医生为社区慢性病人和康复病人提供医疗康复、预防保健、健康咨询等服务。第二，社区卫生服务中心。为老年人在社区卫生服务中心就医开辟绿色通道。第三，社区、医院等为老年人提供保健服务。如举办各种保健讲座，宣传慢性病防治，传授康复知识等。

（三）社区养老的理论依据

社区养老涉及的理论较多，有福利多元主义理论、相互作用理论、活动理论等，这些理论为社区养老奠定了必要的思想基础。

1. 福利多元主义理论

福利多元主义理论的代表人物是罗斯、伊瓦斯，他们的代表性观点分别是三分法和四分法。罗斯的三分法认为，社会福利应由国家、市场和家庭三者提供，单独由任何一方提供都存在缺陷，必须将三者组合起来才能规避不足。国家提供社会福利，主要是为了规避市场失灵；由家庭和志愿者组织提供社会福利，是为了补偿国家和市场的失灵。伊瓦斯的四分法认为，社会福利的来源有国家、市场、社区、民间社会。伊瓦斯特别强调民间社会在社会福利中的作用：它能够在不同层次、不同的理念上，在国家、市场、社区之间建立联系纽带，使私人和局部利益相一致。[①]

在福利多元主义理论指导下，社会福利的发展趋势应是：从政府转向民间，从一元主体变成多元主体，从中央下放到地方，从机构照顾变成社区照顾，从单一的提供方式变成组合式的提供方式。

2. 相互作用理论

相互作用理论主要包括象征性相互作用理论、标志理论、社会损害理论三大部分，主要探讨了环境、个体及其相互作用对老年社会的影响，属于互动派的理论观点。

象征性相互作用理论由美国学者埃里克·伯恩内于 20 世纪 50 年代提出。该理论认为，在老龄化过程中，环境、个人以及个体与环境的结合等因素的相互作用具有非常重要的意义。一个尊老敬老的社会环境和鼓励老人参与社会活动的社会氛围，有助于提高老年生活满意度。象征性相互作用理论给老龄化社会所带来的启示，从社会系统角度出发，由衰老带来的情绪低落和脱离社会并不是不可避免的，而是可以通过个人与环境的相互作用加以改变，政府应尽可能对社会环境进行调适，使得社会环境尽可能多地给老人提供选择的机会，鼓励老人以积极主动的态度参与社会，这是减弱老龄化消极影响的具体措施。[②]

标志理论也称为符号互动理论，其主要观点是：在社会环境中，人们往往根据别人的评价和态度来认识自我。老年人占有较少的社会资源，在社会交往中处于弱势地位，"年迈无用"是对老年人的基本评价，这种社交模式会影响到老人对自我的评价。

社会损害理论源于标志理论，是指已经有心理问题的个人所产生的消极反馈。这种消极反馈循环一旦开始，便会强化其无能的个人意识，从而进一步引发更多问题。有时老人有一些不正常反应，会被他人视为病兆而做出过激反应，而为了继续交往，老人又会不自觉地屈从于这种反应，从而对老人的自我认识带来损害，进一步丧失原先的独立自主能力。[③]所以，应通过给老人提供机会，让他们生活在一个不受总价值观念影响的社会环境中，增强老

---

① 彭华民、黄叶青：《福利多元主义：福利提供从国家到多元部门的转型》，《南开大学学报》（哲学社会科学版）2000 年第 6 期。

② 仝利民：《老年社会工作》，华东理工大学出版社 2006 年版。

③ 仝利民：《老年社会工作》，华东理工大学出版社 2006 年版。

人的自信心和独立意识，它可以阻断由社会损害所形成的消极反馈循环，即改变老人生存的客观环境以帮助老年人重建自信心。[①]

社区是老人活动的最主要场所，社区可以为老人提供生活照顾以及丰富多彩的文娱活动。家人的亲情支持以及社区服务支持相结合，有助于减少老人的空虚感、寂寞感，使老人晚年生活更加丰富多彩，大大提高晚年生活质量。

3. 活动理论

活动理论由美国学者罗伯特·哈威格斯特提出，在他看来，老年人应积极参与社会活动，只有参与，才能体现老人自身的价值，老人通过重新认识自我，从而保持生命活力。

活动理论是建立在四个假设之上的：第一，老年人的角色丧失越多，参与的活动越少；第二，老年人的自我认知需要在社会活动中形成和证明；第三，自我认识的稳定性源于角色的稳定性；第四，自我认知越清楚，生活满足度越高。[②]这四个假设要说明的是，生活满意度源于自我认识，源于新角色，新的角色源于参与社会的程度。

具体来说，老年人的角色转换表现在：第一，劳动角色转换为供养角色。它使老年人易产生危机感。第二，决策角色转换为平民角色。在家庭中，由家长转换成接受照顾，使老人产生被抛弃的感觉。第三，工具角色转换为感情角色。工具角色是指人们肩负着一定的社会公职，在社会政治、经济、文化领域占据着主体地位；感情角色是为满足身心情感的角色，如家庭中父母、子女间的角色。这样的角色转换使老人会碰到性别角色模糊的问题以及伴随产生的老年夫妻之间的冲突。第四，父母角色转换为祖父母角色。[③]除角色转换外，老年人还不断遭受打击，如子女结婚分居、老人进入空巢家庭、心理失落、突然失去健康身体、配偶突然离去等。因此，改变老年人精神状态的方法之一，就是使老年人重新认识自我，正确认识角色转换的客观必然性，积极参与社会，寻求新的次一级角色。通过继续社会化、加强学习、提高修养和不断自我调整来加以解决。

居家养老是老人参与社会、继续社会化的一个重要平台。通过居住在家中，社区为老人提供多样化、专业化的服务，可以使老人在角色转换中更好地应对，增强老人在角色转换过程中的适应性，减少角色突然转变的失落感，也能获得社会的尊重和回报。我国近些年来大力提倡"老有所为""六十而立"

---

① 仝利民：《老年社会工作》，华东理工大学出版社 2006 年版。
② 邬沧萍：《社会老年学》，中国人民大学出版社 1999 年版。
③ 曹丽：《我国居家养老问题研究》，大连海事大学硕士论文，2009 年版。

"开创人生第二个春天"，都是活动理论在中国的具体运用，而"老有所为"是活动理论的升华。

五、养老模式比较分析

家庭养老、机构养老和社区养老作为三种最基本的养老模式，都有着各自的优势，也都有一些不足。三种养老模式的比较详见表 4-1：

表 4-1　养老模式的 SWOT 比较分析

养老模式	优势（Strength）	劣势（Weakness）	机遇（Opportunity）	威胁（Threat）
家庭养老	家庭亲情	家庭负担	子女关爱	工作压力
	体现美德	独自在家	精神满足	职业竞争
	相互关爱	医疗服务	照护用心	寂寞孤独
机构养老	同龄娱乐	减少和家人相处	政府补贴	适用范围
	专业医疗照顾	疾病传染	社会支持	机构定位
	日常专业护理	美德弘扬	特殊照顾	统一管理
社区养老	专业服务	家庭观念	广泛重视	农村养老
	社区力量	传统势力	符合潮流	范围拓展
	体会亲情	现实制约	专业发展	事业产业

在中国国情下，家庭养老是优势最明显的一种养老方式，在家居住可以享受到家庭成员几代人之间的相互关怀，精神上可以得到亲情的满足，也是中华民族几千年来代代相传的一种美德，对老年人而言无疑是最美满的选择。家庭养老的优势主要表现在：在家养老的老人一般能够和子女甚至是孙辈相处融洽，增进彼此之间的关爱和感情，老人更能体会亲情带来的欢乐。目前，在中国实际情况下，这一养老方式不仅仅是老人居家生活，而且意味着家庭要承担老人的生活费用、日常护理、医疗费用等经济支出。这对小规模家庭而言，不能不说是一个负担，如果年轻的夫妇都是独生子女，那么这一负担就更加沉重。家庭养老给家庭带来经济负担的同时也会占用家庭中正在工作的成员的时间和精力，降低他们在职场的竞争力，加重他们的生活压力。如果子女都在工作或者读书，甚至长年外出打工，那么家庭养老的老人不得不独自在家。家庭养老的一个弊端就是老人可能不得不独自在家，而机构养老和社区养老就恰好可以避免这一问题。养老机构中住的都是老年人，他们都是同龄人，能够更好地沟通，减少老年人的孤独感。养老机构会统一提供医疗保健服务，这些服务比家庭提供的更专业，日常护理也更到位。政府对福

利养老机构有一些优惠补贴或者政策倾斜，而且在机构养老还可以享受到社会团体或者个人提供的义务服务和特殊照顾。但是机构养老减少了老人和家人在一起的时间，不能体现中华民族的养老传统。养老院是一个老人集中的场所，但目前发展参差不齐。我国养老机构还没有一个统一的管理体系、扶持准则、服务标准和监管制度，不同地区对养老机构的需求也不尽相同，限制了其长足发展。社区养老是对上述两种养老方式的折中，既能保证老人和家人相处的机会和时间，更好地借助社会力量为老人提供专业服务，又有利于养老服务的专业化发展。因此，社区养老既兼顾了居家养老的亲情慰藉，又能保证老人生活在熟悉的环境里，且享受到一定的专业护理和服务。但是，社区养老也有一定的局限性，主要是家庭观念受到挑战、养老机构兴办受到现实制约、农村难以实现社区化等。比如有的社区限于发展规模，提供的服务种类有限，不能满足养老发展的需要。

综合来看，三种养老方式各有利弊。就现在的情况来看，家庭养老还是目前老人养老的首选，尤其是农村老人更离不开自己的家。社区养老和机构养老虽然有很多优势，但是水平高一点的机构收费就会较高，有些老人负担不起。有学者对这三种养老方式的养老成本进行了核算，其结果是家庭养老的成本最低、效用最高①。

第四节　我国养老模式创新

目前，家庭养老、机构养老和社区养老构成我国养老的三种基本模式，以家庭养老为基础、社区居家养老为依托、机构养老为补充的养老格局正在逐步形成。而在具体实践中，这几种基本模式得到了极大的拓展和延伸，出现了智慧养老、以房养老、互助养老、旅游养老、虚拟养老、医养结合养老等多元化养老模式。

一、智慧养老

智慧养老是随着养老服务相关技术的发展而兴起的新兴理念，最早由英国生命信托基金提出，又称"全智能老年系统"，指利用先进的互联网、云计

---

① 邓颖等:《不同养老模式的养老成本及成本——效用分析》,《预防医学情报》2004 年第 20 期。

算、可穿戴等新一代信息技术手段，构建面向家庭养老、社区居家养老和机构养老的物联网系统与信息平台，整合政府、社会及社区、家庭的资源，为养老提供更便捷、高效、灵活的公共管理创新服务模式。智慧养老的关键点在于无障碍感知老人身体特征，智慧分析老人各层次需求，快速便捷地按需提供服务，大幅降低现有养老服务价格，准确有效地对服务进行客观评价监管。如果老人走出房屋或摔倒，地面安全传感器会立即通知医护人员或老人亲属；冰箱里的牛奶翻倒洒出，或是热锅在炉灶上无人看管，安在冰箱和厨房里的传感器会发出警报，一定时间内无人响应，则自动进行清理并关闭煤气。这不是科幻片里的场景，智慧养老系统就能将这一切实现。除了这些突发情况，物联网"智慧养老"的关怀还体现在细节之处，比如老人住所内的水龙头一旦 24 小时都没有开启过，那么报警系统就会通过电话或短信提醒，看看老人是否外出，还是出现了其他的意外。从而为老年人提供健康管理、应急救助、生活照料等服务，形成"互联网+养老服务"的新模式。

从实质来看，智慧养老是一场在全球范围内正在进行的养老模式创新，是在"健康养老""积极养老""在地养老"等世界卫生组织着力推广的新型养老理念和现代技术革命推动下的一次根本性创新。相对来说，始于 20 世纪90 年代，目前已经相对成熟的养老机构管理系统更多是对传统养老模式业务流程和模式的信息化，是一种渐进性创新；而智慧养老要将原来的人员密集、集中式的机构服务做到居家化、个体化、个性化和专业化，服务的范围也会有重大的扩展和突破，全世界都处于创新的起步阶段，没有可借鉴的成功模式，是一种根本性技术创新。

二、以房养老

"以房养老"，全称是老年人住房反向抵押养老保险，又叫作"倒按揭"，简而言之就是拥有房屋完全产权的老年人，将其房产抵押给保险公司，然后按月领取一定数额的养老金，期间老人仍然可以住在这里，仍然拥有对房屋的占有、使用、收益和经抵押权人同意的处置权，直至身故；而在老年人身故后，保险公司获得抵押房产处置权，处置所得将优先用于偿付养老保险相关费用。

"以房养老"模式其实是从国外引进的"舶来品"，最早源于荷兰，其大致铺排是：年轻人通过金融机构购买老年人的住房，并答应他们有生之年仍免费租住该房，待老年人过世后再收回。通过申请反向按揭，帮助拥有住房的老年人有额外的固定收入，保障自己的养老生活开销。

根据美国住房反向典质贷款的一份数据，美国参加住房反向典质贷款的金融机构从 20 世纪 90 年代不到 200 家，扩增至 2005 年的 1 300 个。"以房养老"迅速在很多国家走红。

2014 年 6 月 23 日，中国保监会下发《关于开展老年人住房反向抵押养老保险试点的指导意见》，决定自当年 7 月 1 日起，在北京、上海、广州和武汉四地率先开展老年人住房反向抵押养老保险（即以房养老）试点，试点期为两年。

2015 年 3 月，经过保监会批准，首款保险版"以房养老"产品由幸福人寿保险股份有限公司正式推出。同年 4 月，家住北京西三旗的两位老人，与幸福人寿北京分公司签下"幸福房来宝老年人住房反向抵押养老保险"投保单，这标志着以房养老保险正式落地。

自以房养老试点以来，仅幸福人寿一家保险公司开展了该业务。截至 2016 年 6 月 28 日，投保 60 户 78 人。从区域来看，一线城市（北上广）相较于二线城市（武汉）对该产品需求、认知度高；从家庭构成来看，无子女老人占到 40%，主要是孤寡、失独老人；从月领养老金来看，以月领养老金 5 000 ～ 10 000 元居多。

三、互助养老

互助养老在我国有深刻的文化传统，"不独亲其亲""出入相友，守望相助，疾病相扶持""老吾老以及人之老"等论述就是说明。其中，由范仲淹首创的义庄赡族式互助养老影响深远。义庄中的义田来源于官绅、商贾、义民捐赠，经营所得是宗族互助养老的稳定经济来源，义宅用于为族中矜寡孤独废疾者提供住处。历朝政府多对义庄财产予以官方认可和鼓励，义庄自身也发展出一套完善的申请支付管理制度。此外，一些地区习惯采取族内"过继"、姻亲"入赘"等形式，解决农村无子家庭老人的赡养难题，也具有互助色彩。

当前，我国大致有四类活跃的互助养老模式：在农村主要是肥乡互助幸福院模式及其翻版；在城市，形式更为多样，根据组织和管理方式大致可分为结对组圈式、据点活动式和时间银行式三种，但推广程度均没有"肥乡模式"成功。这反映出：一方面，城市养老服务体系更为多元、发达；另一方面，"陌生人社会"中互助和自组织的难度更大。

1. 肥乡农村互助幸福院

2008 年，河北省肥乡县前屯村利用闲置校舍改造出供老人集中居住的"互助幸福院"。其突出特点在于"集体建院、集中居住、自我保障、互助服务"。

作为成功典范，肥乡模式有大量特点、经验值得思考和总结。第一，村委主办，政府支持，社会参与。第二，低成本、小福利和基本公共物品的集体供给。第三，兼有居家、社区和机构养老的生活方式。第四，自我管理，自我服务，抱团互助。"肥乡模式"示范作用巨大，代表性强，后来在农村遍地开花的"××模式"大多以其为范本。

2. 结对组圈式互助养老

该模式采取老人自愿或匹配结对与组圈的方式，进行抱团养老，是邻里守望相助的典型体现，包括结对互助、"关爱圈"互助、"老伙伴"计划等具体形式，在美国自然形成退休社区也有类似的邻里结对养老。早在 2005 年，天津市就有结对互助养老的报道。天津市和平区新兴南里社区为独居老人寻求同性知音伙伴，帮助其结对互助，并选派四五十岁的人担任服务员，照顾老人日常生活。

3. 据点活动式互助养老

与结对组圈式互助养老相似，一些互助养老形式还有固定的活动据点，暂称之为据点活动式互助养老。活动据点通常由符合条件的老人家庭申请设置，或者由社区内企事业单位提供闲置场所。2007 年，山东省青岛市四方区将辖区内 52 户孤寡或空巢老人家庭确定为"互助养老点"，统一配备娱乐器材设施（麻将桌椅、棋牌、书籍等），并提供每年 240 元的水电费补贴，每个养老点由 5 名以上老人组成，低龄老人帮助高龄老人，身体好的照顾身体弱的，自愿结合，相互帮助，天天见面，每日活动，有效整合了政府、社会和家庭资源。

4. 时间银行式互助养老

该模式的特色在于"客户"无需照料时"储蓄"服务，需要时再享受服务，形成服务时间存储—提取的管理安排，目的在于解决"高龄老人没人照顾，低龄老人希望有事干"两种需求。2007 年，江苏省姜堰市（现泰州市姜堰区）率先推出"时间储蓄银行"，姜堰退休人员管理中心在社区成立退休人员自管小组，动员身体好的低龄企业退休人员结对帮扶家庭特困的高龄退休人员，为他们提供买菜、烧饭、谈心等 20 多项服务，由社区居家养老服务站将其服务时间记录备案，待其年老需要时享受其他低龄老人提供的相同时长的服务。

四、旅游养老

旅游养老，又称为候鸟式养老，是老年人以异地养老形式发生的不以工作、定居和长期移民为目的的旅行、暂居和游览活动的总称。旅游养老由于兼有旅游与养老的特性，正逐步成为一种深受老年人追捧的新兴旅游项目，也成为一种新型的养老方式。

随着市场经济体制的建立以及人们生活水平的提高，人们对养老的需求也在发生深刻变化，由最初单纯的家庭养老，逐步过渡到机构养老、社区养老等，旅游养老也以此为依托有了快速发展，养老形式层出不穷，但从养老与旅游目的看，可分为三大类。

1. 观光休闲型

这种养老方式主要以经济能力强、身体健康、时间自由的低龄老人为主体，主要是通过欣赏自然风光以及感受历史文化的形式，获得身心愉悦，达到养老的目的。这种养老方式由于旅游目的不固定，具有很强的流动性，养老时间可长可短，随机性很强。

2. 康复疗养型

这种旅游养老主要是以预防和治愈身心疾病为目的所产生的一种定期到特定旅游目的地进行康复疗养的旅游活动，其形式多样，有滨海疗养旅游、温泉疗养旅游、森林氧吧旅游等。

3. 度假养生型

这种养老方式是通过到一些生态环境良好、气候条件适宜的旅游目的地生活一段时间，达到避暑避寒、调节身心的目的。由于这种养老方式带有休闲养生的目的，并且这类养老人群比较有经济实力，他们往往会在一些环境较好、发展潜力较大的城市以投资的形式购房，形成投资型的候鸟式养老。

除了以上三种典型的养老方式，也有学者提出探亲型旅游养老，以探险为目的的特种型旅游养老方式，此外，跨国（境）型的候鸟式旅游养老等也正成为新的旅游养老形式。

五、虚拟养老

虚拟养老模式是现代居家养老的新模式，它借助先进的互联网技术，整合社区、医院、餐厅、家政公司、养老院等服务性机构的丰富资源，为网络内部的老年人提供"足不出户"的一站式养老院服务。虽然在该模式下老年人也是居住在自己家中养老，但是它与传统的家庭养老有着根本性不同。虚拟养老是一种专业化的养老模式，它利用现有的各项社会组织资源，借助互联网的平台，为老人提供专业化的养老服务，是一个"没有围墙的养老院"。

虚拟养老模式不仅可以满足老人们在家养老的意愿，能为老人们提供全面专业的养老服务，极大地照顾到老人的情绪，也能有效地避免机构养老缺乏人性化的缺点。与此同时，虚拟养老模式还能解决机构养老投入成本高、床位有限等现实问题。该模式综合了家庭养老与机构养老的优点，把养老服务进行市场化的运作，收获了不错的效果。

六、医养结合养老

"医养结合"是近几年我国逐渐兴起的一种新型养老模式，其将现代医疗服务技术与养老服务有效结合，实现了"有病治病、无病疗养"的养老保障模式创新，并成为"十三五"时期重点培育和发展的养老服务新方向。其服务对象主要是残疾老人、慢性病老人、需要康复护理的老人以及绝症晚期老人。对于这些老人，养老服务是基础，医疗服务是重点，将养老、医疗、康复、善终融为一体，老人可以享受到"一站式"服务。

目前，各地通过政府试点、机构探索、社会协作等方式，基本形成了以下三种医养结合模式：一是"整合照料"模式，即由单一机构提供医养结合服务，既有配建医疗机构或卫生室的养老机构，也有具备养老功能、开展老年护理的医疗结构；二是"联合运行"模式，即养老机构与医疗机构合作，建立双向转诊机制，由综合性医院提供医疗服务，养老机构提供康复期或稳定期的护理服务；三是"支撑辐射"模式，即社区养老服务中心与医疗机构或社区卫生服务机构合作，为居家社区老年人提供健康服务。

上述养老模式仅是诸多模式中的典型代表，对这些典型养老模式进行综合分析，可以总结出几点经验。

其一，我国东、中、西部三大地区现行的养老模式大同小异，各地区并没有特别的选择。但在东、中部地区对于新型养老模式的探索方面，整体上存在经济社会比较发达的东部地区先行先试、经济社会欠发达的西部地区紧跟其后的情况。因此，西部地区学习、借鉴东部模式可能成为一种常态。

其二，对于究竟选择什么样的养老模式，各地区首先需要充分考虑自身经济社会发展状况，在此基础上对养老模式进行认真分析和研究，既要看到各种模式的优点，也要看到其中的不足，通过综合评判加以选择。例如，以房养老模式虽然可以有效满足老年人的物质文化生活需要，但也需要达到在该领域的诸多条件，包括土地、税收、拆迁、市场环境、诚信体系、风险管控能力等。如果达不到相应条件，这种"美国式"养老模式的功效就难以在事实上得到充分发挥。

其三，在未来相当长的时期内，以家庭养老为基础、社区居家养老为依托、机构养老为补充的养老格局预计不会发生根本改变。尤其是广大的西部农村地区，因为有强大的传统文化、舆论环境、经济社会条件等作支持，家庭养老在一定时期还会是主流的养老模式。但在此基础上的探索创新会不断加强，综合性、多元化的养老模式必然成为一种趋势，也会成为各地区努力的方向。

其四，政府、社区服务机构，企业以及科技等在城乡居民养老模式塑造方面扮演着重要的角色。政府在养老政策配套、养老服务体系建设、购买养老服务、发展养老产业等方面肩负重任，在一定意义上决定养老模式塑造的基本方向。社区服务机构在强化社区养老服务功能、推进居家养老方面大有可为。企业是养老机构、养老服务设施建设，实现市场化、社会化、平台化养老的中坚力量，需要有相应的推力使企业充分释放参与创新养老模式的热情和潜能。依靠科技进步，是塑造"智慧养老社区"、提升养老品质和养老便利性的有效手段。

（王敏）

第五章　老年医疗保障制度建设

第一节　老年人医疗保障调研

　　医疗保障制度在我国的发展经历了长达十余年的艰辛历程。医疗保障体系主要以城镇职工、城镇居民和新型农村合作医疗保险三大基本医疗保险为主体。目前，我国的老年医疗保障制度也主要来源于此。除此以外，一些地区也设有针对老年人群的医疗保障制度，如在上海，年龄大的无保障老人在一定条件下可获得医疗资助；杭州市政府为老年居民补贴缴纳 50%的费用；苏州、镇江等地也有类似的规定。在十二届全国人大三次会议中，李克强总理在总结回顾中提到，2014 年我国深入推进医药卫生改革发展，城乡居民的大病保险试点将扩大到全部省份，全民医保覆盖面超过 95%。

　　医疗救助制度对老年医疗保障有一定的补充作用，政府多渠道筹资，补助一些城乡贫困户。政府和社会组织也实施了一些具体的救助项目，如为边远贫困地区的白内障患者实施复明手术，为老年缺肢者、听力障碍者免费装配假肢、验配助听器等，帮助贫困、残疾老年人恢复生理功能。根据《关于进一步完善医疗救助制度全面开展重特大疾病医疗救助工作意见》，在对重特大疾病的救助上，部分困难群众的最高报销比例可达 96%。

　　为了更为准确地掌握老年人医疗保障实际状况，课题组研究成员历经 2 年多的时间，就抽样城市 L 市（全国首批 42 个养老服务综合改革试点城市之一，具有一定的代表性）区分不同情形就老年人自付医疗费、满意度等情况进行了调查，整理得到以下 18 项据表（2013—2015 年）。

一、调查数据表列示（表 5-1 ~ 表 5-18）

表 5-1　L 市 2013 年老年人门诊医疗费个人负担抽样调查表

人员类别	样本数	医疗费总额 （万元）	自付金额 （万元）	自付比率 （%）	平均自付率 （%）
城职医保	100	27.62	13.22	47.86	
城居医保	100	12.45	10.45	83.94	
新农合	100	7.07	6.07	85.86	
合　计	300	47.14	29.74		63.09

表 5-2　L 市 2013 年大慢病老年人门诊医疗费个人负担抽样调查表

人员类别	样本数	医疗费总额（万元）	自付金额（万元）	自付比率（%）	平均自付率（%）
城职医保	100	42.15	17.38	41.24	
城居医保	100	23.97	21.34	89.03	
新农合	100	15.22	13.94	91.59	
合　计	300	81.34	52.66		64.74

表 5-3　L 市 2013 年老年人住院医疗费个人负担抽样调查表

人员类别	样本数	医疗费总额（万元）	自付金额（万元）	自付比率（%）	平均自付率（%）
城职医保	100	130.29	33.35	25.60	
城居医保	100	71.16	38.79	54.51	
新农合	100	39.44	26.59	67.42	
合　计	300	240.89	98.73		40.99

表 5-4　L 市 2013 年大慢病老年人住院医疗费个人负担抽样调查表

人员类别	样本数	医疗费总额（万元）	自付金额（万元）	自付比率（%）	平均自付率（%）
城职医保	100	340.51	100.52	29.52	
城居医保	100	190.26	120.87	63.53	
新农合	100	68.87	49.93	72.50	
合　计	300	599.64	271.32		45.25

表 5-5　L 市 2013 年普通人群个人负担抽样调查表

人员类别	样本数	门诊自付率（%）	住院自付率（%）
城职医保	100	21.63	20.26
城居医保	100	50.66	42.84
新农合	100	67.56	61.08
平均		46.35	37.49

表 5-6　L 市 2013 年老年人医疗保障满意度抽样调查表

人员类别	样本数	满意（%）	基本满意（%）	不满意（%）
城职医保	100	21	45	34
城居医保	100	12	26	62
新农合	100	8	16	76

表 5-7 L 市 2014 年老年人门诊医疗费个人负担抽样调查表

人员类别	样本数	医疗费总额（万元）	自付金额（万元）	自付比率（%）	平均自付率（%）
城职医保	100	32.21	15.05	46.72	
城居医保	100	14.47	11.77	81.35	
新农合	100	8.11	6.82	84.06	
合 计	300	54.79	33.64		61.40

表 5-8 L 市 2014 年大慢病老年人门诊医疗费个人负担抽样调查表

人员类别	样本数	医疗费总额（万元）	自付金额（万元）	自付比率（%）	平均自付率（%）
城职医保	100	45.65	19.24	42.15	
城居医保	100	31.15	27.39	87.93	
新农合	100	13.37	12.31	92.10	
合 计	300	90.17	58.94		65.37

表 5-9 L 市 2014 年老年人住院医疗费个人负担抽样调查表

人员类别	样本数	医疗费总额（万元）	自付金额（万元）	自付比率（%）	平均自付率（%）
城职医保	100	142.27	38.02	26.72	
城居医保	100	75.57	42.80	56.63	
新农合	100	41.17	27.19	66.05	
合 计	300	259.01	108.01		41.70

表 5-10 L 市 2014 年大慢病老年人住院医疗费个人负担抽样调查表

人员类别	样本数	医疗费总额（万元）	自付金额（万元）	自付比率（%）	平均自付率（%）
城职医保	100	320.92	87.90	27.39	
城居医保	100	200.79	130.87	65.18	
新农合	100	73.22	54.26	74.11	
合 计	300	594.93	273.03		45.89

表 5-11 L 市 2014 年普通人群个人负担抽样调查表

人员类别	样本数	门诊自付率（%）	住院自付率（%）
城职医保	100	24.17	23.39
城居医保	100	61.17	42.51
新农合	100	68.0	57.81
平均		51.1	41.23

表 5-12 L 市 2014 年老年人医疗保障满意度抽样调查表

人员类别	样本数	满意（%）	基本满意（%）	不满意（%）
城职医保	100	20	48	32
城居医保	100	13	28	59
新农合	100	10	20	70

表 5-13 L 市 2015 年老年人门诊医疗费个人负担抽样调查表

人员类别	样本数	医疗费总额（万元）	自付金额（万元）	自付比率（%）	平均自付率（%）
城职医保	100	37.19	15.68	42.15	
城居医保	100	17.21	13.86	80.53	
新农合	100	11.19	9.08	81.13	
合　计	300	65.59	38.61		58.87

表 5-14 L 市 2015 年大慢病老年人门诊医疗费个人负担抽样调查表

人员类别	样本数	医疗费总额（万元）	自付金额（万元）	自付比率（%）	平均自付率（%）
城职医保	100	49.04	24.24	43.31	
城居医保	100	35.61	30.84	86.60	
新农合	100	15.55	13.89	89.31	
合　计	300	100.20	65.97		65.83

表 5-15 L 市 2015 年老年人住院医疗费个人负担抽样调查表

人员类别	样本数	医疗费总额（万元）	自付金额（万元）	自付比率（%）	平均自付率（%）
城职医保	100	161.45	45.32	28.07	
城居医保	100	90.80	53.01	58.38	
新农合	100	53.03	37.50	70.72	
合　计	300	305.28	135.83		44.94

表 5-16 L 市 2015 年大慢病老年人住院医疗费个人负担抽样调查表

人员类别	样本数	医疗费总额（万元）	自付金额（万元）	自付比率（%）	平均自付率（%）
城职医保	100	311.73	82.80	26.56	
城居医保	100	201.90	127.76	63.28	
新农合	100	76.30	54.78	71.80	
合　计	300	589.93	265.34		44.98

表 5-17 L 市 2015 年普通人群个人负担抽样调查表

人员类别	样本数	门诊自付率（%）	住院自付率（%）
城职医保	100	26.30	25.50
城居医保	100	63.37	47.72
新农合	100	71.15	59.93
平均		53.61	44.38

表 5-18 L 市 2015 年老年人医疗保障满意度抽样调查表

人员类别	样本数	满意（%）	基本满意（%）	不满意（%）
城职医保	100	24	52	24
城居医保	100	14	31	55
新农合	100	12	20	68

调查说明：被抽样老人年龄介于 60～85 岁，并尽量使各年龄段分布均匀；涉及参加城镇职工医保、城镇居民医保和新农合三种医保类型人员；便于计算，样本数均为 100 人；选取 2013—2015 三个年度；统计数据以发票为准；大慢病是指高血压、糖尿病、冠心病等需要长期治疗的慢性病以及各种癌症、肾衰等恶性大病。

二、调查初步结论

通过分析上述调查信息和调查中所取得的表外信息，可以得到以下初步结论：

（1）老年人门诊医疗费用平均个人负担比率较高，2013—2015 年分别为 63.09%、61.40%、58.87%，分别高出同期普通人群 16.74%、10.26%、5.16%；大慢病影响明显，人均自付率 2013—2015 年度分别为 64.74%、65.37%、65.83%，分别高出同期普通人群 18.39%、14.23%、12.22%。

（2）老年人住院医疗费人均自付比率较高，2013—2015 年度分别为 40.99%、41.70%、44.94%，分别高出同期普通人群 3.5%、0.47%、0.56%；其中居民医保人群中罹患大慢病者以及农村地区尤为突出，自付比率较高，2013—2015 年度分别介于 63.63%～72.50%、65.18%～74.11%、63.28%～71.80%。

（3）其他分担医疗费用的途径缺乏。在所调查的人群中，通过购买商业保险来分担医疗费的比例仅为 6.2%，农村地区接近于 0。

（4）医保政策"保基本、重大病"的价值取向明显。表 5-1 与表 5-2、表

5-3 与表 5-4 相比，表 5-7 与表 5-8、表 5-9 与表 5-10 相比，表 5-13 与表 5-14、表 5-15 与表 5-16 相比，大慢病导致门诊医疗费和住院医疗费在 2013 年、2014 年、2015 年分别上涨 72.54%、148.92%，64.57%、129.69%，52.77%、93.24% 的情形下，平均自付比率仅分别增加 1.65%、4.26%，3.97%、4.19%，6.96%、0.04%。

（5）农村地区因老年人罹患大慢病导致家庭因病致贫、因病返贫的现象较为常见。农村居民主要是通过新农合来报销医疗费，但由于其自身负担能力有限，许多人一般不住院诊治，迫不得已情形下就医的情况较为常见。

（6）老年人对医疗保障体系满意度很低，问题聚焦在方便适宜的医疗机构严重缺乏、可自由支配的门诊费低、报销率低、医疗费高、就医难、手续繁杂（农村地区尤为突出）等方面。

（7）慢性病长期治疗和康复需求量大。与疾病治疗相比，老年人大多因为慢性病而在康复性需求方面较为明显，平均占比约为 71.10%，而对疾病治疗的需求量相对要小些。

（8）2013—2015 年度老年人医疗费用总额处于逐步增长的状态，其原因在于诊疗费用提高、药品费用增长、住院天数有所增加等，医疗费用的增长速度较快，对老年人形成了一定的压力。

三、调研数据所反映的现象与医保政策之间的差异性分析

（一）社会医疗保险体系已经建立，有待完善

以城镇职工医保、城镇居民医保和新农合为支柱的三大医保构成了我国的社会医保体系，经过多年的运行，现在基本成型，参保率维持在 95% 以上，为参保人带来了实惠，为国家和社会分担了风险。但是，在运行中仍然存在大病费用支持不彻底的问题，因病返贫和因病致贫的现象仍然存在；参保人个人承担费用仍然显得过高（尤其在农村地区更为明显），严重挫伤其参保积极性；基金使用效率不高，挤占、挪用、套用、侵占等现象时有发生，城镇的浪费现象较为典型，可以考虑用压缩不必要开支的办法来提升老年人报销率和报销额度，以实现基金的转移性支付；国家财政承担部分还不够，还有进一步提升的空间。为使人人享有国家发展的红利，国家可以通过多种方式做大医保基金蛋糕，以便有足够的基金向老年人倾斜。

（二）多层次老年人医保体系尚未完全形成，亟待完善

仅靠单方面的资金来源支撑老年人的医疗保障是不可能的，必须建立"基

本医保+补充医保+大病保险+商业健康保险+救助+慈善事业捐赠+……"的多形式、多层次、多资金来源的老年人医疗保障体系。对照显示检查可知，其中许多层面的保障是缺失或不完善的，因此，必须强调政府和社会的主体责任，在其职责范围内严格履职，以便早日建成多层次的老年人医疗保险体系，为日益加剧的老龄化做充分的医疗保障准备。

（三）抑制老年人医疗费用过快增长，需要政府高度重视

通过实地调查的数据可见，老年人的医疗费用增长是很快的，这对"只享受而不缴费"的老年全体而言，其负面作用是不言而喻的。因此，必须采取积极的干预措施抑制费用增长过快的势头，可以从以下几方面入手：一是对于老年人本体，需要强化宣传，培育其正确的医疗观念，防止盲目就医、超病情需要就医、非医疗需求而花销医保基金等行为；二是引导其分级诊疗，得病后到恰当的医疗机构获得恰当的诊治，防止小病大治下的费用增长等情形；三是对医疗机构进行严格监控，杜绝套用、假用医保基金行为，制止医师使用高价药的行为导向；四是需要对药品生产、流通过程施以严格的监管，杜绝药企改头换面加价、非正常流通费用高企导致药价升高、通过垄断经营维持高价等行为。

（四）需要制定老年人大慢病优待管理办法，切实减轻医疗费用所造成的经济负担

老年人的医疗费用多在大慢病上面，而老年人一旦罹患大慢病，其门诊费用远远不够用，住院时需要自我负担的部分也让多数家庭无法承担。对此，必须对患有大慢病或者费用高企的老年人给予特殊优待政策。目前各地的政策均不同程度地涉及这一点，但是其实用度还远远不够，需要政府加大这方面的优待力度方能奏效，比如自我负担比例达到某一目标设定值之后就需要政府或社会在当期或未来某一段时期内予以全额报销，等等。

第二节 我国老年人面临的医疗困境

一般意义上，我国老年人是届满 60 岁的男性与届满 55 岁的女性的集合体。由于老年人具有年迈、体弱、亟需心理抚慰和生活关照的特点，因此，要提升老年人的生活质量，就必须有相应的医疗保障体系作为基础。但是，

经过调查研究可知，目前我国老年人医疗保障体系还存在诸多问题，需要进一步完善。

一、老年人的"救命钱"积累不够，缺口很大

由于我国医疗保险政策实施时间不长，原来有相当一部分未实施医保基金积累的老年人被推进了争吃"医保蛋糕"的群体，但是高企的赡养比导致了代际赡养的危机，在这种情形下，老年人的医保基金远远不能满足自身的需求。例如，非常低的门诊费显得杯水车薪、高企的自我承担医疗费用挤占了不多的养老金而影响到正常的生活、非常单薄的储蓄根本无法负担大慢病的折腾，等等。面对老年人"救命钱"的巨大缺口，单靠老年人自己是无法解决的，还需要国家通过多种方式予以化解，才能取得效果。

（一）医疗保险运行时间短，积累不足

我国启动社会医疗保险的时间仅有 20 余年，在这 20 多年的运行中，原来并未实施医保政策而退下来的老年人被一刀切进了"不交医保而享受医保政策"的退休群体，在这种情形下，工作的一代供养退休一代的医保，由于积累不多、参与净享受基数大等原因，其待遇水平不得不被拉低，医保实际待遇水平与其期望值和需求值之间自然会存在较大的差距。

（二）与退休基本工资挂钩的门诊费远不能满足其个人诊疗需求

由于退休人员享受"只享不交"的优待政策，医保经办机构人员为了确保医保基金的安全性，规定退休人员所享受的门诊费需要严格参照基本退休工资的标准予以计算。年龄较大的那些人员，因退休时间较早而导致其基本退休工资较低，以此计算出来的门诊费用就比较低，而退休较早人员却正处于医疗费需求的鼎盛期，两者相较，其供需的巨大落差就会凸现出来，这给老年人医疗需求的保障度造成了较大的障碍。

（三）老年人的自我医疗费用消化能力明显不足

老年人因为体弱多病，医疗行为的频次和所产生的医疗费用均高居不下，在目前有限报销的制度下，其自我负担的医疗费用也相应增加不少。但是退休老人的退休收入十分有限，其消化自我承担费用额度的能力明显不足，这又会倒逼老年人进行选择性医疗（小病拖，大病扛，实不可忍才被动入院），从而对其健康状况造成负面影响，形成恶性循环。

二、政策倾斜性保障措施明显不足

目前针对老年人的医保保障措施散见于各地的文件之中（主要措施包括退休住院报销率较之在职者提高、定额补助大慢性病门诊费、经济发达地区给予特定年龄阶段追加补助等），但倾向性并不明显，未从根本上减轻老年人的医疗负担，这在农村地区尤为明显。

（一）政府兜底的职能尚未充分发挥出来

老年人是医疗需求旺盛的特殊弱势群体，需要政府和社会提供特殊的优待，这也是政府的职责和社会价值取向的必然选择。但在实际工作中，这些对老年人的保护性措施尚未全部到位，其作用也就尚未全部发挥出来。这方面的政策应当至少包含以下两部分内容：一是解决人口的问题，需要通过各种方式让他们加入保险的行列，不能漏掉一个人；二是核定政府兜底的最低数额，比如医疗费用自我负担部分超过被考核对象年均净收入的 2～3 倍以外部分均由政府承担，等等。

（二）解决好个人或家庭收入与老年人最终自我承担医疗费用挂钩的问题

由于我国的财力毕竟有限，不可能完全负担老年人的医疗费用，作为相应的行为主体患者，也应当按照其能力履行付费的义务，因此，就有必要探索一种与老年人个人或其家庭收入挂钩来决定自付医疗费用比例的办法，其目的就在于把医疗费用配置给最需要医疗费用、收入最低的老年人，体现普惠制情形下的特惠制，这也是制度深入底层，体现制度优越性和分担合理性。

（三）拓宽农村老年人医疗补助的资金来源渠道

农村老年人的收入相对较低，但其医疗需求量并不小，这就需要国家相应地投入更多的资金。为此，国家须采取倾斜性的优待措施，可以通过减少城市医疗支出来补助农村医疗，但这不是长远之计，其效力有限；那么，就得走"额外积累资金"的新路，具体哪些项目可以为此增收，国家财政需要进行长远规划和调度。

三、商业保险的分担作用发挥不明显

有效的医疗保障应当是一个多层次、共分担的体系，除国家承担主要责任外，还应充分发挥商业保险的分担作用，这样才能满足老年人的差异化需求，符合经济发展的规律。但在实际操作中，商业保险的分担作用尚未发挥出来，亟待开发。制约老年人商业医疗保险发展的因素，主要表现为以下三方面。

（一）老年人对商业医疗保险的接受度不高

老年人对商业医疗保险接受度不高的主要原因在于两方面：一是老年人自身的因素。由于老年人的收入普遍不高，加之思想比较保守，不肯轻易额外花钱买未来的预期，这就导致需求端缺乏积极性，出现需求不足的现象；二是商业保险公司在老年人心目中的形象偏负面，在调研中获知，老年人对商业保险公司多持不信任态度，认为赔付时态度差、赔付额度有限、限制性条件太多等，这也就进一步抑制了老年人的需求。双重负面因素的叠加，导致老年人对商业医疗保险持漠视、冷落的态度。

（二）适合老年人医疗保险的品种偏少

老年人对医疗需求量大，而商业保险公司为了规避风险并确保盈利，对风险度极高的老年人医疗保险尽管关注度比较高，但受制于收费标准而很难有所突破，因此在市场上推出的适合老年人医疗的保险品种就比较少，多是附加住院保险、意外伤害保险等，而且限制性条款较多。

（三）商业保险公司对开发和投放老年人医疗保险品种的积极性不高

承保老年人的医疗保险所蕴含的风险是比较大的，因此商业保险公司就采取了较为谨慎的态度，各种限制性条件必不可少，赔付时严格的审核手续必不可少，对赔付金额的严格把控必不可少。正因为老年人对商业医疗保险品种的关注度不高，购买的积极性不高，导致承保公司的盈利水平极低，甚至亏损，在此情形下，商业保险公司的积极性受挫，这一块业务也很难有大的发展。

四、社会救助体系不完善，发挥的作用十分有限

从调查所得到的信息来看，老年人主要是依靠社会医疗保险来解决医疗费，其他的分担渠道有所涉及（包括商业保险、社会救助等），但是发挥的作用不大，渠道也不稳定，尤其是被寄予厚望，具备扶贫济困、兜底功能的社会救助体系未能释放出预期的救助力量，值得关注。其根本原因在于：体系

建设不完善，未将全社会爱心有效汇聚、整合和效能扩大；未能实施有效管理，导致资金流失和信用丧失。

（一）社会救助体系建设亟需落实政府职责

单靠中央财政拨款来建设医疗救助体系是远远不够的，还需要充分发挥各省（市）、县等政府的财政积累和分配职能，才能将该基金的规模做大，从而惠及更多的老百姓（倾向于保护老年人群体）。

（二）各地需要因地制宜制定实施政策的细节，将医疗资源配给给最需要救助的对象

各地政府需要根据辖区内可支配救助基金规模、老年人的年龄结构、大慢病特点、老年人经济收入水平等多种因素，制定相应的实施细节（对象、程序、监管、法律责任等），在公开、公平、公正的环境下，将医疗救助的效应放大到最大。

（三）救助实施不力，抵消了救助效果

由于医疗救助体系的延伸线很长，最终需要落实到基层，但是在实施过程中，由于监管措施不力、办理人员素质不及、政策宣传不够等多方面原因，导致医疗救助政策无法落地生根，或者在实施的过程中发生偏差，最终导致救助措施的效果不明显，或者被他人以非法的手段予以侵占和剥夺。因此，需要建立全方位、立体、全过程的监管体系，保证医疗救助政策不折不扣地被贯彻执行到最末端。

五、不完善的制度扭曲了就医观念，阻碍了部分人员及时就医

目前针对老年人制定的医保政策，主要着眼于大病保障，在一定程度上抑制了小病及时就医的动力。一方面，自主性门诊费用较少；另一方面，小病就医时的自付比例不低。这样的制度设计，对收入来源较为有限且舍不得花钱的老年人来说，很容易引导其造成小病拖成大病的后果，结果所花费的总费用大大超过治疗小病时的支出，给患者和国家均带来了负面效应。

（一）制度设计的优越性与老年人惜钱不花的陈旧观念相冲突，对其健康造成负面影响

一般情况下，随着老年人年龄的进一步增长，其既已形成的思想观念愈

加牢固，各方面的担忧愈加汇聚，表现在对资金的支配上会变得愈加小心，惜钱不花的程度会进一步加剧。尽管医保制度有着"小金额自付多一点、大笔费用政府承担绝大多数"的优越性，但是这对老年人来说，反而起到了一种反向的引导作用，引导其采取"小病拖成大病"的错误行为，这对其健康将会产生不利的影响。

（二）垫支现金的报销制，无法留住老年人的信任

老年人担心多，需要有直接的能够享受得到的优惠才显踏实和放心，他们对于先垫支现金、后报销的优惠医疗保险制度信任不足，因此他们在选择医疗行为时，也会顾虑重重，保守一些的老年人宁愿采取不就医，也不愿意垫支现金的行为，结果是影响到自身的身体健康。

（三）不公正的医疗补助、医疗救助行为也会加剧老年人的选择性
　　　医疗行为

典型的鲜活案例更容易引导老年人采取正确的就医行为，但是在实际工作中，某些不规范的医疗补助、医疗救助行为破坏了他们对制度的信任，使他们开始变得不信任和抵触，相应地会选择具有实时优惠特点的医疗推销行为，结果是被引诱上当的案例层出不穷，落得健康和财产两空的结局。

六、精神关怀非常欠缺

老年人具有孤独、多疑、多虑、沉恋往事、缺乏精神寄托等特点，如果在老年人身患疾病时，单纯施之以医疗诊治，是难以全面、迅速地恢复其健康的，更多地还需要同步配合精神抚慰，才能收到良好的综合治疗效果。但是，该项工作在我国还处于空白，仅有极少数养老机构进行了有限的尝试，但无法持续。

（一）子女等近亲属无暇顾及

以亲情为纽带的家庭关怀是解除老年人孤独症的最好良药，但是在竞争激烈的工作环境中，很多子女表现出心有余而力不足的特点，已经无暇顾及老去长辈的精神需要，因此很少从精神层面去关怀他们。很多老年人也正是在精神空虚的情形下，受到多种疾病的侵扰，如果要有效治愈他们的疾病，还需要"药物治疗+精神抚慰"这一剂良方。

（二）社会上缺乏专业的精神抚慰师

在老年人的亲人无暇顾及其精神需求的时候，社会确需大量的专业精神抚慰师来替代他们行使精神抚慰的职能，但这一职业尚未被社会普遍认知和规划培养，尚处于空白状态。

（三）医疗机构和养老机构尚不具备开展专业抚慰的条件

作为专业的医疗机构和养老机构，理应关切到老人们对精神抚慰的需求，但是现在仍然无法将该项工作开展起来，其中关键性的制约因素在于国家没有相应的规范性文件，缺乏专业的精神抚慰人才，计量标准困难，该收费项目难以被核准，等等。

在老年人医疗保障上存在许多不尽人意的问题，其中有历史的欠账问题，也有经济发展水平不够的原因，还有老年人自身健康理念的影响。因此，要解决这些问题，需要秉持循序渐进、齐头并进和分层处理的原则，通过立体综合治理建设，必将形成保障有力、长效持续发展的良好环境。

第三节　养老与医疗融合发展

一、医养结合模式探索

医养结合是指老年人在养老的过程中，被给予便捷的、有效率的、充分的医疗保障，从而保障其养老生活综合质量得以提升。这是养老机构和老年人期望的理想养老模式。

按照依附主体来划分，医养结合模式可以分为"医+养"和"养+医"两种方式，前者是在"医"的基础之上实现"养老"，即在医疗机构内部开设养老机构，实现医养集合，主体重点是医疗，养老是附加的，仅且是养老部分可以比较方便地共享医疗资源；而后者则是在"养"的基础之上实现"恰当而充分的医疗"，即在养老机构设置医疗机构，主业在于养老，医疗是为养老而附加生存的。对比两种方式，在医疗资源供不应求的大背景下，前者费用较高，仅有极少量存在，后者则是存在的主要形式。

按照资金的来源来划分，可以是"养老金"与"医保金"的结合，两者各有侧重、相互混用，以共同达成老年人高质量的生活。但在我国现行的管理体制下，这两种基金的来源、金额大小和用途、监管办法等方面均存在差异，因此实现两者的混用还缺乏政策支撑和实操办法，仅且作为一种探索的方向。

二、医养结合的内在现实障碍

（一）"医"与"养"各自为政，融合很难

医养深度融合、综合履职、全心全意为入住老年人提供优质的养老服务，这是养老机构和入住老年人所追求的一种理想状态，但在实践中，两者融合起来的难度非常大。首先是政策的限制，也就是说养老机构与医疗机构是两种性质的服务机构，有不同的设置和审批要求，需要在不同的主管部门审批下才能诞生，会出现两套运行执照；其次，医疗机构的运行要求很高，审批更为严格，尤其是营业场所（面积、功能区域等）、医生、药师、护士的配置等方面，在这种严格的条件要求下，绝大多数的养老机构根本无力建设配套的医疗机构；最后，国家的配套政策跟不上，让养老机构建设的医疗机构无法实现正常的良性循环运行，例如对执业范围的限制、医保报销政策的约束、医务从业人员的待遇制约等。上述种种原因导致医养结合的美好愿望变得难以实现，医养无法实现实质性的融合，而仅仅停留在形式上的结合而已。

（二）大多数养老机构无法承担医疗机构独立运行

处于微利状态下的养老机构，为了充分保障老年人的就医权益，在自身无力办理医疗机构的情形下，采取了引入医疗机构派驻医疗卫生室的办法予以解决，但是这种方式也运行艰难，其主要原因在于养老机构无法承担医疗卫生室的运行费用。按照医疗机构所需硬件和软件的配置和运行要求，每年的运行费用较高，很多小规模的养老机构（入住人员小于 200 人）根本无力承担这笔开支，也就无法满足入住老年人及时就医的意愿，只有转而采取外送医院就医的办法，由此产生的延误救治时机、产生高额抢救和诊治费用等纠纷时有发生，这给养老机构造成了极为严重的经营障碍。

（三）严格的医保监管，让养老就地医疗的质量难以提高

为了杜绝不规范的养老机构依靠虚假信息套取医保基金的现象，相应的管理机构对此进行了样额的监管，常用的手段就是限额包干使用制度，即每一位在指定养老院登记在册的老年人，在一定期间（月、季、半年、年度等）只能在限定额度之内使用住院费用；或者老年人因病需要住院治疗时，需要预先申报备案，然后限定住院天数和每天的医疗费用上限。这样做虽然达到

了严格医保基金管理的效果，但对老年人约束太多，对养老机构也约束太多，很多老年人因此得不到很好的诊治，处于一种医疗供给不足、需求大打折扣的状态，这种状态也从另外一个方面制约了养老机构的发展。

（四）养老机构的经营模式不支持医养结合经营模式

从上述分析可见，养老机构要内设医疗机构，必须有一定规模的经营效益，否则就不能分担医疗机构的运行费用。但是现阶段我国养老机构多具有小、散、家庭圈养式养老等特点，正是这些大量存在的小规模养老机构，限制了其独自供养医疗机构和方便使用医疗资源的能力，因此，这种大量存在的小、散养老机构，完全不支持医养结合模式的采用。

（五）老年人承担费用的能力限制了医养结合经营模式

对养老机构来说，维持生存和发展的唯一办法就是盈利，而盈利有两种方式可以选择，一种是增加收入，另一种是压缩支持成本。在目前保本微利的情形下，要增设养老机构，就必然会增加成本费用；要消化由此增加的成本费用，就必须增加收入，即提高入住老年人的收费标准。但是在我国目前"未富先老"的大背景下，老年人是无法承担较高的费用的，这是制约医养结合经营模式的深层原因。

三、医养结合制下养老模式的发展之路

（一）采取鼓励措施培育医养结合养老模式这种新兴业态

医养结合是一种较为理想的养老模式，在我国快速进入老龄化社会、人们对社会质量要求逐步提高的当今和未来时代，医养必须有机结合，方能满足养老人群的基本需求。为此，国家相关部门应当对这种新兴业态进行深度研究，不但要破除阻碍其发展的政策障碍，而且还要采取鼓励其发展壮大的众多政策措施，比如鼓励在养老机构中设立专门为老年人服务的初级诊疗、康复、远程会诊、心理抚慰等多种医疗设备设施和诊疗服务项目，鼓励大型医疗机构以医疗联合体的形式覆盖辖区内的养老机构，为其提供医疗服务支撑等。

目前多部门各自职能分离地作用于医养结合型的养老机构，各自只管自己职权范围内的事，而不管其交叉和融合，也不变通和灵活处理，导致养老机构需要多头应对，增加了经营压力和成本，无法将医疗有效地融入养老服

务之中，两者相互游离，让入住老人无法真正体会到医疗服务的可及性和便捷性。

为了鼓励医养结合型养老机构大力发展，国家相关部门应当梳理已有的政策文件，废止有关阻碍医养结合型养老机构发展的部分，转而针对医养结合型养老机构这种新兴业态出台相关的鼓励性政策；改革"多头管理"架构下的"不管理"和"死管理"体制；破除政策中和执行过程中的"玻璃门""弹簧门"；根据该新型养老机构的特点、社会经济和人口发展特点施以正确的管理；进一步促进养老业向规模化、综合服务质量规范化、入住老人权益全保障的目标发展；最终实现经营者、入住者和国家、社会多赢的效果。

（二）规模化经营制下的医养结合

通过调研得知，目前养老机构与医疗机构结合的难点就在于医疗机构的运行成本太高，小规模的养老机构无法承受其运行成本。在这种情形下，我们可以适应医疗机构的运行特点，在实现养老机构规模化经营的前提下，建设符合老年人特点的专科医疗机构，实现资源共享，达到分摊下医疗机构运行成本低廉的效果。

如何实现养老机构规模化经营？首先得有政府的规划和布局，选定某一区域作为养老机构的集中发展地（其中包含老年专科医院的设立），类似于各城市所建设的大学园区、科技园区等，优先配置相应的基础设施；其次，出台鼓励性发展措施，鼓励国家资本、社会资本进入，根据统一规划进行硬件和软件建设；再次，出台规范的服务标准，培养合格的管理人员和护理人员，实施标准化作业，确保服务质量，充分保障入住老年人的权益；最后，实施严格的监管，纠正非规范性操作，杜绝侵犯老年人权益的行为，等等。在这种规范的、规模化经营的养老机构集中区设立的专科医疗机构就可以充分承担起为老年人提供医疗服务的职能，更高层次地实现了医养结合，步入了可持续、高质量发展之路，较之单独设置医疗机构具有无可比拟的优越性。

规模化经营条件下的医养结合，具有服务标准统一、众多资源实现共享（医疗、食堂、活动场所、管理及护理人员等）、便于监管等优点，其中医疗资源的结合更紧密、指向性更明确、利用度更高，是一种值得广泛推广的养老机构发展模式。

（三）重视发挥商业保险分担和化解风险的作用

实现养老社会分担的最好办法就是通过保险的形式，在国家倡导的社会基本养老保险、社会医疗保险的基础之上，大力发展相应的商业保险，针对养老机构和老年人的需求特点开发相应的保险品种，以分担养老机构的经营风险和老年人的医疗费用负担。

1. 养老机构经营责任险

这是指养老机构在经营过程中，由于意外事故发生而造成入住老年人权益受损的情形下由承保公司承担一定的赔付义务，比如火灾、风灾、水灾、硬件设施缺陷等造成入住老年人伤残甚至死亡等。在调研中了解到，由于这方面的法制建设不健全，很多养老机构在经营期间，一旦发生由于养老机构的责任而导致入住老年人权益受损的情况，其亲属往往会借机生事，给养老机构造成了较大的损失，甚至被迫倒闭关门。

商业保险公司因为盈利的需要，所确定的养老机构责任险保费一般比较高，也会给养老机构造成不小的压力，因此，很多养老机构会采取不予购买的处理方式，一旦遇到事故却又无法承担，最终形成恶性循环。为此，在养老机构发展的初期，政府应当进行深度介入，从两方面进行减负处理：一是承担一部分养老机构的保费，或者以当地养老协会等行业组织进行团体参保，争取最为优惠的保费待遇；二是对承办商业保险公司给予该类项目税收优惠（免税或者低税率），两种措施相结合，促成所有养老机构参保的良好结果。

2. 老年人意外伤害保险

老年人容易出现意外伤害，也需要保险分担风险。为了充分调动供需双方的积极性，是否可以考虑出台相应的引导性措施，强制赡养人为入住老年人购买意外伤害保险，商业保险公司需要无条件接收老年人的意外伤害保险，这样就可以实现供需双方的双赢。

（四）紧密合作式的医疗快速响应体系建设

养老机构在自身无法内设医疗机构以及尚未实现规模化养老来共享医疗机构服务的情形下，为了更好地提升其综合服务质量，其中关于医疗服务的解决办法就是就近、就好与医疗机构密切合作，日常采取建立健康档案、上门问诊、提前预防、疾病筛查等措施，紧急情况下相互之间建立起快速响应、无障碍的绿色通道，这样也可以实现机构之间的紧密合作，为入住老人提供另一种形式上的医养结合服务。

在这种合作方式下，医疗机构仅从诊疗收入中获利的可能性较小，为了维系长期的合作关系，政府和养老机构还得通过其他途径实施补助方案，让医疗机构能够保本、微利，可采用的备选方案包括政府对医疗机构的老年人项目减税或者定额补助、养老机构支付一定的保底运行成本等。

（五）医养资金的融合，开启医养结合新时代

医养基金如果能够结合使用，则是"医"与"养"之间的深度融合，可以开启医养结合的新模式。

1. 转变观念，打破两者之间的界限

养老金与医保金具有不同的属性、不同的用途，分属不同的职能部门管理，表面上具有严格的界限，制度规定也不能混淆。但是，从两者作用的对象来看，是统一的（均为参保的老年人），功能也是趋于一致的（目的在于提高老年人的晚年生活质量）。因此，在这种高度统一的前提下，可以探索两者跨界融合使用的问题，采取激励与约束相结合的措施，促使其节约使用，将有限的基金用在刀刃上，从而提高老年人个体社保基金的使用效率。

2. 养老金与医疗金的捆绑使用

在医疗保险基金方面，鼓励老年人采取储蓄式的方式予以累积，实施金额累积和住院报销比例累积两种方式；在此基础之上，打消两者之间的界限，将两种基金捆绑互补使用，按照各自的费用花销预算同步支出，抵御外在的各种风险，确保其生活质量稳定中有所提升。

第四节　加快老年医疗保障制度建设的建议

我国针对所有公民建立了广覆盖、保基本、重大病的医疗保险体系，在此基础之上，面对我国加速老龄化的社会现实，有必要探索建立针对老年人特点的医疗保障子系统，按照"未雨绸缪"的原则提前准备，以实现保障全面（基金规模相适应）、保障充分（能满足老年人的医疗需要又且与老年人的负担能力相适应）、保障有力（政府兜底且承担大头）的目标。

一、落实政府主体责任

我国医疗保障体系的运行时间较短，尚处于探索发展、逐步完善的阶段。在这发展的初期，政府的政策导向作用十分明显，政府职能的发挥对该体系的建设具有至关重要的作用，从中央政府到基层政府对此有不可推卸的责任，只有政府尽职尽责、社会添砖加瓦、公民规范行为，上下联动、齐心协力，最终才可能实现老年医保体系结构合理、功能完善、保障有力的目的。

建设老年人医疗保障体系有长远、中期和短期三种目标任务，区分不同区域各有侧重，但必须实事求是，有明确的可供考核的数据指标，三种目标任务时间相互衔接、分解合理、任务详尽、责任人明确、责任具体，不能留有空间让其相互推诿；杜绝多头管理，实施严格的纵向到底的责任考核制；制定责任人变动的严格交接制度，不能因为责任人的变动而影响建设进度。

（一）梳理政策，废旧立新，扫清建设道路上的政策阻碍

妥善应对老龄化发展后果是政府必须高度重视的大事件，在紧迫的时间和任务面前，如果还受制于政策而不能向前发展，则会丧失更多的时机。因此，必须对已有政策进行梳理，废除阻碍性的文件规定；另一方面，必须结合当前的发展形势和未来的发展趋势，按照"惠及绝大多数、兜底最底层""约束与激励相结合"的原则，制定新的制度，为发展奠定坚实的基础。

（二）完善医保制度，有效解决预防、及时就医等问题

我国老龄化发展迅速，随之而来的是老年人医疗消费大幅增加的社会焦点问题，对此，医保政策应当超前布局。首先，需要在保健与预防、及时就医等方面作出部署，鼓励老年人积极地参与该项活动，因为预防保健和及时就医等行为可以整体节约大量医疗费用，同时，也可以及时解除老年人的疾病痛苦，促使其养成文明健康的生活方式；其次，需要建立起社会有效分担机制。

（三）加大政府对基层医疗机构的建设投入，满足数量众多的老年人的医疗需求

在广大偏远农村地区和中等城市的社区，老年人不但收入十分有限，身边也缺乏亲人照顾（农村子女外出打工，城市子女为自己的生计忙碌），而且还要自己劳动养活自己，有的甚至还要照看第三代。他们一旦生病，根本没有能力（体力、时间、金钱、文化等）到距离较远的医院去就医，其生命健康权益无法得到有效保障。

受限于各种条件，基层地区的老年人不但生活艰难，而且医疗资源的数量和质量远远不能满足他们的医疗需求。因此，国家应当重视基层医疗资源的建设问题，通过加大国家财政投入力度，出台激励社会资本办医的政策，出台医疗资源下沉的鼓励措施，采取定点帮扶，组织轮流但较为稳定的医疗义工服务等多种方式来提高基层地区医疗资源的人均占有量，在此基础之上，

再根据具体情况开设老年人特设专科，医疗资源向老年人倾斜。

基层老年人的医疗保障之所以没有有效地运转起来，关键就在于医疗资源短缺，老年人参加医保之后却无法享受，严重挫伤了参保人的积极性，由此影响了医保基金的筹资规模和使用效率。医疗资源断点所造成的医疗服务全过程非良性循环的负面效应已经暴露无遗，因此到了必须解决的时候了。

缺乏医疗保障的老年人多集中在基层，由于人口基数导致对医疗服务需求量较大，但质量要求不是很高，这就给政府建设留出了建设的时间和空间。政府可以根据人口分布的特点，对医疗服务要求的急迫程度、建设难易度等因素综合判断后，统筹规划布局，分步推进、渐进覆盖，最终实现无缝隙全覆盖。

（四）建立第三方评价机制，严格政府责任考核和问责机制

政府在建设老年人医疗保障体系中的重要作用是不言而喻的，为了避免政府缺位、越位和不作用而导致其建设成效不佳的问题，有必要实施第三方客观评价机制，严格落实相应的问责机制。

每隔一定时间（一般为一年），或者某个项目完成或目标任务结束后，必须聘请具有相应资质的独立的社会第三方评价机构对政府完成目标任务的情况逐项详细评估，提交相应的评价报告；然后政府将评价报告向社会公开，评价机构接受社会的质询，最后形成最终版的评价报告；上级政府对照客观、独立、公正的评价报告，对责任政府实施相应的奖惩。建立这样的评价和问责机制，既可以接受社会的广泛监督，又可以鞭策后进、鼓励先进，最终形成良性的政府运作机制。

二、建立医养结合型家庭、社区病房

医疗服务是老年人养老问题的重要组成部分。为了提高资金的使用效率，有必要将养老金和医保金结合使用，构建医养结合的养老模式，建立医养结合型的家庭、社区、专业养老机构病房，养老机构与医疗服务机构相互深度融合，使老年人在养老场所既颐养天年（养老），又保健养生（医疗保障）。

为此，需要关注以下要点：一是养老场所应当设置医疗服务机构。新建设的，必须在规划设计时综合考虑医疗服务机构所在位置、通道、面积大小、不同功能区划，等等；先期缺乏医疗机构的陈旧养老机构，则需要进驻或者与毗邻的医疗机构签订引进服务协议。二是形成养老金贴补医保金缺口机制。三是严格医疗费用支出管理，严禁挤占、挪用、乱用、搭便车使用等违规行

为，严格控制医疗费用总额非正常性增长（由医保基金管理机构监督）。

三、建立多层次分担老年人医疗保障及费用分担机制

随着老龄人口剧增，其医疗费用也会相应地同步增加，如果仅靠国家财政资金支持，恐难以为继。为此，需要通过建立全社会分担机制来化解支付压力，鼓励商业保险开发老年人健康保险，构建相对固定的社会救助渠道，固化多渠道分解支付通道，梳理并形成完善的制度，确保老年人医保体系建设和运行法制化。

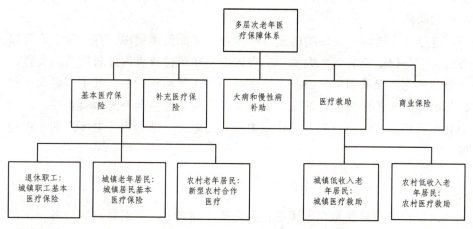

图 5-1　多层级老年人医疗保障体系框架图

（一）社会基本医疗保险

目前社会基本医疗保险只是简单区分了在职和退休两大类，对退休人员在住院报销方面给予了优待，但同时，退休较早人员的基本工资较低导致了其自用门诊费严重偏低。为此，笔者建议：一是退休人员的门诊费不能简单地按照退休基本工资计算，应当考虑物价指数影响实行年度增长，同时随着老年人年龄增长，也应当给予一定的增长系数，比如每年增长 2%；二是按照年龄结构，在住院方面实行梯级提升报销率方式，比如每 5 岁提升 5%；三是达到一定年龄段之后，实施免费医疗，比如年龄届满 80 岁或者 85 岁以上者即可实施。

（二）补充医疗保险

这是在基本医保的基础之上的住院附加保险，它是针对参保者住院时，

对确定的大额医疗费用给予二次报销的优待，分为中段补保和高段补保两种情形。这样在基本医保报销的基础之上进一步给予报销，以期最大限度地减少高额医疗费用者的负担。

（三）老年人大慢病特殊保险

针对老年人极易罹患大慢病的特点，在上述"社会基本医保+补充医保"的基础之上，可以考虑为老年人专设大慢病保险品种，即在规定的病种范围之内给予进一步报销，包括门诊和住院，但偏重于住院的特殊病种报销，如恶性肿瘤、肾衰及肾透、帕金森、白血病、老年痴呆症、重性精神疾病、耐多药肺结核等。

老年人大慢病特殊保险的缴费时间和金额如何确定呢？有三种方式可以考虑：一是仅限所有老年人参加，费用由所在单位或者医疗救助费用支付，金额与补充医保的额度类似；二是所有参保人员均须缴纳，其中年轻人履行代际赡养的义务，金额与补充医保类似；三是该保险与补充保险合并，适当提高参保费用，在归结起来的费用中，专门划分一部分用于老年人的大慢病保险。

（四）医疗补助及医疗救助

医疗补助和救助是在上述三种保险的基础之上，针对特别困难者再次降低其个人承担医疗费用的一种措施。但是，补助和救助资金具有来源渠道不确定、额度不稳定的特点，为此，需要将其制度化，以相对固定化。

（1）各级政府的预算。医疗补助和救助的款项应当列入各级政府的预算，进入政府公共财政预算，但需要各级政府共同负担，不能单一依靠中央财政，须用政府责任考核制来保障其落实。

（2）央企净利润的一部分。央企具有经济性质为国有、盈利稳定、行业高度垄断、事关国计民生等特点，因此，可将其一定比例的净利润统筹为全民福利基金，其中老年人医疗金占一定比例。

（3）健康类企业的作为。药品、医检、医用耗材、保健理疗设备设施等企业，可以向养老机构免费或折价提供部分材料用品、器具和设备。

（4）所在单位补助。老年人所在单位，可以使用部分职工福利基金为老年人提供适当补助。

（5）个人和各种经济组织捐助。这是一种自发行为，可以积少成多，其潜力是非常强大的，但是它需要管理部门强化资金效用和诚信管理，才能获得长久支持和发展。

（6）慈善事业的贡献。这是相比上述自发"捐赠"而言的非营利性法人组织成规模化的无偿供给行为，该类组织以开展慈善事业所获取的利润专用于救济弱势群体为目的，其中也包括因病致困的老年人群体。为此，老年人行业组织和政府相关部门应当与此对接，形成无缝链接的、长效的、程序规范而透明的救助机制，切实为困境中的老年人带去良好的帮扶。

（五）商业健康保险

为了扶持商业保险公司推出更多的老年人健康险和意外伤害险，国家可以给予商业保险公司一定的优惠刺激措施，比如减免税收、财政贴补等；同时也需要出台政策鼓励子女为老年人购买商业健康险，比如购险支出进入个税扣除项目等。商业保险公司也应当顺势而为，推出更多适宜险种，可以倾向考虑年限累计优惠的办法，刺激人们提前购险养老、储存年限、储存养老健康金。

（六）费用使用方面的鼓励性措施——家庭捆绑使用

目前老年人的医疗费用缺口是很大的，未来还会逐渐增大，在此情形下，可以考虑家庭捆绑混合使用的方式，主要是用下一代人的医保费单向贴补上一代老年人使用（不能逆向），以此督促年轻人省费尽孝，使其更具动力。

（七）老年护理保险

国家应当针对老年人需求量大的护理业务开展护理保险，办理该保险应当坚持"以青养老、储蓄式养老"的理念，从年轻人参加工作开始，按照工资收入的一定比例（比如 1%或 5‰）交纳老年护理保险，国家财政对等补助，从而形成老年人护理保险基金。当他们退休后，则可按月定额享受护理费用或直接支付给护理人员，这样就可以有效分担老年人护理费用负担沉重的问题。

（八）财政特补资金

随着我国国力逐渐强盛，国家可支配收入也会随之增加，因此，可以有步骤地加大养老事业投入，包括直补给个人用以医疗的费用。针对我国经济现状，建议将国家的罚没收入全部统筹为社会福利基金，其中一定比例用于养老费用。

四、探索建立新型老年人医疗保障机制

（一）树立医疗保障新理念，重视预防

根据经验数据，疾病预防与疾病治疗的经费投入比为 1∶7，该对比数据充分表现出了疾病预防的重要性，对此，我们应当树立新的理念：医疗保障的重点不在于诊治，而在于预防。

预防疾病重于诊治疾病的观念，应当从小树立。对老年人而言，预防疾病应当把握的要点在于：纠正不良习气而养成良好的生活习惯，其中包括餐饮所涉及的食物结构、维持运动、保持舒畅心情和乐观态度、注重个人卫生等；掌握对疾病的正确认知，学会对已患疾病的日常处置办法，丢掉思想包袱，不要为其所拖累；养成正确的用药常识，避免病急乱投医、偏执于所谓的偏方、迷信所谓的保健品等错误行为。古语所说的"三分治七分养"，也就是对于已患疾病，只要拥有正确的心态和处置办法，疾病就容易得到控制，个人身体就容易恢复康复。

在疾病预防方面，政府和社会要加以积极引导，并采取鼓励性措施，让人们热情满怀地投入到疾病预防的实践中来；同时，要加大投入，建设人们运动健身、绿色生活等所需要的环境和硬件设备设施，把全民健身、抵御疾病侵扰的生活理念根植于每一个人的脑海中，并持续长效地运行起来。

（二）发展积累型医疗保险

新加坡的强制储蓄医疗保险就是典型的积累型医疗保险，其重视保障基金的积累功能，其优点在于能够解决人口老龄化趋势下医疗费用增长问题。与积累型医疗保险对应的是传统的现收现付式社会统筹医疗保险模式，在人口老龄化趋势下，现收现付的支付方式将导致保障资金严重不足，入不敷出。目前我国采取"统账结合"的基本医疗保险制度，但在实施过程中未对社会统筹基金与个人账户基金的使用和管理严格区分，在老龄化加剧的时代，社会统筹基金将不能够负担起整个国家的养老金，此时个人账户便是支撑养老保障运行的重要资金来源，这样将导致个人账户成为"空头账户"，成为单纯的记账工具，实质上又回到现收现付的模式。因此，在实行"统账结合"的医疗保险制度时，要严格按照统账结合的做法实施，企业缴纳的计入统筹账户，个人缴纳的计入个人账户并实账积累，社会统筹基金与个人账户的基金严格分开，保证个人账户的独立性，为老年人的养老做好准备。具体的累积方式可以选择以下两种：

一是时间与金额积累。从参加工作（甚至可以选择从成年时）开始，即可参加老年医疗保险（该医疗保险可以设计成低起点、多挡，降低门槛，但同时也适用于高收入者），该保险主要按照"个人缴费+国家财政补助"的形式进行个人账户累积，外加适当统筹；退休后针对大慢病使用，个人账户可以继承。这样就可以长时间储蓄累积，以便充分应对老龄化社会高峰期对医疗的需求。

二是报销比例积累。尽管医疗保险遵照大数法则，由健康的人养生病的人，但部分老年人通过保健预防、克己节约、体育锻炼提高身体素质预防和减少疾病等方式来节约医保基金，对于他们的这种行为，应当给予奖励，具体方法就可以考虑使用累积报销比例的方式，比如退休之后三年未动用医保基金的，住院报销比例提高 2%；5 年未动用医保基金的，报销比例提高 5%；10 年未动用医保基金的，报销比例提高 10%，以此类推。这样做的另外一个好处就是，缓解医保基金的支付压力。

（三）"远程医疗+智能医疗"的推广应用

如今，一方面，老年人具有容易患病、行动不便、行走过程中容易出现意外伤害、缺少护理人员看护照顾等显著特点；另一方面，科学技术发展速度快，日新月异，差异化、人性化、智能化服务正被细分市场予以挖掘。于是，将这两者的特质融合在一起，便形成了老年人远程和智能医疗，从而实现老年人就地（床）、快捷、准确地享受到科学技术所带来的精准医疗服务，提高了服务质量和医疗基金的使用效率。

以家庭、社区和养老机构为基点，广泛使用智能化医疗（可穿戴智能医疗设备），随时随地监测行为人的生命体征指标，一旦出现异常值，即自动向监测总台发出预警；总台人员可以通知其身边的服务人员进行进一步紧急处理；特殊情形下，可以就近到医疗服务中心接受远程可视医疗服务，及时解除危险因素。

"远程医疗+智能医疗"模式的推广，会涉及较多的硬件购置资金。政府可以考虑通过多种融资方式予以解决，包括 PPP 合作模式、影子节约额汇报模式等，总之，要尽早想办法实现医疗科技的普及化，特别是老年人医疗科技的开发与应用。

（四）加快引进国外先进医疗技术和药物的速度

面对发达国家先进的医疗科技技术和疗效显著的药品，国家相关部门应当加快引进的步伐，力争尽早地享受到全球医疗科技发展的最新成果，最大限度地解除疾病的折磨，从而提升国民健康综合素质。

国外先进医疗技术和药物的引进，会涉及众多的国际法律，比如知识产权保护、贸易保护等。我国已经加入世界贸易组织（WTO）多年，已经成为世界第二大经济体并且保持着较快的增长速度，在此情形下所形成的巨大的市场容量和需求已经对全球产生了巨大的吸引力，谁也不会无视这么巨大的市场，但关键是政府的相关部门如何冲破国外先进医疗技术的保护问题。但是，只要在尊重知识产权和互惠互利的前提下，任何问题都是可以谈的，也是可以谈得拢的。

加快引进国外先进医疗技术和药物，老年人是最大的直接受益者，比如老年人罹患恶性肿瘤的比例较高，而国外这方面的治疗技术和药物是比较先进和有效的。加快引进速度，需要多部门综合协调。在某些特殊时间段或特殊情形下，也许会牺牲部分眼前的直接利益，但这与民众的健康相比，也是值得的。在引进的过程中，企业在市场规律作用下发挥着根本性的作用，但政府的沟通和协调也必不可少，因此希望形成政府主导下的市场运作机制，构建起通畅、固定、持久的引进通道。

总之，建立完善的老年人医疗保障体系，是我国社会发展的客观需要，势在必行。通过多层次分担，可以在转嫁支付压力的前提下实现支付有力、支付有效的目的，从而全面保障老年人的就医权益。

（黄显官、刘毅）

第六章　养老护理服务人才的培养

据民政部《2015 年社会服务发展统计公报》数据显示，截至 2015 年年底，全国 60 岁及以上老年人口为 22 200 万，占总人口的 16.1%；其中 65 岁及以上人口 14 386 万，占总人口的 10.5%。据国内相关专家预计，到本世纪中叶，我国老年人口数量将达到 5 亿，将达到中国总人口数的 30%。我国城市已经普遍进入了人口老龄化的快速发展期，老年人口呈现绝对数量多，增长速度快，空巢老人、高龄老人和失能老人占比增速快等特点。而随着计划生育政策长期推行所导致的独生子女的增多，传统家庭养老功能弱化严重，家庭养老已经难以承受如此迅猛化的银色浪潮。为了弥补家庭养老的不足，解决老龄化所带来的一系列社会问题，我国必须大力发展社会化养老，建立产业化养老，这是从根本上解决我国目前老龄化问题的唯一出路。而在我国由居家养老方式向社会化养老方式转变的过程中，养老服务人才队伍建设被看作制约养老社会化发展的关键，而其中养老护理人才队伍的建设又成为发展养老事业的重点，同时也是制约养老产业发展的瓶颈。

随着社会经济的发展和人民生活水平的不断提高，人们对健康的追求不仅仅是寿命的延长，更是追求生命质量的提升。所以人们在养老服务方面不再满足于简单的生活照料，对能够提升老年人晚年生活质量的其他方面的需求也在不断提高，因此，社会应该提供更多样化、更优质的养老服务。有学者曾经指出，保证养老机构正常运行和入住老人得到高质量服务的关键因素是养老护理人员。因此，改善养老服务的关键是培养养老护理人员。所以，近年来，规范养老服务市场，增加养老护理人员数量，提升养老护理人员整体素质成为研究养老问题的热点和难点。

第一节　养老护理从业人员的现状
—— 以某市机构养老护理从业人员调查为例

笔者曾经依托课题就某市养老机构养老护理从业人员培训情况进行调查

研究，该课题通过对某市养老护理从业人员进行问卷调查，并结合机构访谈结果，以了解养老护理从业人员的一般资料、基本素质等情况，并对未来培训需求趋势进行预测分析，以期为某市养老护理从业人员的培训工作提供相应的依据，从而推动养老产业养老护理从业人员的队伍建设。现将这个调查中的部分结果在此部分进行展示，通过该结果的展示来更直观地呈现目前养老机构中养老护理从业人员的配置现状和培训现状。

一、对象与方法

（一）研究对象

本次调查按照经济发展水平通过分层抽样的方式选取某市三个区县，并在所选取的区县中随机选取 2 ~ 4 家养老机构的养老护理人员进行调查研究。在调查的过程中排除不配合调查工作者、轮休人员以及外聘名誉人员。

（二）调查方法

本次调查采用问卷调查法和机构访谈法，通过查阅相关文献自行设计《养老护理人员培训现状及需求调查表》和养老机构人员需求现状调查访谈提纲，其中问卷调查表包括基本情况、培训现状调查、培训需求调查三个维度，访谈提纲包括基线数据和需求情况两个维度。

二、结果

本次调查选取了某市 10 家养老机构共计 110 名养老护理人员进行调查，发放问卷 110 份，回收 110 份，问卷回收率达 100%，其中有效问卷 103 份，有效率为 93.6%。就本次调查结果，谨在此展示养老护理从业人员的基本情况和培训现状，也仅就此两部分所反映的问题做讨论。

（一）养老护理人员基本情况

调查结果显示：养老护理人员以女性为主，占比 72.8%；年龄则以 50 岁以上人员居多，占比 90.3%；护龄 1 ~ 2 年的有 27 人，占 26.2%；护龄 5 年以上的居多，占比 54.4%；学历方面以小学及以下为主，占比 64.0%；护理人员中以护工为主，占比 93.2%；收入水平多集中在 1 000 ~ 2 000 之间，占比 79.6%；养老护理人员照顾老人的数量主要在 8 个以上，占比 56.3%。具体情况见表 6-1:

表 6-1　养老护理人员基本情况表

条目	选项	频数（构成比）
性别	男	28（27.2%）
	女	75（72.8%）
年龄	40～50 岁	10（9.7%）
	50 岁以上	93（90.3%）
护龄	1～2 年	27（26.2%）
	2～3 年	8（7.8%）
	3～4 年	11（10.7%）
	5 年以上	57（55.3%）
学历	文盲	47（45.6%）
	小学	19（18.4%）
	初中	33（32.1%）
	中专或高中	4（3.9%）
职务	护工	96（93.2%）
	护士	7（6.8%）
月收入	≤1 000	0（0.0%）
	1 001～2 000	82（79.6%）
	2 001～3 000	21（20.4%）
	3 000 以上	0（0.0%）
照顾老人数量	4～5 个	20（19.4%）
	6～7 个	25（24.3%）
	8 个以上	58（56.3%）

（二）养老护理人员培训现状

调查结果显示：养老护理人员的知识获取渠道主要是自学，占比 92.2%；被调查对象中仅有 16 人取得养老护理资格证，占比 15.5%；养老护理人员中大多数人都参与过培训，且累积培训时间主要集中在"小于一周"，占比 43.7%；对参加过培训的从业人员做进一步调查，显示参训人员参加的培训主要由所在养老机构自发组织，占比 54.8%；培训内容主要集中在"老年人的日常生活护理与常见病症的观察与护理"；而对所培训内容是否能解决入住老人实际问题的需要的调查结果显示，主要集中在认为大部分能解决入住老人实际问题。具体结果见表 6-2：

表 6-2　某市养老护理人员培训现状调查表

条目	选项	频数（构成比）
是否自学过养老护理	是	95（92.2%）
	否	8（7.8%）
对自学效果是否满意	是	80（84.2%）
	否	15（15.8%）
是否持证	是	16（15.5%）
	否	87（84.5%）
累积参加培训时间	没参加过任何相关培训	19（18.4%）
	<1 周	45（43.7%）
	1~2 周	31（30.1%）
	2~4 周	8（7.8%）
参加的最高培训级别	国家级	0（0.0%）
	省级	0（0.0%）
	市级	18（21.4%）
	所在养老机构自发组织	63（78.6%）
培训内容	职业道德相关法律法规知识	13（15.5%）
	老年人的日常生活护理	84（100.0%）
	老年人常见病症的观察与护理	84（100.0%）
	老年心理护理	42（50.0%）
	外伤与急救	76（90.5%）
	老年康复护理	42（50.0%）
	老年人安全用药知识	60（71.4%）
	老年人营养知识	50（59.5%）
能否解决入住老人实际问题的需要	完全能解决	0（0.0%）
	少部分能解决	41（48.8%）
	大部分能解决	43（51.2%）
	不能解决	0（0.0%）

三、讨论

（一）养老护理人员年龄较高，学历较低，从业意愿低，流动性强

结合问卷调查与机构访谈结果，发现本次被调查对象中女性所占比例较大，占 72.8%，这与职业特性和传统思想观念有关：养老护理属于服务行业，而传统观念认为女性自身的特性更加符合该工作岗位的需要，有利于护理工作的开展，所以养老院自身也在对员工的性别需求方面更倾向于女性。护理从业人员的年龄主要集中在 50 岁以上，占 90.3%，说明养老护理从业人员年龄偏高，甚至有部分已达到老年人标准的护理人员，出现了"花甲老人服务古稀老人"的现象。在养老机构访谈过程中，受访对象普遍反映：由于工资待遇、工作性质等原因，很难招聘到低龄护理人员；即使招聘到了，低龄护理人员也更易产生职业倦怠，更易离职，而且普遍更缺乏耐心。但五十岁以上的护理人员又受身体素质限制，难以承担高强度的工作内容，且学习能力较差。所以被调查的养老护理从业人员学历主要以小学及以下为主，占 64%，总体看来养老护理人群文化程度较低。月收入主要集中在 2 000 元以下，占79.6%，总体看来养老护理行业收入水平偏低。养老从业人员主要以护工为主，占 93.2%，而且养老机构访谈结果显示，某市现只有一家公立养老机构，其余为私立养老机构。目前某市养老机构主要以私立养老机构为主，而私立养老机构因机构性质原因更为重视成本控制，基于此，养老机构多以农村妇女为招聘对象，且多未与其签订用工合同，少有聘用护士。因此，养老护理从业人员主要以护工为主，学历总体偏低，工资待遇低。在照顾老人数量方面的调查结果显示，养老护理从业人员同时照顾 8 位以上老人的占 56.3%，工作强度较大。而且，从机构访谈结果中发现，养老机构养老护理人员存在从业意愿低、从业队伍稳定性差、流动频繁的现象，究其原因，普遍反映在于养老护理行业工作强度大、待遇低，晋升机制缺失、发展空间小，因此留不住人才，尤其是高素质人才。

（二）培训机会少，内容单一，形式薄弱，无证上岗率高

结合问卷调查与机构访谈结果，发现养老护理从业人员中虽然有 81.6%的人进行过培训，但参加培训的从业人员中 78.6%的人参加的是养老机构自发组织的培训，而 92.2%的人自学过养老护理相关知识。结合访谈结果，显示出养老护理人员培训需求高，但培训机会少、培训层次低，主要以内部培训为主，且累积培训时间主要集中在"小于一周"，这主要是从业人员工作繁

忙、学历层次低，而且目前市场上也极为缺乏专门的老年护理培训机构等原因所致。并且，培训内容主要以日常护理与常见病症护理为主，关于法律、心理、营养知识等方面的较少，培训内容单一，无法满足老人的多层次需求，这主要是培训机会少，培训缺乏系统化、规范化的原因所致。调查结果显示，认为培训内容少部分能解决入住老人实际问题的人占 48.8%，接近一半，说明以往的培训效果与实际情况未能很好地结合。培训形式主要以理论为主，缺乏实践教学，形式薄弱，这主要是受培训师资、培训条件、培训费用等限制。在机构访谈过程中还发现，这些养老从业人员的专业护理知识技能薄弱，但老年人对这方面的护理需求较大，这就制约了其发展的需求。此外，护理从业人员中护理员无证上岗率高，占比高达 84.5%，可能是受工作内容、工作收入等限制，养老机构人员招聘困难，尤其是难以吸引到高素质的养老护理人才，而且目前我国也缺乏关于养老机构中人员从业资质、人员配置标准的强制性规定。

本调查由于样本量较少，调查数据有限，且存在一定的抽样误差，可能在反映问题的代表性上有所欠缺，但本次调查的结果与鹤童老年人养老论坛中所提出的养老服务人力资源管理困境结论基本一致。2014 年举办的天津市鹤童老年论坛就我国养老行业人力资源管理中出现的各种问题进行了交流和讨论，提出养老服务在人力资源管理上的九大困境：① 养老护理人员严重短缺，与"社会对养老护理从业人员的需求相比差距甚远"；② 目前"高等院校培养的护理人才严重不足"，对养老护理培训的课程设置偏少；③ 具备养老护理技能的服务人才严重不足，养老护理服务人员大部分来自老少边穷区域；④ 国内养老护理从业人员符合国家职业标准的较少，持证上岗的养老护理人员占全部从业人员比重偏低；⑤ 中西部地区及农村的从业人员群体大大超过城市本地人员群体；⑥ 养老护理员准入制度要求偏低，从业人员薪资不高，待遇差；⑦ 从业人员年龄较大，具备持证上岗的人员相对偏少，与就业状况窘境的局面不相匹配；⑧ 从业人员薪资待遇与其他服务行业相比偏低，劳动时间与劳动强度偏长和偏大；⑨ 养老护理服务行业用工与劳动法接轨，单位与员工劳资纠纷较多。所以本调查不但直接反映了某市养老护理服务从业人员的人力资源配置现状和教育培训现状，也间接反映了我国目前养老行业的护理从业人员的配置现状和培训现状中存在的主要问题，印证了鹤童老年养老论坛的结论。

第二节　国外养老护理从业人员的人才培养现状

从联合国人口发展基金会的最新统计数据可以看到，截至 2015 年，全世界约达到或超过 60 岁的老龄人口约有 9.06 亿，占全世界总人口的 12.3%，预计到 2050 年，老龄人口数占比将上升至 22%。老龄化作为一种全球现象，成为了全世界共同关注的问题。西方国家的人口老龄化问题都十分严重，而且随着生育率的继续下降，预期寿命的持续上升，老龄化问题只能日益严峻。但是西方国家，尤其是很多发达国家，人口老龄化开始得比较早，老龄化的过程比较漫长，所以它们解决老龄化问题的经验比较丰富，国家养老制度发展得比较完善，国内养老产业发展得比较成熟，养老护理服务人员的教育培养体系发展得也比较健全，专业化建设也非常发达，养老护理人力资源的配置制度和政策较为完整，所以面对因老龄人口增多而导致的对养老护理服务人才的需求的增加，依然能为老年人提供一个安全、人性化的生存空间，以及科学、完善的治疗条件，使老年人的生存质量较高。虽然由于历史、地域、政治、经济、文化等不同而导致我国与其他国家、地区在养老护理服务人员的教育培训体系上存在较大差异，但是，国外在应对由于老龄化问题而导致的养老服务需求激增的过程中长期积累的有关养老护理员的专业化建设方面的先进经验，对于我国早日探索建立科学、规范的养老护理服务人员的教育培训体系、机制，提升养老护理服务人员的整体护理水平，提高养老护理服务人员的专业化服务质量，以满足老年人日益增长的养老服务需求，非常有借鉴价值。

一、澳大利亚养老护理从业人员的人才培养现状

澳大利亚是世界上老龄人口增长最快的国家之一。澳大利亚男性平均寿命为 79 岁，女性为 84 岁，65 岁以上的老年人达 280 万，占总人口的 13%，预计 2021 年将占总人口的 18%以上，所以其老龄化问题也比较突出。为了能够很好地解决老龄化所带来的问题，实现"健康老龄化"的目标，为老年人提供更优质的老年护理保健服务，澳大利亚政府也在不断致力于完善养老护理体系。澳大利亚养老护理教育体系始建于 1940 年，最初老年护理培训体系也仅着眼于单纯的生活照顾，但经过多年来的不懈努力，培训体系已俨然发展演化为成熟的养老专业教育，为澳大利亚养老服务体系培养了很多优秀的护理人才，为建设完善的养老服务体系提供了先决条件。所以，澳大利亚国

内的老龄化问题已经得到了很好的解决。

澳大利亚的养老机构的养老护理任务是由注册护士、登记护士及护理员组成的护理团队分工合作完成的,所以澳大利亚的养老护理教育体系由低到高分为养老护理助手、登记护士、注册护士、老年专科护士或临床护理专家四级培养模式。其中养老护理助手是负责老年人的基本生活护理的护理人员,主要包括洗浴、翻身、穿衣、喂食等,协助老人下床活动和交流,为精神错乱和具有行为问题的老人提供干预措施,观察并报告老人的所有变化和抱怨,协助老年人的康复锻炼、基础治疗和用药,为老年人测量生命体征等。登记护士是负责协助注册护士为老人提供照顾和支持的护理人员,主要包括在注册护士的监督和指导下进行发药、更换敷料等护理工作,评估老年护理中存在的危险因素及程度,实施危险预防和控制的策略,掌握与老人的交流技巧并与老人进行面谈等。注册护士是具备独立开展养老护理能力的护理人员,主要包括根据长期医嘱给药、包扎、注射、观察,以及心理护理、重症监护、基本生命支持、临终护理等高级、专业性的护理工作,老年护理评估、制订护理计划、管理养老院的日常工作等管理工作。老年专科护士或临床护理专家是提供临床专科护理和教学指导的护理人员,主要针对高血压、心脏病、糖尿病、老年痴呆、癌症等老年常见疾病进行专科护理、临床指导和教学。

澳大利亚采用养老护理员分级培训的模式,各级养老护理员都可以在原有专业层次的基础上通过培训教育上升至更高层级,然后获得由澳洲护士局颁发的护理证书。养老护理助手需要在 TAFE(Technical and further education)技校或养老机构经过 6 ~ 8 周培训,获得澳洲护士局颁发的Ⅲ级养老护理证书,获此证书方可上岗工作;登记护士需要在 TAFE 技校完成 12 个月的全职或 18 个月的非全职学习,其中包括 1 500 小时的护理实践,获得Ⅳ级养老护理证书才具有执业资格;注册护士则需要在大学完成 3 年的全职学习,获得护理学士学位,并通过注册护士资格考试且取得Ⅲ级以上的养老护理证书后方可上岗;老年专科护士或临床护理专家必须由具有 2 年以上养老护理工作经历的注册护士申请,研修并通过老年常见疾病护理的研究生学位课程才能成为老年专科护士。所以,在澳大利亚,注册护士和老年专科护士必须经过正规院校教育,由符合特定条件的人群申请,修完规定学分获得毕业学位并经注册后方可执业,而养老护理助手和登记护士是由无犯罪记录且具有与相关课程水平相适应的读写能力与计算能力的人群申请,经过培训机构培训并在养老护理员工作场所评估合格后授予养老护理证书即可执业。

澳大利亚培训养老护理助手和登记护士的培训机构应该配备能够完成培训的设备设施、员工、材料等资源,经注册核准后才能组织培训,机构运营期间还应接受澳大利亚质量监督局（Australian Skills Quality Authority，简称ASQA）针对培训质量和管理的监管。机构内聘请的培训教师应拥有培训与评估证书四级或具备同等能力，拥有相关专业知识、技能、培训与评估能力。培训内容必须严格按照培训包里包括的职业能力标准、职业培训标准、考核标准的内容来组织培训，澳大利亚还专门颁布了《注册培训机构标准》来规范职业培训，除了规范培训、实习、评估策略以外，还对培训质量管理政策、投诉和意见处理等都进行了相应的规范。

二、英国养老护理从业人员的人才培养现状

英国是世界上养老护理发展较早的国家，英国最早的老年护理可以追溯到19世纪初，妇女和教会组织为贫苦的寡妇和年老的单身女性建立的特殊机构，后来该机构逐渐发展成收养贫困老人的救济院，此时的养老护理只是简单的生活照顾。此时也存在着为一些有身份的老人开办的养老院。随着老年人数量的增多、养老需求的提高，20世纪30年代，英国逐渐建立起养老金制度，养老院逐渐取代了济贫院，养老机构从仅提供简单的生活照顾到逐渐划分为养老院（care home）和疗养院（nursing home）两种类型，养老机构的功能也不断细化。英国的养老院主要提供生活照顾和心理护理等服务，不提供医疗服务，所以入住的主要是身体健康、慢性病控制良好的老年人；而疗养院除提供生活照顾服务外，还提供疾病的治疗护理服务，所以入住的老人都需要进行认知、情感、能力的缺陷、皮肤的完整性和医药管理等方面的评估。随着全球老龄化的到来，英国也十分重视老龄化问题的解决，养老机构现在成为政府卫生保健事业的重要组成部分，英国养老事业和养老护理培训教育体系也发展得非常成熟与完善。

英国的养老护理人员体系包括：护理助手、护士和管理者。老年护理助手主要是为老年人提供生活护理的老年护理人员，主要内容包括晾洗衣被、穿衣、喂食，帮助患者移动、如厕、整理床位，帮助患者实现所有的舒适，测量体温、脉搏、呼吸和体重，为老年人及其家庭提供问题发现、资源利用咨询等。护士分为一般执照护士和注册护士，一般执照护士主要负责老人护理、老人护理管理和监督护理工作；注册护士主要负责特护科室，主要内容包括评估老年人的健康状况，制订治疗计划，监督执照护士、护理助手，执行静脉输液等有难度的操作。管理者主要是管理和负责养老机构各项事务，以确保养老机构的高质量护理。英国养老机构要求管理者应具备一定护理老年人的经验，所以很多机构管理者前身都是从事养老护理工作的养老护理人员。

英国要求各行各业的在职人员都必须满足不同等级的国家职业技能等级（National Vocation Qualification，简称 NVQ）培训的标准要求，因此从事老年护理的人群均应通过不同的培训，具备不同等级的 NVQ 职业技能等级证书。所以英国也是采用养老护理员分级培训的模式，养老护理员在自身的专业层次的基础上通过培训追求更高的职业级别。养老护理助手在英国被认为是从事社会工作、提供社会服务的护理人员，所以护理助手在过去也不要求接受培训。但是，随着长期照料健康系统的改变，养老助手在机构中的重要性日益突出，护理知识水平的高低与老人的生活质量密切相关。所以，在 2004 年，英国提出国内养老机构的护理助手具有 NVQ2 级资格证的人数不少于 1/2。根据国家职业技能等级培训要求，养老护理人员等级分为 1～4 级（NVQ1～NVQ4），课程培训内容包括很多必修模块和选修模块。护理助手需要完成 6 个模块的学习，其中包括 4 个核心模块和 2 个任选模块。4 个核心模块分别是沟通和完成老人记录，为自己和老人提供卫生保健及安全，拓展自己的知识及实践技能，确保为老人提供护理、保护及福利；2 个任选模块是在老人个性化身体护理需求、保健护理需求、娱乐、康复活动等 28 个单元中选择两个单元进行学习。达到 NVQ3 级水平的老年护理助手就可以申请去一些大学接受加速护士教育培训，具有 NVQ3 级的护理人员通过普通的基础项目只需要一半的精力。护士教育培训需要完成 3 年内连续完成 4 600 小时的学习，其中包括 50% 的实际操作课程。护理教育课程内容由国家委员会（The National Board）负责，第一年是进行护理公共基础课的学习，第二、第三年是针对某一特殊领域的专业知识的学习。管理者需要通过管理 NVQ4 级培训并获得认证，同时要求具备一定的老年人护理经验。所以在英国，要求养老护理从业人员都按照 NVQ 级别认证，获得所从事岗位要求的级别认证证书即表明有能力从事相应岗位。所以，在英国，养老护士必须经过正规院校教育，由符合特定条件的人群申请，修完国家委员会规定的内容、学时后获得毕业学位并经注册后方可执业，而养老护理助手是由具有良好的读写能力与计算能力的人群（有的也要求提供英语和数学的普通中等教育证书或同等学力）向 NVQ 培训评估中心申请培训，经过培训完成规定内容并通过评估中心的评估认证获得养老护理等级证书。

申请进行 NVQ 培训的人员，可在 NVQ 认证评估中心（Approved Assessment Centre）进行注册，注册后接受辅导或培训，学习地点是工作的地方或评估中心。培训的质量和管理受英国护理质量协会（CQC）、英国护理协会（UKHCA）等监督管理部门监督。英国规定具有 NVQ3 级资格证书的养老护理人员就可以进行护理教学，培训考核由职业胜任力评估员根据学员在工作场所的表现进行胜任力的评估。NVQ 评估员中很多是养老院的护士，所以这些护士也能在养老院日常护理服务的指导监督过程中帮助其获得 NVQ 资格。所以这种考核方式不仅可以真实测评学员的理论水平，还可以检验学员的实际工作能力，此外，也可以反映培训师资的水平。英国的养老护理助手的培训必须严格按照《国家职业与学分框架》（QCF）中规定的内容，选取相应等级所对应的学习内容。2015 年 4 月，英国护理质量协会颁布实施护理证书，该证书对应的标准是在入职标准与国家最低培训标准的基础上进行考核，以期通过该认证标准加强养老护理助手的护理质量。

三、美国养老护理从业人员的人才培养现状

美国于 20 世纪 80 年代后期进入老龄化社会，预估到 2025 年，65 岁以上老年人口将达到 20%以上。而且，随着现代医学的发展，人口预期寿命的延长，从 2030 年之后预估 75 岁以上的老年人将超过老龄人口 1/2 以上，美国社会也正经历一个逐步变老的过程，而且这一现象会随着高龄人口的增多而变得愈加严峻，美国面临着巨大的养老压力。老年护理学作为一门学科最早出现于美国，美国于 1900 年将其确定为一个独立的专业，发展至 1960 年后，已经俨然成为了一个较为成熟的老年护理学专业，到目前已经形成了学士、硕士、博士等多层次养老护理人才梯队，而且还在很多医疗机构、医学院校和研究所中建立了老年医学和老年生物学等各类研究部门。经过数十年的发展，美国从老年人的身心和社会需要出发，为老年护理专业和行业培养了大量优秀的、高质量的护理人才，在家庭护理、养老护理和老年临终关怀等方面都取得了非常巨大的成绩，其老龄化问题得到了较好的解决。

美国一直倡导养老机构的工作人员或服务提供人员均应是由受过专业训练，具备专业知识和技能，达到专业水准的工作人员组成，所以美国护理协会 1967 年规定从事养老护理的执业者必须具备学士以上学历，社区开业护士应具备硕士及以上学历。在美国老年长期护理机构中，护理人员从高到低通常包括注册护士、执业护士及护士辅助人员。注册护士主要从事监督工作，如护理程序改进，同样也承担着疾病康复、健康宣教、心理护理等工作。执业护士的职责主要是在注册护士的监督及指导下，执行护理计划，为老年人提供给药打针、伤口护理等基本的护理服务，日常工作介于注册护士和护士辅助人员之间。护士辅助人员的主要职责是承担老年人生活起居和卫生护理服务，如翻身、擦澡、换床单、量体温、血压、脉搏等。美国养老护士辅助人员一般分为三类：第一类是承担照顾老人护理的全部责任的首要护理员；

第二类是承担接受非正式或正式援助的部分责任的次要护理者；第三类是不承担照顾老人护理的责任的基层护理者。在护理院中，护士辅助人员承担了绝大部分的直接护理工作。此外，在某些养老机构或医疗机构中，还有取得研究生学历后经过认证的能够以整体的方式处理老年人复杂护理问题的高级职业护士，包括老年护理开业护士和老年护理专科护士。老年护理开业护士的主要负责为老年人提供初级保健服务；老年护理专科护士由于在老年病人及其家庭方面具有丰富的临床经验，所以其主要职责是从老年人的心理、生活质量等专业化角度出发处理老年常见疾病。

美国护士有三种学位——两年制的学院学位（ASN）、四年制大学的学士学位（BSN）、二至三年医院附属护士学校的文凭（ADN），这三种学位都可以通过考试成为注册护士。只要获得以上三种护理学学位或国家认可的护理学培训项目并获得证书，考取执照后即可成为一名注册护士。注册后需通过老年护理及基础医学的综合训练，才可以在老年护理院工作。此外，美国政府要求所有的护士必须在在职期间接受要求的继续教育，如参加员工培训或专业学术团体培训，或是通过函授或专门教育网站自修，这样才能保持护士执照的有效性。执业护士通过注册护士考试，再通过12～18个月国家认可的理论及实践护理培训项目，即可上岗。为了培养高级职业护士，美国政府积极资助高校开展养老护理实践的高等教育和训练，受过培训的学员可以参加由美国护士认证中心（ANCC）组织的养老护理高级执业护士认证考试，具备硕士学位后，即可成为老年护理专科护士或养老护理开业护士。护士辅助人员要求在正式上岗前4个月内接受总计75小时的培训，然后通过一个简单的护理技术考试，获得证书后方可上岗，但其工作地点只能是在护理院。为确保护士辅助人员能够具备为老年人提供所需服务的能力和技术，要求在职期间每12个月接受一次表现评估，然后接受每年不少于12小时的针对性培训，培训内容主要依据护士辅助人员工作的薄弱之处及老年人的特殊需求进行。所以在美国，高级执业护士、注册护士、执业护士都是由高中毕业生申请经过正规院校教育，毕业后通过全国牌照考试委员会的考试，取得证书后方可执业。而护士辅助人员只要具备一定的阅读能力，进行短期培训后通过红十字会的考试，获得证书后即可执业。

在美国，养老护士辅助人员被视为一般劳动者，所以不需通过执照考试，只要在培训后通过简单的护理技术考试即可获得资格证书。虽然对养老护理辅助人员的培训要求简单，但对各层次的养老护理服务人员的在职培训要求十分严格，有严格的在职培训标准，所以美国对培训机构的要求也十分严格。在美国，通常只有经过注册的有限责任公司或法人企业才有资格申请成为养老护理培训机构，而且申请要求也非常严格，只有符合标准的才能成为提供专业教育与培训的机构。在美国，一般由全国性的全国护士联盟或者各州里对护士学校进行资格鉴定，美国有五十个州有法律明文规定由州里对护士学校进行资格认定，虽然并没有法律强制要求护士教育机构必须取得全国护士联盟的资格认可，但由于社会通常更认可那些通过联盟资格鉴定的教育机构的学员，所以也有很多学校在进行联盟资格认定。由于美国已经形成了学士、硕士甚至博士等多层次养老护理人才梯队，经过数十年的发展，为养老护理教育、培训的发展储备了非常丰富的高素质的专业化师资力量，目前美国一线师资力量主要来源于具备老年护理专业硕士学位的养老护理高级执业护士，他们有着扎实的专业知识、复杂问题的决策能力和丰富的临床实践操作能力。

四、日本养老护理从业人员的人才培养现状

联合国以某一国家 65 岁以上老年人口占总人口的比例的大小，将老龄化社会分为三个等级：第一个等级称为"老龄化社会"，老龄化率在 7%～14%；第二个等级称为"老龄社会"，老龄化率在 14%～21%；第三个等级称为"超高龄社会"，老龄化率在 21% 以上。按照联合国这种分类标准，日本社会从1970 年开始进入老龄化社会阶段，从 1994 年开始进入老龄社会阶段，从 2007年开始就进入了超高龄社会阶段，日本的老龄化问题是世界上最突出的。所以日本政府一直在积极关注并努力寻求应对老龄化问题的方法，其在社会生活、居住环境、医疗保险等各方面都做了大量细致的工作，建立健全了有关老龄化社会的法律、法规和政策体系，取得了非常显著的成绩。日本对养老护理的研究始于 19 世纪 60 年代，20 世纪 70 年代后日本政府通过相关法律法规的颁布实施来不断调整养老服务人才的培养，以应对日益严峻的老龄化问题和满足老龄化产业的发展需求，使各养老服务专业人才培养尤其是养老护理人才的培养日趋合理。如 1989 年颁布的《社会福祉士及介护福祉士法》规定老年护理行业实行国家资格认证考试，开启了老年护理人才的专业化培养；1993 颁布的《福祉人才确保法》提出在保证人才总量与市场需求之间平衡的同时，要确保服务质量，使得老年护理人才的教育培训日益规范。多年来，日本政府一直对养老护理人才培养给予了极大的关注与支持，为日本养老产业培养了非常多的养老护理人员，这些优秀的人才为日本养老服务的日趋完善，为养老体系的建立健全打下了坚实的基础。

日本《社会福祉士和介护福祉士法》明确规定了日本的老年护理人员分为两类：介护福祉士和社会福祉士。介护福祉士是介于传统的家庭照顾和临

床护理人员之间，接受过专业的培训，考取国家资格考试注册的专业护理人员，主要从事上门服务、机构服务、医院服务。他们的主要任务是通过为老年人提供与医疗、护理、保健和生活等相关的综合性、专业化的援助，如帮助进食、排泄、沐浴和健康机能训练等项目，以维护他们的尊严及基本人权，帮助他们实现生活自理。介护福祉士按照由高到低分为三级：介护福祉士 I 级，除参与辖区内老年人的护理工作外，还参与辖区内部分老年护理管理工作；介护福祉士 II 级，可以从事辖区内老年人的一切相关护理工作；介护福祉士III级，负责辖区内老年人的基础护理工作和简单的家政服务。社会福祉士是通过国家统一考试的指定培训机构毕业生或学习过指定课程的福利专业大学本科毕业生，主要从事社会福利的咨询、建议指导，和其他专业人员进行联络协调等工作。

日本政府通过颁布一系列法律法规，如《社会福祉士及介护福祉士法》，对福祉士的教育培训进行规范。法律规定申请介护福祉士培训的人群需要进行 2 年的共计 1 800 个小时的专业学习，介护课程由基础科目、专业科目、实习、特别课程等四大板块构成。其中基础科目包括心理学、伦理学、法学、教育学、生物学等 8 门课程；专业科目有医学基础、介护概论、介护技术、介护过程、社会福利概论、家政学概论等 17 门课程；实习分介护实习和实习指导；特别课程科目包括急救看护、家族病理、临床心理学、生活与环境等 7 门课程；此外，上门护理人员还要接受上门护理人员研修 1 级或 2 级课程。介护福祉士的培训学习对医学知识的掌握要求较低，而更侧重于社会福利概论知识、老人的生理心理知识以及生活护理技能知识的学习。社会福祉士培训只要接受 88 小时的培训学习，其中包括养老机构 32 小时的操作培训，考试合格后即可获得职业资格证书。所以日本养老护理人才培养规定，介护福祉士教育培训要求申请人群必须在高中毕业后经过 2 年共计 1 800 个学时的专业学习，经全国统一考试合格并取得资格认证后，方可从事介护工作；而社会福祉士申请人群在高中毕业后接受 88 小时的培训学习，经全国统一考试合格后取得职业资格证书即可执业。

日本的老年护理服务主要由介护福祉士提供，因此对于介护福祉士的培训，日本有相当完善的法律法规以及教育机构和专门教材。日本养老护理人员的培训是由政府设立的培训机构完成，日本政府在国家层面设置了中央福祉人才中心，在地方设立了都道府县福祉人才中心，从中央到地方形成了一个覆盖全国的自上而下的完整的培训体系。培训合格后要参加由日本政府授权的社会福祉振兴考试中心组织实施的全国统一考试，通过考试取得资格证书的方能执业。依据日本厚生劳动省的规定，考试中心必须按照规定成立考试委员会，委员会委员的选任、变更和解聘除按照相关规定进行外，还应经厚生劳动省批准。为确保福祉人才的培养质量，日本政府规定所有从事相关教学工作的教员，任职期间必须完成累计 300 小时以上的在职培训。

经过 100 多年的发展，发达国家的养老护理已经具有了非常丰富的专业实践经验，建立了较为完善的现代化养老护理服务人员教育培训体系和模式，具有明确的分层培训机制和较完善的继续教育培训体制，严格规范了培训机构、培训师资、培训标准、培训内容。这些发达国家共通的养老护理服务人员的教育培训经验，对我国构建科学化、专业化的养老护理人员教育培训体系有重大的参考价值。

第三节　我国养老护理从业人员的人才培养现状及建议

老龄化形势日趋严峻是当前我国面临的重大社会问题，无论是政府、社会、家庭、个人都面临着巨大的养老压力，所以目前养老问题不但是社会热点问题，也是社会各界普遍关注的焦点问题。教育部等九部门关于加快推进养老服务业人才培养的意见中曾指出："加快发展养老服务业是应对人口老龄化、保障和改善民生的重要举措，对促进社会和谐，推动经济社会持续健康发展具有重要意义。"据中国社会管理研究院一项研究数据表明：到 2020 年，中国的半失能老人将达到 6 852 万至 7 590 万，失能老人达到 599 万至 674 万，养老护理员岗位则应达到 657 万至 731 万。所以，与养老护理人员供需平衡相比，目前中国的养老护理员缺口在 300 万至 500 万人，全国持证的养老护理员不足 10 万人。养老护理从业人员的匮乏、职业技能低下和自身素质的不足，已经严重影响了老人的入住安全和生活质量，制约了我国养老产业的可持续发展。所以，为解决老龄化所带来的一系列衍生社会问题，为适应养老服务业快速发展的需求，为满足老年人日益增长的多元化、高品质的服务需求，应严格按照教育部的人才培养意见，大力发展养老服务相关专业，不断扩大人才培养规模，加强养老服务相关专业建设，加快建立养老服务人才培养培训体系，全面提高养老服务业人才培养质量。

在我国，养老服务是指为老年人提供必要的生活照料、辅助护理，从而满足其物质生活和精神生活的基本需求的过程。养老服务人员主要是指为老年人提供"养老服务"的一线实践人员，包括从事养老的护理人员、康复人员、心理咨询人员、营养提供及保障人员等。在养老服务人员中，养老护理从业人员占主体地位，大部分的养老服务内容是由他们提供的，因此养老护理从业人员是保证老人得到高质量养老服务的关键因素，发展养老事业必先建立健全养老护理从业人员的人才教育培养体系。目前我国养老护理从业人员主要来源于两大类——养老护士和养老护理员，所以我国养老服务人员的教育培养体系建设包括养老护士教育和养老护理员培训两个部分。

一、养老护士的人才培养现状

根据我国《护士条例》第二条规定，护士"是指经执业注册取得护士执业证书，依照本条例规定从事护理活动，履行保护生命、减轻痛苦、增进健康职责的卫生技术人员"。本条例第七条明确规定："护士执业，应当经执业注册取得护士执业证书。申请护士执业注册，应当具备下列条件：① 具有完全民事行为能力；② 在中等职业学校、高等学校完成国务院教育主管部门和国务院卫生主管部门规定的普通全日制 3 年以上的护理、助产专业课程学习，包括在教学、综合医院完成 8 个月以上护理临床实习，并取得相应学历证书；③ 通过国务院卫生主管部门组织的护士执业资格考试；④ 符合国务院卫生主管部门规定的健康标准。"这是我国对护士执业的法定要求，而对于从事老年人护理照顾的护士并未有相关具体要求。所以从事老年护理的养老护士，按照上述描述，是指完成护理或老年护理专业 3 年及以上的学习，获得专科及以上毕业证书，通过全国护士执业资格考试经执业注册取得护士执业证书，主要从事高级、专业性老年护理工作的人员。

我国养老护理事业起步于 20 世纪 70 年代末，老年护理教育作为一门新兴的学科，发展更为滞后，在 20 世纪 90 年代之前，老年护理教育几乎是一片空白。1994 年，我国卫生部对医院类院校护理专业课程进行结构调整，首次提出在护理教学中增设老年护理课程。该要求提出后，1998 年该课程才在原华西医科大学等几所高校开设，其后随着 2000 年《老年护理学》本科教材的正式出版，该课程才逐渐在其他医学类院校护理专业中广泛开设。2006 年全国老龄委办公室、民政部、劳动保障部等 10 部门联合出台关于加快发展养老服务业的意见指出："加快培养老年医学、管理学、护理学、营养学以及心理学等方面的专业人才，提高社区及农村基层卫生技术人员的专业素质。有计划地在高等院校和中等职业院校增设养老服务相关专业和课程，改革教学内容和教学方法。"这一政策出台前后，中国人民大学、北京大学、中国社会科学院、北京市社会科学院等国家重点院校和研究机构先后开设了老年学的相关专业；2007 年湖南岳阳职业技术学院等院校开始招收老年护理专业方向学生；2010 年《中等职业学校专业新目录》首次将老年护理作为一个专业方向规定下来；同年天津中医药大学首次招收本科层次的老年护理专业方向学生。目前，我国老年服务人才培养主要集中在中、高等职业院校，开设专业主要有老年服务与管理、护理、家政服务、社区康复等 4 个专业，本科和研究生层次均未设养老服务与管理专业，主要以专业方向形式进行高层次的人才培养。而在所开办的相关专业中，养老服务人才培养主要集中在养老护理专业人才培养，护理研究生教育中已经设立了老年护理研究方向，少数护理院校目前正酝酿开设老年护理专业。

二、养老护士人才培养存在的问题

与巨大而迫切的养老服务需求相比，目前我国老年护理学科的设立与老年护理专业人员的培养严重滞后，难以适应养老服务业的发展需要。而且，除了开设院校数量少、人才培养规模小、高层次人才培养缺乏，我国老年护理人才培养还存在以下问题：

（一）人才培养目标模糊宽泛

市场人才需求决定着人才培养方向，人才培养方向又影响人才培养目标的制定。由于我国养老事业起步晚，养老行业在国内尚属于新兴产业，与之对应的社会需求、发展前景、行业方向等均不清晰，加之学者相关领域研究又少，导致各院校在制定人才培养目标时缺乏对市场人才需求的类型及层次的有效分析，为能够更好地就业，专业发展方向过于全面、专业定位过于模糊、就业方向过于宽泛、专业技能过于普适，未能形成人才培养的核心理念。

（二）课程设置缺乏规范

规范的课程体系是实现人才培养目标的重要保障。我国养老护理专业起步晚，发展缓慢，目前国内该方面人才培养尚没有统一的课程规划，各院校通常是依托于事先制定的人才培养目标，结合自己的办学优势、办学特色、办学条件等进行设置，因此各院校的课程设置甚至核心课程的设置都五花八门，缺乏系统性、规范性。很多学校由于受限于教材、师资等方面，一些非常必要的社会工作、社会养老保障、社会学、心理学等方面的课程设置较少甚至不设置，实践教学环节缺乏且学时较少，不利于老年护理专业的发展。

（三）专业教材匮乏

由于专业发展较新，国内目前还没有专用规划教材，由于很多院校在专业设置上依附于临床或护理专业，所以目前很多学校的教师在实际教学过程中，一般多借用医学类教材，而社会工作、社会养老保障、社会学、心理学、伦理学等方面参考教材较少，教师多采用自编教材，这导致教师授课由于缺乏指导，教学随意性大，教学效果差，难以实现教学目标和人才培养目标。养老护理专业相关教材的缺乏已俨然成为制约专业发展的"瓶颈"了，尤其是制约了高层次护理人才的培养。

（四）师资力量严重不足

由于我国养老护理专业发展时间晚，高学历层次人才培养匮乏，养老护理专业课程教学多由护理专业或其他学科的教师兼顾完成，高职、中专院校师资主要以本科及以下学历为主，缺乏专业知识和实际工作经验。而由于缺乏实践教学的教师，所以多由机构一线工作人员兼任，受文化水平和素质的局限，缺乏系统、规范的教学设计，实践教学内容片面、不完整。养老护理师资力量的不足导致专业人才的培养与实际社会需求之间仍存在脱节，难以达到人才培养要求。

三、养老护理员的人才培养现状

养老护理员一直存在于我国医院、养老机构等养老场所，但并未形成正式的职业。直到 2002 年，劳动和社会保障部在印发第三批国家职业标准的通知中，在第三批国家职业标准目录中首次将"养老护理员"作为一种职业（职业编码：4-07-12-03）确立下来，并明确规定了该职业的"工作内容、知识水平、技能要求和活动范围"等方面。2005 年出版的《中华人民共和国职业分类大典（2005 增补本）》中补充了"养老护理员（职业编码：X4-07-12-03）"。2011 年人力资源和社会保障厅又对《养老护理员国家职业技能标准》做了最新修订。依据《养老护理员国家职业技能标准》（2011 版），养老护理员是指对老年人生活进行照料、护理的服务人员。本职业从低到高共设四个等级，分别为：初级（国家职业资格五级）、中级（国家职业资格四级）、高级（国家职业资格三级）、技师（国家职业资格二级）。

初级老年护理人员是指经本职业初级正规培训达规定标准学时数并取得结业证书，或在本职业连续见习工作 2 年以上，或本职业学徒期满后，申请参加职业资格考试通过后，获得初级职业资格证书并从事老年护理职业的人员。工作内容主要是负责生活照料，包括四个方面：饮食照料，如帮助老年人进食进水、报告并记录进食进水及异常变化等；排泄照料，如帮助或辅助老年人及卧床老人排便、采集老年人的二便标本、观察报告老年人排泄物并记录异常变化等；睡眠照料，如为老年人布置睡眠环境、观察报告老年人睡眠状况并记录异常变化；清洁照料，如为老年人洗浴、清洁口腔、翻身，并观察报告皮肤变化及记录异常变化等。此外还要进行简单的基础护理和基础的康复护理，基础护理如帮助老年人服药、观察记录用药后的反应、进行湿热敷、清洁、整理遗体等，康复护理如为老年人示范活动、教老年人使用助行器、使用轮椅辅助老年人进行活动等。

中级养老护理人员是指取得本职业初级职业资格证书后，连续从事本职业工作 3 年以上并完成不少于 150 标准学时的晋级培训并取得结业证书，或连续从事本职业工作 5 年以上，或取得经人社部审核认定的、以中级技能为培养目标的中等以上职业学校本职业（专业）毕业证书后，申请参加职业资格考试通过后，获得中级职业资格证书并从事老年护理职业的人员。工作内容除包括初级养老护理人员的内容外，主要以基础护理和更高技术要求的生活照料为主。基础护理主要包括三个方面：用药照料，如为老年人进行雾化吸入操作、眼耳鼻等外用药应用、处理Ⅰ度压疮等；冷热应用护理，如用冰袋、温水浴为老人提供物理降温，观察并记录体温变化；临终关怀，如为临终老年人提供肢体语言慰藉支持、精神安慰支持等。生活照料也包括饮食照料、排泄照料、睡眠照料、清洁照料四个方面，但技术要求更高级，如照料带鼻饲管的老年人进食，为留置导尿的老年人更换尿袋，为肠造瘘的老年人更换粪袋，识别影响老年人睡眠的环境因素并提出改善建议，对老年人房间进行终末清洁消毒等。此外，也为老年人提供站、坐及行走等活动以及穿脱衣服的功能锻炼和康乐活动照护。

高级老年护理人员是指取得本职业中级职业资格证书后，连续从事本职业工作 4 年以上并完成不少于 120 标准学时的晋级培训并取得结业证书，或连续从事本职业工作 7 年以上，或取得高级技工学校或经人社部门审核认定的以高级技能为培养目标的高等职业学校本职业或相关专业毕业证书，或大专以上本专业或相关专业学历并连续从事本职业工作 2 年以上后，申请参加职业资格考试通过后，获得高级职业资格证书并从事老年护理职业的人员。工作内容除包括中级养老护理人员的内容外，主要以更高技术的基础护理为主，以及能完成高技术要求的生活照料、康复护理。基础护理主要包括两部分：消毒防护，如用紫外线或消毒液对老年人的居室进行消毒，监测老年人居室的消毒结果；应急救护，如能应急处理老年人的烫伤、摔伤等意外，初步固定和搬移骨折老人，应急处置心脏骤停，执行氧气吸入操作等。此外还增加了心理护理以及培训指导，心理护理主要包括简单的老人不良情绪的心理疏导和老人的心理保健，培训指导主要包括对初级养老护理员进行基础培训和实践操作指导。

技师级老年护理人员是指取得本职业高级职业资格证书后，连续从事本职业工作 5 年以上并完成不少于 120 标准学时的晋级培训并取得结业证书，或连续从事本职业工作 8 年以上，或取得高级技工学校本职业毕业证书并连续从事本职业工作 2 年以上后，申请参加职业资格考试通过后，获得技师级职业资格证书并从事老年护理职业的人员。技师级老年护理人员的工作内容除包括高级养老护理人员的内容外，主要以护理管理和评价为主。护理管理与评价主要是指对基础护理的计划管理、老年人的环境管理、老年人的康复训练计划管理、老年人的心理辅导方案管理以及所在养老组织的一般事务管理与评价。此外还包括提供更高技术要求的心理护理和中、高级以及技师级别护理员的基础培训和实践操作指导、老年照料护理技术的创新等。技师级老年护理人员的工作内容要求更全面、技术水平要求更高，几乎达到了对养老护士的执业要求。

我国职业技能标准要求养老护理人员具有初中以上学历，具有一定的学习和计算能力。申请养老护理员相关资格需要具备职业道德和基础知识，其中基础知识包括四个方面：老年护理基础知识、安全卫生、安全保护知识、养老护理员职业工作须知、服务礼仪和个人防护知识；相关法律、法规知识。职业标准中对养老护理员的培训师资进行了规定：培训初级养老护理员的教师应具有本职业高级职业资格证书或相关专业中级以上专业技术职务任职资格；培训中级、高级养老护理员的教师应具有本职业技师职业资格证书或相关专业高级以上专业技术职务任职资格；培训养老护理员技师的教师应具有本职业技师职业资格证书 3 年以上或相关专业高级专业技术职务任职资格 3 年以上。

我国养老护理员的培训鉴定机构的确立是由民政部发布的《关于加强民政行业职业技能鉴定培训基地建设的通知要求》进行规定的，由设有该相关专业的高等院校、职业技术学院、中专学校或其他教育培训机构、民政科研机构等，向民政部进行申请，予以批准后具有养老护理员的职业技能鉴定培训资格，其后定期接受民政部职业技能鉴定指导中心和各省民政厅局的监督。通知要求民政行业职业技能鉴定培训基地应当具备以下条件：① 具有独立的法人资格；② 具有与所培训职业及其等级相适应的培训场地和设备设施；③ 拥有专职的培训管理人员和符合资质的专（兼）职培训教师；④ 具有较完善的培训发展计划和健全的行政管理、教学管理、学员管理等规章制度；⑤ 具有健全的财务制度并有充足的经费保证。

四、养老护理员人才培养存在的问题

养老护理员的存在虽然是随医院、养老机构等的产生而产生，但过去养老护理员一直以来都是作为一般家政服务劳动者而存在，即使现在，也以此为主，全国注册的养老护理员不足 10 万人，所以并没有引起社会、政府、学术研究机构的关注和重视，国内学术界对养老护理员培训的研究几乎处于空白状态。直到近年来老龄化社会问题日趋严峻，养老护理员作为一种职业被确立后，养老护理员以及养老护理员的职业培训才引起社会各界的关注和重视。我国养老护理员的人才培养采用的是非学历教育，主要以机构培训为主，而且机构培训目前也以政府进行的岗前培训、在职培训、晋级培训为主。我国养老护理员的人才培养处于刚起步的阶段，仍然存在很多问题，主要表现在：

（一）政策、规章制度不健全

自 2001 年民政部颁布《老年人福利机构基本规范》以来，截止到 2015 年，国家共出台了 5 部与养老、养老护理以及养老护理培训有关的法律法规，这些规范对养老护理员教育培训规范、行业监督、机构养老护理员就业准入制度等尚无强制性规定。国家法律法规的不完善甚至缺失，造成养老护理员培训难以真正市场化、社会化，所以目前我国养老护理员的培训还处于以政府培训为主，专业养老护理培训机构缺乏，用人机构和养老护理员自身对职业技能培训缺乏积极性，养老护理员持证上岗率极低等问题还难以解决。政策、规章制度的不健全严重制约了我国养老护理教育制度的完善，专业化养老护理教育培训体系以及考核评价体系机制的建立。

（二）职业培训体系不完善

由于我国的政治、经济、文化等因素的影响，我国养老教育培训起步晚，基础薄弱，尤其是养老护理员培训体系的建立，是从民政部对养老护理员这一职业的定义才逐步开始的，因此我国养老护理员教育培训工作开展时间尚短，还处在起步阶段，尚未建立起完善的职业培训体系。具体表现在以下几个方面：①培训模式单一，培训形式主要以政府组织的晋级培训为主，养老机构组织的短期岗前或在职培训为辅，所以培训的市场化和专业化程度较低，严重制约了行业发展。②培训师资缺乏。我国老年护理教育体系建设起步晚、发展缓慢，高层次人才培养缺乏，导致我国养老护理教育缺乏师资，尤其是缺乏具有实践操作培训指导能力的高级别养老护理员，难以满足人才培养要求。③培训内容简单，课程设置不合理。由于培训时间短、师资力量缺乏，

养老护理员培训多集中在基础生活照料和基础护理服务，缺乏对老年人心理、老年功能康复、终末期老年人临终照护、职业道德教育等深层次高端护理内容的培训，且除了养老护理员晋级培训外，没有形成分层培训，难以满足老年护理岗位和老年人的需求。

五、完善养老护理服务人才培养的建议

（一）强化政府责任，切实加强政策保障

老龄化问题是一个社会化民生问题，政府有责任、有义务做好相关统筹工作，提供有力的政策保障。首先，由国务院牵头成立教育、人社、民政、卫计委、老龄委等多部门联合工作小组，结合我国老龄事业的发展规律、老龄产业的发展需求以及人才培养规律，负责研究制定老年护理人才发展规划、人才专业化建设、职业晋升机制、招生就业扶持等一系列法律、政策文件，并做好政策执行的统筹、监督工作，加强人才培养的顶层设计。其次，加大财政投入，建立人才培养专项经费，保障持续、稳定的财政投入，主要用于养老服务专业建设、基地建设、师资培养、教学科研改革、学生奖助、就业、从业人员培训、薪酬福利提高及表彰奖励等各方面。

（二）建立健全人才培养体系，强化培训作用

完善的人才培养体系是培养老年护理人才的前提。由于我国养老护理人才包括养老护士和养老护理员，而且养老护理员承担了绝大多数照护工作，所以我国应按照 2014 年颁布的《关于加快推进养老服务业人才培养的意见》中提出的，加快建立以职业教育为主体，应用型本科和研究生教育层次相互衔接，学历教育和职业培训并重的养老服务人才培养培训体系。所以教育部门和各高校应加快建立涵盖高职、专科、本科、研究生培养的层次齐全、相互衔接的老年护理教育，积极提升培养层次，加快高端人才培养。建立独立的护理员培训机构或依托地方高校，按照国家养老护理员职业标准，建立养老护理员分层职业培训体系，加速普及老年护理员持证上岗，加快建立初级、中级、高级、技师级多层次老年护理员人才队伍建设。结合养老护理从业人员学历、职业资格级别、工作年限、岗位职责、岗位需求等因素，建立常态化的在职培训模式，制订培训计划，分期分批地进行在职培训，增强老年护理从业人员的岗位胜任力，从而提升服务人员的自身素质、服务质量和服务水平。

（三）规范人才培养，增强能力建设

规范的人才培养是保证老年护理人才教育顺利开展的关键。人才培养的规范性具体体现在：

1. 完善人才培养方案

国家教育主管部门应组织各相关机构专家讨论和制定切实可行的、全国统一的不同层次老年护理服务人员的培养目标和能力要求，形成核心的人才培养理念。各高校、教育培训机构在此基础上，从整个老龄产业的发展、涉老机构的实际人才需求、老年护理岗位的能力需要、老年护理人员的个人发展，以及教育培训机构的实际情况和人才培养特色等角度，确定老年护理教育培训的培养目标和人才培养规格，制定符合实际、切实可行的人才培养方案。

2. 优化课程设置

老年护理人才的功能定位是面向社区、家庭及各种养老机构提供生活照料、基础医疗护理、功能训练、健康指导、康复护理和心理护理等一系列综合性的健康服务。老年护理教育培训的课程应该以老年护理服务岗位职业能力为导向进行设置，紧密结合护理岗位需求、人才培养目标和执业资格考试要求，构建融合老年医学护理课程、临床护理专业课程、康复护理专业课程、人文学科课程等为一体的综合型老年护理人才的课程体系框架，具体应该包括职业核心课程、职业素质课程、职业发展课程三个部分。职业核心课程主要包括老龄化的基本理论、老年人照料基本技能、老年人常见疾病的护理、老年人常用康复方法、老年保健与健康评估技术和方法等；职业素质课程包括老年护理心理学、老年护理伦理学、老年人群的健康教育与沟通技巧、与老年健康相关的政策及法规等；职业发展课程包括老龄产业经营与管理、老年活动策划、养老机构评估标准及评估实施等。

3. 加快师资队伍建设

老年护理教育培训的师资水平直接关系到老年护理教育发展的好坏。所以首先我国应该加快老年护理教育的高层次人才培养，尤其是相关硕士和博士生以及高级和技师级老年护理员的培养，分期分批地选派符合条件的教师继续高层次学习和深造、出国留学，为我国高等院校、培训机构培养一批专业顶尖人才，以带动学科发展。建立校企合作，与养老服务机构签订协议，尤其是选派较高学历的一线从业人员参加高校继续教育课程，通过规范的专业学习，获得实习带教资格及培训所在机构从业人员的能力，作为兼任实践教师。

（四）健全职业保障体系，营造和谐社会舆论

健全的职业保障体系是提高老年护理从业人员职业归属感和满意度，促使其安心从业的直接条件。涉老机构应当积极改善养老护理从业人员的工作条件，加强职业防护和劳动保护，依法为其缴纳医疗、养老、工伤等社会保险费，提高工资福利待遇水平，制定与薪酬相挂钩的职业资格、注册考核办法，保障继续教育培训机会，科学设置专业技术岗位，不断健全养老护理从业人员的职业保障体系，从而提高养老护理从业人员的满意度。各类媒体应对尊老爱老的思想、养老护理从业人员的优秀事迹等加大宣传力度，积极引导社会舆论，提高养老护理从业人员的公众形象，营造关心、支持养老服务人才培养使用评价的良好的社会舆论环境，进而提高养老护理从业人员的社会地位，吸引高素质人才进入养老护理服务行业。

随着老龄化的不断推进和养老服务产业的迅速发展，需要建立一支能够支撑养老服务产业发展，职业道德标准高、业务素质能力强、服务质量水平优的专业化养老护理服务人才队伍。然而我国对养老护理服务人员的教育培训体系的建立尚处在探索、研究阶段，专业化的教育培训、考核、监督、职业准入模式尚未形成。养老护理服务人才的培养是一项长期的、复杂的、不间断的系统工程，不可能一蹴而就，而是需要社会各界的努力参与，才能加速建立和完善我国各层次老年护理服务人才的培养，满足我国养老事业发展的要求以及老年人日益增长的养老需求。

（孙雪）

第七章 公共财政政策调整与完善

　　社会经济发展水平的逐步提高，给人口再生产带来了重大影响，即人口死亡率和生育率逐渐降低，增长速度逐渐放缓，预期寿命逐渐延长。这导致了老年群体在整个社会人口中的比重相对于少年儿童和青壮年群体逐渐上升，人口老龄化结构开始出现，从而掀起了在 21 世纪波及全球的"人口老龄化"浪潮，被称作"银色危机"。

　　人口老龄化是人口转变的必然结果。然而，中国人口基数大、人均资源不足以及区域经济文化差异大的国情决定了中国人口老龄化具有不同于西方发达国家的特征。从世界发达国家的实践看，人口老龄化多发生在人均收入达到较高水平时期。较高的人均收入意味着资本相对丰富，这样，当老龄化到来出现劳动力短缺时，这些国家恰好出现资本替代劳动的技术进步和产业结构变化。生产要素替代和产业结构调整则使这些国家产业结构进行全面升级，技术结构转向劳动节约型和资本密集型。相比而言，中国的人口转变主要是在计划生育政策的作用下提早完成的，因而相应的老龄化也是在人均收入仍然处于较低水平的发展阶段中发生的。可以说，中国人口老龄化具有典型的"未富先老"特征。"未富"意味着现有的人均 GDP 水平使中国尚不能进入可以用资本替代劳动的发展阶段，新的比较优势不能及时显现出来，经济增长有可能丧失可持续性；"先老"意味着过早出现的劳动力供给减少现象，会导致工资水平上涨，这将使中国失去劳动密集型产业的比较优势和国际竞争力。

　　我国的人口再生产类型，自改革开放以来，由"高出生率、低死亡率、高自然增长率"逐步转变为"低出生率、低死亡率、低自然增长率"。这个转变是随着我国社会经济发展，国民生活质量提高，人均寿命延长，同时又实施了严格的计划生育国策所带来的必然结果。然而，我国的人口年龄结构，恰恰在这两方面因素的影响下，产生了显著的变化，即老年群体所占的比重越来越高，带来了"未富先老"和"未备先老"的典型特征。按照国际通用的衡量标准，在 2000 年"五普"时，我国 65 岁及以上的老年人口占总人口比重达到 6.96%，开始进入老龄化社会。并且，在时间上具有累进性，以平均每年500万人的速度递增。到2010年的第六次人口普查时，65岁及以上的老年人口占总人口的比重上升到8.87%，规模达到庞大的1.19亿人，而且高龄化的趋势十分明显。2013年，我国60岁以上老年人口已破2亿，老龄化水平达到 14.8%。截至2014年年底，我国60周岁及以上老年人口达到21242万，占总人口的15.5%，65周岁及以上人口13755万，占总人口的10.1%，其中高龄老人、空巢老人数量规模尤其庞大，老龄化发展态势十分严峻。目前，中国的社会保障体系仍不健全，现行的财政制度安排尚不能为人口老龄化的到来提供充分的资金保障，在这种环境下，人口老龄化势必给公共财政支出、财政收入以及政府预算等带来极大冲击，政府公共财政政策将面临巨大挑战。

第一节　应对人口老龄化的公共财政政策现状

与国外"先富后老"相反，我国是典型的"未备先老"和"未富先老"。我国的社会保障资金来源比较单一，社会保障等福利体系尚未健全，相关法律法规尚不完善，社会承受力比较弱。中国现行的财政制度是根据经济发展的特点和国情在长期的历史实践中形成的，具体表现为：在公共财政支出方面，经济建设支出比重偏高，而民生支出特别是与养老相关的社会性支出占比较小；在公共财政收入方面，税制结构以流转税为主体，所得税所占比重较低，增加财政收入仍存在一定空间；在财政收支关系上，收支缺口一直较大，财政赤字居高不下，国债依存度较高。这些都使财政的可持续发展受到严重制约。当前实施的公共财政制度在政策扶持力度上与人口老龄化的高需求一直存在着严重的不对称性，在公共财政支出上也不能为解决老龄化问题提供充足的资金支持。再加上尚不完善的税制体系和相对较高的税负水平，人口老龄化的超前发展，对经济社会协调发展产生了深刻而又复杂的影响，给劳动力资源、社会保障、传统养老模式、特殊供给以及产业结构等各方面带来了巨大的压力。

一、现行财政支出制度的安排难以应对人口老龄化的挑战

长期以来，我国经济建设支出一直在我国财政支出中占重要地位，这与我国一直坚持以经济建设为中心的发展战略密切相关。该项支出主要用于基础行业的基础设施建设和维护，这使得我国的基础设施在改革开放后实现了

持续快速发展。然而，我国在医疗、卫生、社会保障等方面的支出却长期偏低，人口老龄化所带来的财政需求与财政供给很不对称。

（一）从财政需求角度看

我国人口老龄化对公共财政支出的压力主要体现在两个方面：一是养老保障压力增加。据人力资源和社会保障部统计，1980 年我国在职职工与退休人员的供养比是 13∶1，1990 年为 10∶1，2003 年这个比例已经锐减到 3∶1，而到了 2015 年，这个比例由 2014 年 2.97∶1 已经降至 2.87∶1。此外，每年新增退休人员 300 多万人，养老保险基金将面临巨大的资金支付压力。二是医疗保障的压力增大。据卫计委统计，老年人消耗的卫生资源是全部人口平均消耗卫生资源的 19 倍。人口老龄化的加剧，将给我国的医疗保障体系带来巨大的压力。此外，由于财政支出不足，非盈利性的养老服务业发展严重滞后。目前，由于社会转型、政府职能转变、家庭养老功能弱化，养老服务业发展严重滞后，难以满足庞大老年人群，特别是迅速增长的"空巢"、高龄和带病老年人的服务需求。同时，与城市相比，农村老龄问题的压力更大。随着人口老龄化进程加快，农村的养老、医疗等方面的压力相对城镇将更加突出，西部和贫困地区尤为严峻。

（二）从财政供给角度看

如果根据我国现行公共财政支出的划分，我们还难以得到财政与养老相关支出的准确数据，只能从相关内容中推算。假定社会保障总支出占财政总支出的比重可以在一定程度上反映政府公共财政用于老年相关支出的大体情况。近年来，该项支出占财政总支出的比重一直平稳地保持在 10%左右的水平，2005 年和 2006 年分别为 10.9%和 10.79%；而同期经济建设支出占财政总支出的比重为 27.5%和 26.6%，行政管理费所占比重为 19.2%和 18.7%。据报道，我国公共养老保障体系的覆盖面只占人口总数的 15%，低于世界劳工组织确定的 20%的国际最低标准。政府用于养老的支出所占比重偏低的事实，与我国几千年来沿袭至今的"以家庭代际养老为主、专业机构为辅"的赡养模式有关。但必须认识到，老龄化不仅仅是家庭问题，更是影响经济可持续发展与社会稳定的民生问题，政府对此责无旁贷。

二、现行税负增幅难度较大，税制结构仍存在完善空间

人口老龄化的加剧，一方面对提高宏观税负水平提出了客观要求，另一

方面又需要政府通过税收优惠政策对老龄产业的发展给予必要的扶持。然而，中国现行的税负水平及税制结构往往使政府在政策选择上陷入两难境地。

（一）中国现行的宏观税负已经处于相对较高水平

宏观税负是指一定时期内国家课税总额占同期国内生产总值（GDP）的比重，它反映了政府的社会经济职能及财政功能的强弱。由于宏观税负水平在计算方法和计算口径上的不同，我国学术界对宏观税负水平高低的问题一直存在不同观点。总体来看，如果按小口径，即税收收入占GDP的比重来计算，我国近年来这一比重一直保持在20%以下，宏观税负水平并不高；但如果按大口径计算，即国家集中收入占GDP的比重衡量，则该比重相对较高。

（二）现行税制结构体系仍有待进一步完善

作为发展中国家，我国长期以来形成的税制结构充分考虑到了经济发展水平、税收政策目标以及税收征管水平。其主要特点为：一是税制总体结构以商品劳务税为主体，所得税，特别是个人所得税所占比重较低，具有专款专用性质的社会保障税仍未开征；二是税收政策目标主要侧重于效率与收入，税收激励未能充分考虑老龄化支出的特殊需要以及对老龄产业的支持。因此，随着人口老龄化的到来，现行税收政策不仅难以在收入上为老龄化支出提供充分的保障，而且在政策导向上也存在严重缺陷。

（三）我国税收收入高速增长的态势将逐步趋缓

近年来，我国税收收入增长率持续高于同期GDP增长率，然而税收收入高速增长不可能是一成不变的"常态"，随着体制改革的逐步完善，短期因素会逐渐减弱，税收增长持续高于经济增长的现象也会逐渐消失，两者之间的关系将趋于常态，即税收收入增长率随着经济增长率的变化上下波动，并且其波动的幅度会大于经济增长率的波动幅度。因此，老龄化一旦使经济增长率下降，税收增长率就会下降更多，甚至可能会达不到当年的预算收入水平，难以完全满足当年预算支出中各项目的资金要求。

三、收支失衡仍是制约财政可持续发展的难题

改革开放30多年来，财政为支持经济体制改革和社会发展做出了巨大贡献，也付出了很大成本，特别是在财政收支关系中，财政赤字居高不下，债务依存度过高已成为不争的事实。一方面，改革开放后财政收入占比持续走

低，主要是计划经济下高度集中的分配格局被逐渐打破，国民收入在国家、集体和个人之间原有的分配关系有所调整，而且在很长一段时间内国民收入分配倾斜个人、向企业让利，直接导致了国家财政收入增速下滑。国家财力不足严重损害了财政履行职能的效果，为此我国还一度扩大国债规模，希望通过借债缓解财政压力，但同时也使国家背上了日益沉重的债务负担。进入2000年之后，我国财政收入连年高速增长，一定程度上消化了实施积极财政政策期间累积的巨额赤字，也基本应对了推进公共财政框架建立所形成的支出压力。另一方面，改革开放之前，我国一直处于政府对经济和社会各项工作强化干预的阶段，在很长时期内财政支出占的比重一直走高。随着改革的深入及市场经济体制的确立，政府职能及财政支出内容都有所调整，相应地，财政支出所占的比重也得到了一定程度的控制并有下降趋势。但伴随积极财政政策的实施和公共财政体系的推进，财政支出领域又有扩大，民生类等支出更是表现出强劲的增长趋势，财政支出不得不面对日益膨胀和失衡的压力。此外，由于社会保障制度转轨和社会保障资金不足而导致的未来或有支出、由地方政府债务而形成的隐性财政赤字、因金融风险财政化而导致的未来政府支出等还会构成财政的隐性赤字，从而使实际财政赤字更大。这种状况不仅会增加政府应对老龄化到来的财政压力，也会影响财政的可持续发展。

第二节　人口老龄化对公共财政的冲击

在分析人口老龄化对社会经济的影响时，人们通常采用老年赡养率（elderly dependency ratio）这一概念，即65岁以上人口占15~64岁劳动人口的比重，它表明现有劳动人口对退休人口抚养的程度。老龄化的一个重要影响就是老年赡养率显著上升，据预测，欧盟国家的老年赡养率将从2000年的26.7%上升到2030年的43.8%和2050年的53.4%（Holzmann，2003）。在不改变退休年龄的情况下，中国的老年赡养率将由1999年的11%上升到2030的25%（Wangetal，2001），这意味着4个劳动年龄人口抚养一个老人。在其他条件不变的情况下，人口老龄化对公共财政的冲击主要表现为：

一、与养老相关的公共支出所占比重上升，公共支出总体压力增大

儿童、少年、老年人群对消费、储蓄、生产方式、公共需求有很大的差别。一般而言，少年人口对健康和教育投资的需求较大，壮年人口为整个经

济供应劳动和储蓄，而老年人口对医疗保健和退休保障的需求较大。老年人的消费市场随着我国人口老龄化程度的加深不断增加，老年人消费总额和比例将不断挤占青少年消费市场。生产方式将不断向资本密集型发展，老年人口增大使得储蓄不断消耗，投资减少。人口老龄化程度加重对政府的公共需求提出更高的要求，人口老龄化会在两个方面对公共财政支出带来巨大压力：一方面，人口老龄化意味着总人口中劳动力所占比重降低，经济增长速度将随着劳动力队伍增速放缓而下降，政府将不得不应对由于老年人口赡养率提高而带来的养老金、医疗卫生等方面的挑战，这在客观上对公共财政支出的总规模产生了上涨的推动力；另一方面，在财政支出总规模一定的条件下，公共财政支出的结构将会发生变化，具体表现为养老金支出、医疗卫生服务和长期护理服务等方面的支出所占比重将大幅度提高。

二、税基缩减，公共财政收入减少；税式支出增加，税收管理风险增加

与公共支出相比，人口老龄化对财政收入的影响具有一定的不确定性。老龄化对财政收入的影响往往是间接性的，它取决于国家的宏观税负水平、税制结构和政府的税收政策取向。从总体上看，人口老龄化会使税基缩减，税式支出增加。

一方面，人口老龄化会降低劳动生产率、减少社会投资总量，从而减少了物质资本与人力资本的投入，进一步又导致了劳动力成本上涨，作为长期以来拉动我国经济增长的关键因素之一的人口红利优势逐渐消失，传统的劳动密集型产业将面临严峻挑战，从而减缓经济发展速度，导致国民收入减少，影响国民收入的创造。而国民收入是税收收入的基本来源，国民收入的减少造成了税基的缩减，在宏观税负水平不变的情况下，税基缩减意味着财政收入总额下降。另一方面，为了促进老龄产业的发展，也基于社会公平的需要，政府通常制定一系列针对老龄人口的优惠政策，比如，对养老产业以税收优惠方式进行的扶持，对按国家规定领取的养老金给予免税；在有些国家，还对老年人缴纳的个人所得税实行额外扣除以及税收抵免等。这些特殊的税收优惠政策虽然能够引导个人决策，促进相关产业发展，为处于弱势地位的老年群体提供生活保障，有利于税收公平目标的实现，但也使得财政收入减少，导致税制更加复杂，增加了政府税收预算管理的难度，孳生了寻租机会，从而增加了税收管理风险。因此，在宏观税负水平和税制结构不变的情况下，人口老龄化会使公共财政收入总额大幅度下降，税收管理风险增加。

三、财政收支失衡加剧，财政风险增大

在现行的公共财政制度安排下，人口老龄化对公共财政收支关系的影响是双重的：一方面，税基缩减、财政收入减少，财政资金的供给减少；另一方面，财政支出压力增大，对财政资金的需求增加。这种财政收支之间的矛盾会直接导致财政收支失衡加剧，财政赤字加大。在短期内，无论是通过提高税负还是减少财政支出的方式来弥补财政赤字，都缺乏政治上的可行性，并且还会造成经济发展的扭曲化。对于财政赤字，各国普遍采取的弥补财政赤字的方式是发行公债，而公债到期必须还本付息，如果一个国家的国债发行量过大，债务依存度过高，则表明该国财政支出中过分依赖债务收入，财政将会处于脆弱状态，这对未来财政的可持续发展将构成威胁，财政风险加大。

第三节 公共财政政策应对人口老龄化的国际借鉴

一、日本应对人口老龄化的公共财政政策经验对我国的启示

（一）日本应对人口老龄化的公共财政政策经验

在面对本国人口快速老龄化、人口红利消失、劳动力急速减少的情形时，日本政府主要采取了以下应对策略。第一，鼓励老年人尽其才，避其短，区别对待各年龄段老龄人口。日本将老龄人口划分为低龄老龄人口、中龄老龄人口和高龄老龄人口三部分，并且采取区别对待的措施，不仅起到了人尽其才的作用，而且对因劳动力减少而带来的压力也起到了缓解的作用。比如对于 60~70 岁的老年人，财政鼓励其延迟退休，继续创造财富、增加储蓄；对于 70~80 岁的老年人，财政鼓励、引导他们在自己的社区内，在能力范围之内尽量创造价值，而不仅仅是纯消耗；对于 80 岁以上的高龄人，促使其尽量保持健康。第二，日本政府加大对提高生育率的宣传和鼓励，从源头上解决人口老龄化的问题。由于日本在 20 世纪 70 年代就已逐步进入老龄化社会，因此较早就提出人口发展的长远规划，特别是在鼓励人口生育率方面采取了精神和物质两方面的措施，对缓解日本人口数量下滑起到了重要作用。第三，设计长远发展战略，实现经济发展的良性循环。日本创造了一个经济增长和社会保障良性发展的环境，具体采用了以下措施：一是创造符合老年人需求的各种产品和服务，并有效地刺激老年群体的消费；二是增加老年人的就业，尽量为老年人再就业提供途径和方法，充分利用老年人这部分劳动力。

（二）对我国的启示

1. 从长期上看，逐步调整计划生育政策，适当提高生育率

计划生育政策在相当长一段时间内对我国经济的发展起到了积极的作用。但近年来，少儿抚养比率持续降低，导致劳动人口比重有所下降，以至于出现了用工荒的现象。而且我国的人口出生率持续走低，甚至低于人口更替水平。因此，2015 年 10 月党的十八届五中全会决定："坚持计划生育的基本国策，完善人口发展战略，全面实施一对夫妇可生育两个孩子政策，积极开展应对人口老龄化行动。"这是继 2013 年十八届三中全会决定启动实施"单独二孩"政策之后的又一次人口政策调整。

2. 从短期上看，可采取灵活的退休政策，提高劳动力的参与度

目前我国实行的是女性 55 岁退休、男性 60 岁退休的法定政策。我们可以借鉴日本的做法，采取区别对待的措施。对于一些即将退休的劳动者，在自愿的前提下可以延长其退休年龄；对于低龄老龄人口，即便一些人已经退休，也可以返聘到原来的工作岗位。对于中龄老龄人口，根据岗位的需要和老龄人口的身体状况，可安排其到社区做一些力所能及的工作。在政策方面，我国 2016 年已经开始拟定渐进式延迟退休政策，人社部部长尹蔚民在出席 2016 年 11 月 18 日巴拿马召开的国际社会保障协会的时候，明确提到，我国将适时出台渐进式延迟退休年龄政策。这也是他在 2016 年 7 月介绍我国将推行"延迟退休"政策以来，再次在公开场合明确提到此项政策。对于延迟退休提出的方案是：第一，从 2015 年开始，1965 年出生的女性职工和居民应当推迟 1 年领取养老金，1966 年出生的推迟 2 年，以此类推，到 2030 年实现女性 65 岁领取养老金。第二，从 2020 年开始，1960 年出生的男性职工和居民推迟 6 个月领取养老金，以此类推，到 2030 年实现男性职工和居民 65 岁领取养老金。

3. 从战略上看，加大人力资本的投入，提高劳动人口素质

我国正面临着人口结构转变过程中劳动人口不断减少的严峻局面。因此，如何在有限的劳动人口数量下提高劳动力素质就变得尤为重要。纵观我国十多年来的做法，在大力发展教育的口号下，扩大大学招生政策，这固然有其积极的一面，但仍然有不完善之处，如教育质量不高、专业设置不合理等问题。要解决这些问题，须以经济增长为导向，以调整产业结构为龙头，以适应社会发展需要为目的，多方开发劳动力资源，同时大力发展职业技术教育，才可以达到提升劳动力素质的目的。

4. 从宏观上看，进行产业结构调整升级，提高产品的附加值

改革开放以来，我国经济发展主要利用我国劳动人口资源丰富的优势，基本依赖于加工与制造的产业，因而有"世界工厂"的称号。但日本经济发展的经验告诉我们，低层次的产业不具有持续性。因此，需要进行产业结构调整与升级。在目前的情况下，应该采取有效的措施，将我国东部沿海地区的劳动密集型产业转移至中西部地区。一方面，可以充分利用中西部地区的劳动力资源，发展当地经济；另一方面，可以腾出资源为东部地区进行产业结构调整与升级，保持东部地区经济的可持续发展。此外，我国企业不仅要进行技术的引进，大力发展科学技术，而且还需要注重自主创新能力的开发，采取集约式的经济增长方式。

二、英国应对人口老龄化公共财政政策经验及对我国的启示

（一）英国应对人口老龄化公共财政政策经验

面对本国人口快速老龄化，英国政府主要采取了以下应对策略：第一，建立了积极老龄化、积极融入社会和自立的财政政策。1970年以来英国的生育率一直处于更替水平以下，人口老龄化越来越严重。英国在应对人口老龄化的政策中重点提倡积极老龄化，让老年人能够尽量融入社会，提倡老年人的自我养老。财政为他们搭建一些平台，比如从2003年4月起，英国政府帮助老年人和弱势群体提供与住房相关的信息服务和上网服务等。第二，加大促进就业的财政投入。在英国，国家通过各种方式帮助失业者找到工作，不仅如此，失业者在刚刚找到工作的不稳定时期，仍然可以得到财政的扶持，直到其在工作岗位上稳定。第三，增加财政教育投资，大力开发人力资本。除此之外，政府支持对青少年的培训，加大对青少年就业的财政支持。

（二）对我国的启示

1. 实行分权管理、责任下放的政府治理体制

英国主要通过分权方式改进公共管理部门的工作质量，整合内部资源，减少管理层次，实行分级管理，发挥各职能部门在社会管理中的执行作用和专业化水平。在老龄化过程中，中国需要有专门的职能部门负责向老年人提供最基本的公共服务。

2. 英国养老制度改革比较成功

英国的国家补充养老金，即现行的国家第二养老金（相当于中国的个人

账户养老金），也实行现收现付制，但经过调整，这种与众不同的制度设计比较有弹性。政府通过适度降低其待遇水平以及税收优惠等手段，促进了养老制度的私有化。结果国家第二养老金覆盖的人群主要为中低收入雇员，而中高收入雇员则选择合约退出国家制度并参加了待遇水平更高的私营养老金计划，而且从原先的以 DB 型计划为主向以 DC 型计划为主转变。目前私营养老金覆盖率近 60%，国家补充养老金覆盖率近 30%。这种政府公平责任和市场效率功能的有机结合，对中国极有借鉴意义。

三、德国应对人口老龄化的公共财政政策经验及对我国的启示

（一）德国应对人口老龄化的公共财政政策经验

面对本国人口快速老龄化，德国政府主要采取了以下应对策略：第一，德国的社会保障一直是各国借鉴的范例。自 1957 年以来，德国就实施了社会保障的现收现付制，但到 2001 年，德国的这种制度已经无法支付养老金，继而推行了"里斯特"改革，将单支柱的养老金体系转变为基金制多支柱的养老金体系，这种转变主要通过税收减免和津贴的减免。第二，财政鼓励"专业护理老人院"，发展不同层次的养老机构和设施。德国的养老院具有世界一流的人员管理和硬件设施，很多老年人都选择入住"老人院"，同时政府鼓励"多代屋"的互助养老，为财政支出减轻负担。第三，德国在 1995 年就开始启动了长期护理保险法。长期护理在德国已经成为继养老保险、事故保险、医疗保险、失业保险四大险种之后的又一大险种。它规定所有参加医疗保险的人都必须参加护理保险，并且财政负担保险费的三分之一以上。这在一定程度上解决了老年人的家庭长期料理问题。

（二）对我国的启示

1. 建立长期护理保险制度

根据德国建立长期护理保险制度的成功经验，我国在完善养老、医疗等社会保障的同时，应尽快建立长期护理保险制度，以应对人口老龄化的迅速发展。我国在建立这一制度时，应以社会保险为主，商业保险为辅，针对地区差异实行多种模式，费用共担。

2. 探索新型养老服务方式

随着家庭规模的缩小，我国传统的家庭养老方式越来越不能适应人口现状。因此，我们必须借鉴德国经验，探索新型养老方式，满足老年人不同的

养老服务需求。例如居家养老服务，从我国目前的经济发展水平来看，采取以居家养老为主，机构养老为辅，通过社区提供养老服务，家庭、社会共同承担养老费用的养老方式，是不错的选择。

第四节 我国人口老龄化的公共财政政策调整与完善路径

社会保障以人为根本目标，以公共财政为基石。人口老龄化的到来，老年人口比重不断增加，使得人口群体的年龄结构发生改变。与之相应，社会保障体系必然也需要调整，以解决人口老龄化带来的挑战。公共财政作为社会保障的基石和政府调控经济、社会的主要手段之一，理所当然地要在供给社会养老产品，应对老龄化的问题上发挥重大的作用。具体而言，公共财政不仅为解决人口老龄化问题提供政策框架，而且还提供物质基础，即公共财政会提供资金支持、政策保障，促进人口、经济、社会协调发展。

一、探索继续做大国民收入蛋糕的公共财政政策，增加财政收入

积极应对人口老龄化的坚实基础就是充足的财政收入，而财政收入的物质基础又是国民收入。根据专家预测，我国目前仍处于劳动力资源丰富、总抚养负担相对较轻的"人口红利"时期，人口结构对中国经济增长的贡献将一直持续到2020年。因此，为了在未来人口老龄化高峰到来时，能提供充足的财政支持，政府现阶段的首要目标就是不断改善现行的积极财政政策，充分利用"人口红利"，保持经济的持续健康发展，做大国民收入这块蛋糕，提高财政收入水平。同时，研究人口波动对消费结构和投资结构的影响，探讨如何综合运用各种财政政策手段积极为经济主体创造公平、开放、宽松的经营环境，不断增强经济发展的内在动力，促进经济的持续稳定增长。另外，要找准新的经济增长点，积极培育新的财源。根据我国现阶段经济发展的特点，应充分运用财政激励机制，大力发展高技术支持的现代制造业和现代服务业，努力把其培育成我国经济的重要推动力和财政收入的主要来源产业。

二、优化财政收支结构，提高养老保险支出效率

（一）加强财政管理养老保险的水平

现在世界上各个国家，只要是建立了基本养老保险制度，那么大多数都

建立了多层次的养老保险制度。所谓多层次养老保险制度是指：第一层是国家基本养老保险制度，第二层是企业年金制度，第三层是个人储蓄和购买的商业保险。

第一层国家基本养老保险是为了使人们在退休以后得到基本的养老生活需求。就目前来说，我国的基本养老保险制度覆盖范围很广，农村养老保险基本全面覆盖，城市养老保险中城镇企业养老保险以及机关事业单位养老保险发展比较全面。第二层企业年金主要是经济效益不错的单位为单位的职工缴纳的补充养老保险，是单位给予职工的一些福利，这是我国于 1991 年由国务院提出的，是希望企业根据自身效益为其员工缴纳补充养老保险，虽然经过了 20 多年的发展，但是实质性的进展缓慢，不仅在年金的规模上，而且在相关的法律体系形成和运营各个方面与发达国家相比较都存在一定的差距。第三层个人储蓄和购买商业保险是个人为了自己养老生活需求所进行的变相储蓄。商业保险的实质是保险公司将社会闲散资金集中后进行投资获益，从而给个人一定的经济收益。虽然现在保险公司的管理理念以及营销技术在不断发展，但人们对商业养老保险重要性的认识仍然有待提高。与我国水平相等的其他发展中国家在商业养老保险这一方面做得要比中国强一些。

养老保障制度是保障老百姓的基本生活需要。在我国日益严峻的老龄化形势下，首先，我国必须建立相对比较完善的社会保障制度，将基本养老保险、个人储蓄性养老保险以及企业补充养老保险结合起来，建立多层次的养老保险制度，从财政上和管理上都给予一定的支持，保障人民的基本养老生活需求。其中基本养老保险制度需要国家、个人和集体三方面积累统筹的办法，三方合理分担。在城镇，推进社会统筹与个人账户相结合的，由国家、社区、企业、家庭和个人多方面负担的养老保险模式；而在农村，应根据实际情况，建立一个主体为个人储蓄的养老保险，国家和集体也要给予必要的支持，将家庭保障和社会保险相结合的农村养老保障体系。同时对企业采取税收优惠政策，引导企业为员工缴纳企业年金即补充养老保险，改善居民的退休生活质量；并且通过完善商业保险制度的法律法规，通过税收上的优惠纳税和减免个人所得税来鼓励个人购买商业保险。只有通过三个方面的协同发展，才能从根本上保证退休人员的生活质量，并且使养老的责任不仅由国家承担，也由企业和个人分担部分责任，从而也会减少国家财政风险。另一方面，对于退休金，应该实施浮动的变化，随着物价的变化进行一定的调整。在时机成熟时开征社会保障税，拓宽筹集社会保障资金的来源。最终解决老年人老有所安的问题，满足老年人口的社会保障需求。

（二）多渠道筹集养老保险资金

根据我国人力资源和社会保障部部长尹蔚民所述，虽然我国去年养老金账户收入近 2 万亿元，但是如果没有国家财政的 1 800 亿元的补贴，国内 13 个省基本上都会面临或大或小的财政缺口。而出现财政缺口的根本原因是多年社会统筹养老金的积累不足，以至于难以满足当下社会的养老金需求，只能通过借取个人账户中的养老金来支付，从而导致现在养老金的缺口越来越大。目前我国正面临着城乡保险并轨，我国的养老财政资金面临着更大的挑战，因此需要通过多种渠道来筹集养老资金，才能满足将来的社会需求。

第一，要尽可能地扩大养老保险的覆盖面，同时还要加大征缴力度，避免拖欠、漏缴保险的情况的发生。第二，国家应该将部分国有资产变现充实到养老金财政。通过划拨部分国有股份或变现部分国有资产来充实养老金财政。第三，可以发行"社保公债"，通过募集社会闲散资金来先行支付养老金财政，以国家的信用为担保保证将来的偿付，如果到时候偿还不了，可以通过再募集新债偿还旧债，从而为政府争取一定的时间差，通过国家的经济发展来弥补。第四，通过发行社会保障税来筹集资金。此外，还可以通过发行福利彩票、鼓励无偿捐款等各种方式来募集资金。为了降低将来养老金财政方面的风险，需要我国社保部分采取多渠道、多元化的方式来募集养老资金，增强养老保险财政的收入能力，这样才能保证其持续发展。

三、优化公共财政支出结构，发展民生供给型财政

民生供给型财政就是以改善民生、满足民众对公共产品的需要为主要目标，整合财政资源，提高政府的公共服务能力，以面向民生支出为主的公共财政。长期以来，我国政府的财政支出是"经济建设型"支出模式，即"着重基础设施建设、忽视民生投入"的支出结构。这也是当前我国公共物品供给结构不合理的主要原因之一。随着市场经济的不断完善，民间资本会逐步壮大，其自主增长机制也会逐步形成，因此，政府应该调整财政支出结构，逐步提高民生支出在财政支出中所占的比重，发展民生供给型的财政。优化财政支出应该注意：一是把财政支出的目标定位于为企业创造公平、宽松并具有自主发展能力的经营环境上，逐渐降低财政资金直接用于经济建设的比重，并把其严格限制在市场失灵和关系到国民经济重大发展战略与布局的领域，坚决退出一般竞争性领域；二是积极利用我国近年来财政超收的有利时机，把财政收入增量部分更多地运用到民生供给领域，利用超收契机解决长

期民生问题，为应对老龄化做好充分准备；三是优化公共资源配置，促进基本公共服务供给的全覆盖和大致均等化，缩小城乡差距，促进区域间的均衡发展，实现对所有老年人的均等待遇。

其中，社会养老服务体系建设已经越来越受到社会的普遍关注，它既是一个亟待解决的重大社会问题，也是我国民生供给型财政支出的重点工作之一。随着我国综合国力的不断增强，城乡居民收入的持续增多，公共财政更多地投向民生领域，以及人民群众自我保障能力的提高，社会养老服务体系建设已具备了坚实的社会基础。因此，要继续加大财政支持力度，加快建立完善以居家养老为基础、社区服务为依托、机构养老为补充的中国特色社会养老服务体系。

四、制定以老龄产业发展为调节目标的财政政策

第一，制定满足老年人的消费需求的财政政策。老龄产业主要包括所有的能够满足老年人特殊的服务、生产、经营、消费等的经济活动。老龄产业的主要消费项目包括老年人在生活福利、休闲娱乐、衣食住行、医疗保健、文化体育等各个方面的需求。目前很多投资企业都看好了老年人产业这一市场，准备投资老年人产业相关项目。从老龄产业的消费总量可以看出：在 2003 年，全国老年人消费需求总量约 3 100 亿元，到 2005 年需求总量就已经超过 6 000 亿，在 2010 年消费总量达到了 1.4 万亿元。据此，预计到 2020 年，我国老龄人口的消费数量能达到近 4.3 万亿元，到 2030 年预计可以达到 13 万亿元。这种增速是让投资者兴奋的事情，老龄产业市场将会有更多的投资者进入。从老年人的消费比例来看，在 2000 年我国老年人的消费比重占到了总消费比重的 9.67%，这一数据到 2010 年已经上升至 11.39%，预计在之后的 20 年随着老年人口的急速上升，消费比重也会飞速上升。这是企业的战略规划中关注的问题。到 2050 年，老年人的消费比重将达到 29%的高比例。随着我国老年人口比重不断增加，老年人口的物质以及精神层次的需求也越来越丰富，市场上适应老年人的消费结构和消费要求不断完善，由此形成的老龄产业中产业结构不断调整，产品结构不断变化，最终将引导新的经济结构和消费热点。在老年人市场不断涌动的今天，大力推动老龄产业快速、健康、全面发展就有重大意义。目前我国老年人的消费需求在整体上存在很大的缺口，如在很多西方国家已有很多防止老年人痴呆的玩具、老年人自理产品等，但是在中国没有广泛地开发使用。政府需要对研发生产老年人产品的企业给予一定的财政支持。首批产品可以由政府采购、大量宣传，对老年市场的投资

经营提供指引，间接对老龄产业市场产生导向作用。除此之外，政府还要引导企业生产和销售专门针对老年人需求的老年人用品，并且鼓励厂家生产不同层次的老年人衣、食、住、行、用、娱乐的各种商品，满足老年人的消费需求。

第二，制定促进老年人口生活服务需要的财政政策。与其他人群相比，老年人需要更多的社会服务，如饮食、文化娱乐、医疗护理、体育活动等。中国家庭式养老模式在少子孙的情况下，老年人需要更多、更细的服务，像洗衣做饭、打扫卫生、服伺护理、购物送餐等社会服务。财政应该鼓励发展老年人生活服务，对提供这些服务的企业和个人的社会服务收入，在一定时期内免征或少征个人所得税。加快建设社区养老，将家庭养老社会化，解决老年人的服务需求问题。

第三，制定关于满足老年人居家养老需求的财政政策。家庭养老仍然是目前我国多数老人首选的养老方式，建立满足老年人居家养老需求的财政政策非常必要。

一是每个人赡养老人的个数不一样，如果同样是工资 5 000 元，赡养 4 个老人和不需要赡养老人的生活差别会比较大，如果给他们征收一样的个人所得税，就不能显示税收的公平。所以建议对个人所得税的工资薪金所得进行必要的计生费用扣除，可以采用固定加调节扣除的办法，即在全国免征额 3 500 元基础上允许各地依据经济发展情况对个人进行 20% 的幅度内调整。这样不仅可以保证税负的公平，而且减轻了家庭养老的经济压力，能够尽量发挥家庭养老的作用。

二是我国目前空巢家庭越来越多，社区居家养老成为老年人尤其是空巢老人的选择方案。社区居家养老市场还有很大的发展空间，财政应该给予相应的财政扶持，吸引社会各界资金的流入。比如可以财政出资聘请专业人员集体培训社区下岗人员学习高龄群体的急救、康复、护理照料等服务工作，这不仅促进了下岗人员的再就业，而且解决了居家养老的人员需求问题。同时，可以免征这部分人员的个人所得税，以鼓励下岗人员从事相关工作。

三是可以增加医师从业资格的考评，在其考评项中加入必须去社区服务半年等，增加这一部分的高级从业人员补充。

四是在财政能力允许的条件下，优先关注社区护理站的设施、人员需求，使老年人能够放心地住在社区，得到最好、最及时的护理、购物、陪伴、送餐、清扫等养老院式的服务。探索居家养老的新的管理模式，以满足老有所养的需要。

五、完善民办养老机构的财政政策

要想应对我国人口老龄化的现状，我们必须将自我养老、家庭养老和社会养老相结合，完善民办养老机构建设，切实减轻财政负担，促进经济社会的可持续增长。进一步完善民办养老机构的财政政策包括：

（一）从养老服务的公共物品属性出发调整政策定位

对于养老服务用品，无论是营利机构还是非营利机构提供的，都应该给予一定的支持，因为它们都为政府分担了社会责任。目前我国养老机构的非营利组织发展不成熟，如果财政只扶持非营利组织，就会扭曲民办养老机构的经营行为。所以，应该根据民办养老机构所提供的公共服务的效果和性质，给予政策扶持。在具体的政策规定方面，可以像对待民办教育机构一样，在肯定其公益性的同时，也不回避其营利性。如对于民办养老机构，可以分开来看：对于非营利性的，与公办养老机构一样对待，免征企业所得税等；而对于营利性的机构，就取消此项优惠政策。这种有区别的财政税收优惠政策对民办养老机构来说是一种鼓励，同时也更好地促进了我国服务业的发展。

（二）加大财政的补贴力度，建立财政投入的长效机制

一是建立针对民办养老机构的系统、完善的财政补贴制度。从财政补贴的各个环节来看：首先，筹资环节的财政补贴，主要是对养老机构提供贴息贷款；其次，投资环节的财政补贴，应适当放宽条件，不论是否自有房产创办养老机构，都应该按照床位数量一律给予补贴，另外对于养老机构所采购的医疗、康复设备等也要给予一定的财政补贴；最后，经营环节的财政补贴，一方面对养老机构对外进行居家养老服务业务的经营成本进行补贴，另一方面对民办养老机构收住老人的经营成本进行补贴，包括收住床位补贴和意外责任险的缴费补贴。

二是建立财政投入的长效机制，保证财政补贴政策的顺利执行。首先，因为中国各地老龄化程度不同且经济发展水平具有很大的差异性，中央政府应该建立对地方政策的专项财政转移支付制度，保障基本服务的均等化，缩小各地养老事业发展的差距；其次，各个地方政府应该根据当地的实际情况，即养老负担和自身财政负担水平，建立相应的养老服务事业投入机制。

（三）加强和完善民办养老机构的税收优惠政策

一是要保留原来对于非营利性、福利性的民办养老机构的税收优惠政策，

例如免征房产税，免征企业所得税、车船税以及土地使用税。同时，准予企业在缴纳所得税之前提前扣除社会对于非营利性机构的捐赠。

二是要适当放宽税收优惠政策的范围，增加对于民办养老机构的税收优惠政策种类，缩小营利性和非营利性养老机构的优惠政策差距。例如，可以采用免征城镇土地使用税、房产税、车船税，但不可免征企业所得税的税收优惠政策，这既保证了其公共产品属性，又不失其身份。为鼓励营利性民办养老机构发挥公共产品供应的作用，可以对企业的所得税实施间接优惠政策。比如对职工工资可以采取加计扣除，养老服务收入可以不计入企业应纳税所得额，购置康复设备、医疗可采取加速折旧政策和投资抵免政策，准予企业在所得税前扣除养老机构意外责任险的缴费。

三是在养老机构的筹资环节，也要增加税收优惠政策。首先，免征金融机构向养老机构发放贴息贷款、优惠贷款时所取得的利息收入的营业税和所得税。其次，投资营利性养老机构所分得的股息、红利可以免征个人所得税、企业所得税。

四是对于民办养老机构的税收优惠政策，需要做好税种改革的衔接度。尽量简化税收优惠申请程序。加强后续管理，防止出现漏洞造成税负不公平。

（四）尽量完善各种配套措施

一是对于民办养老机构的优惠政策常会涉及多个部门，因此要做好明确的分工，加强各个部门之间的协作与沟通，真正落实养老机构的优惠政策，比如在用电、用水、通信及用地等方面的优惠政策要实质落实；二是要引导民办养老机构参加意外责任险，以减少自身的经营风险；三是如果民办养老机构也对外进行医疗、康复服务，应将其纳入社区医疗体系，同时考虑是否纳入城镇职工基本医疗保险定点范围；四是民办养老机构中的技术工作人员在职称评定认定的过程中要与公办养老机构一样，得到社会认同；五是鼓励刚毕业的大学生去民办养老机构实习，并规定一定的实习期，建立医护人员层次性的评定考核机制。

六、调整税收政策目标，完善税制结构，挖掘潜在的税源

（一）针对老龄化带来的产业结构变化，调整税收政策目标

人口老龄化一方面对经济产生了负面影响，另一方面又为经济发展提供了新的发展契机，即老龄产业。老龄产业的发展，不仅能满足老年人群的特殊需要，还有利于形成新的消费热点，扩大内需，增加就业岗位，优化产业

结构，可以在一定程度上促进经济增长。因此，要建立扶持"银发产业"健康发展的税收优惠体系，包括：

1. 完善投资方面的税收优惠

针对老年产业发展提供专项信贷服务的企业所取得的收入，可以免征部分税收；那些捐赠老龄福利事业的纳税人，可以享受所捐赠部分的税前扣除。这些优惠政策有利于在资金方面为老龄事业的发展提供一些便利的条件，并且可以鼓励纳税人对老龄事业的发展给予更多的关心和支持。

2. 完善生产经营方面的税收优惠

对那些生产老年专项产品和设备的工业企业，可以减免征收企业所得税；其中，专门生产老年生活便利专用产品和设备的工业企业可以享受低税率，专门生产老年生活必需品的工业企业可以免征所得税，涉及老年专项产品研发的研发费用允许税前列支。对于这些工业企业，还可以扩大进项税额的抵扣范围，以减轻该类企业的增值税税负。

3. 完善服务方面的税收优惠

对于原来的老年服务产业的那些税收优惠政策要继续保持，对于新出现的一些老年服务产业，例如，生活照料服务、老年心理疏导、医疗保健服务和临终关怀等，要及时完善相关税收优惠政策，以扶持这些产业健康发展。

（二）完善税制结构，开辟新的税源

现行以流转税为主体的税制结构尽管有利于效率和财政收入目标的实现，但却限制了对收入分配的调节，难以实现税收公平目标。随着人口老龄化的到来，政府应进一步关注税收的收入调节功能，从理论上看，以收入水平、财产存量为基础的个人所得税和财产税则更具备这种特征。考虑到我国的经济发展水平和税制结构的现状，为了应对人口老龄化带来的挑战，税制改革主要从以下几方面入手：一是构建商品劳务税和所得税双主体的税制结构，这不仅可以促进税收公平目标的实现，也是符合我国国情的一种现实的选择；二是积极创造条件开征社会保障税。这种专款专用的税种，不仅可以解决社会保障收费中存在的刚性不足、缺乏法律保证等弊端，还可以有效地保证社会保障资金的来源，减轻财政压力；三是积极探索，适时开征新的税种，开辟新的税源，比如，完善财产税制，择机开征物业税；视时机成熟开征遗产和赠与税、环境税等一系列税种，为税收收入注入新的"血液"。

（三）利用税收优惠政策扶持商业养老保险事业发展

目前中国老年人获得养老金的方式一般有离退休金、子女供给、社会养老保险、离退休后再工作所得等。其中，离退休金只有部分城市户籍老年人才能获得，而剩余的城市户籍老年人和农村老年人中大部分通过子女供给和社会养老保险的方式获得养老金。目前，一方面，中国的特殊国情，庞大的"4—2—1"结构的家庭数量、严峻的就业形势等，给传统的"子女供给"这一养老金来源方式带来了巨大的负面影响，使得一些老年人的生活需要难以得到保障。另一方面，中国的商业保险体系日渐完善，商业养老保险也是社会养老保险体系的一个重要、必要的补充，有利于满足居民多层次的养老需求，提高未来的养老质量。但是，商业养老保险作为一种纯私人物品，易受到市场风险的影响，具有一定的不确定性。因此，一方面鼓励公民在参加社会基本养老保险的基础上，根据自己的经济实力积极参加一些商业养老保险，以保证自己年老时具有更多的经济来源，政府也可以对商业养老保险业务给予一定的税收优惠政策支持，甚至一定的财政补贴；另一方面，在加强对商业养老保险市场监管的基础上，引导其良性运行，以保证老年人能够获得稳定足额的商业养老保险金，以减轻家庭和社会的养老压力。

（四）采取税收政策鼓励老年人提高自我养老能力

解决人口老龄化问题不仅仅需要全社会的共同努力，也需要老年人自身的积极努力。老年人口只有增强自我创收能力，才能更好地保障自己的生活质量。老年人口是一个社会的宝贵财富，具有其他年龄人口所没有的优势。老龄人口中的低龄老年人并没有完全丧失劳动能力，并且还有丰富的人生阅历和工作经验，引导他们再就业可以让他们不再觉得生活空虚，有利于解决老年人的精神生活问题。因此，老年人可以改变传统的依靠儿女养老的观念，积极利用自身丰富的工作经验和熟练的技术，发挥余热，参与社会财富创造，获取应得的报酬，提高自我养老能力。由此可以看出，老年人再就业，不仅可以创造社会财富，提高自我养老能力，而且可以解决老年人精神生活问题，这都有利于缓解人口老龄化带来的养老压力。作为政府，则应该利用税收政策，营造一个适宜老年人再就业的市场环境。例如，对那些雇佣老年人的企业，可以适当给予一定的税收优惠，激励其聘任老年人；为老年人服务的职业中介、职业培训等机构的经营所得中为老年人提供服务的收入部分，可以享受一定的企业所得税优惠；对老年人再就业的收入可以适当给予一定的个人所得税优惠。

随着我国老年人口的增多，加大老年人口创业服务与支持，对增加财政收入以及提高老年人口自我养老能力有很大的作用。建立健全老年创业平台，分析适合老年人的创业项目。比如在养殖业方面，可以养鸡、鸭、鱼等；在种植业方面，可以种植常见农作物或蔬菜水果等；在服务行业方面，可以创办养老院、新技术推广合作社等；对于有技术的老年人，可以利用技术进行二次创业，如电工、水工、钳工、车工、会计等。对老年人的自主创业要加大税收优惠力度，这都有利于增加老年人的经济来源，在一定程度上减轻社会和家庭的养老压力。

（五）利用"累退个人所得税"鼓励延迟退休年龄

根据人口年龄结构的预测，以及财政支出规模的实证分析，我国未来人口老龄化将会给社会带来一系列的问题，财政支出规模迅速增加最为严重，比例逐渐降低的劳动力人口负担水平逐渐增大。为解决这一问题，我国 2016 年已经开始拟定渐进式延迟退休政策，人社部部长尹蔚民在出席 2016 年 11 月 18 日巴拿马召开的国际社会保障协会的时候，明确提到，我国将适时出台渐进式延迟退休年龄政策。这也是他在 2016 年 7 月介绍我国将推行"延迟退休"政策以来，再次在公开场合明确提到此项政策。对于延迟退休提出的方案是：第一，从 2015 年开始，1965 年出生的女性职工和居民应当推迟 1 年领取养老金，1966 年出生的推迟 2 年，以此类推，到 2030 年实现女性 65 岁领取养老金。第二，从 2020 年开始，1960 年出生的男性职工和居民推迟 6 个月领取养老金，以此类推，到 2030 年实现男性职工和居民 65 岁领取养老金。而在税收政策方面采取"累退个人所得税"可以鼓励企事业员工延迟退休的年龄。

（六）制定满足老年人医疗保健需求的财税政策

我国老年人口比例和高龄人口比例均逐渐增大，健全覆盖全面的医疗保险制度是必要的。但是，一些偏远农村地区的医疗硬件跟不上，不能保障老年人口的医疗保健需求。同时，财政在医疗保健方面的开支也会随着老年人口比例尤其是高龄人口比例的上升而大幅增加。根据这种情况，财政应重点支持医疗设施、医务人员不足的西部地区和贫困地区，保证基本的医疗保健需求。一是加大对医疗设备的财政专项补助，专项用于基本养老保险的支出可以专项对在校大学生进行扶持，鼓励在校大学生去基层养老医疗机构服务，保障低成本。二是要发展商业养老保险，在一定的时期内仍要采取免征保险赔偿的个人所得税优惠政策，引导老年人购买商业保险，进一步保证老有所依。

（高子捷）

第八章　老年心理健康教育与促进

第一节　我国老年心理服务产业现状

一、养老心理服务产业供需矛盾大

近年来，不论是政府还是学术界都在讨论如何做好进入老龄化社会后的老年人工作，而医药产业中有关老年人的相关产业也被经常讨论。人们普遍认为与老年人相关的产业是巨大的，充满着巨大的商业机会，于是，一个统合性的概念出现了，这就是养老产业。养老产业要以满足老年人的需求为首要前提，专门针对老年人群体提供各种产品和服务，以开发老年人消费市场为目的，实现"老有所养、老有所医、老有所学、老有所乐、老有所为"。它是一个综合性产业，主要是为老年人提供其所需的服务，包括生理需要（包括健康需要、性需要、饮食需要等）和心理需要（包括情感、兴趣爱好、娱乐活动等）。而在我国，养老产业有一定的社会福利性和政策性，是一个有着巨大潜力的产业集群。

虽然有着巨大的潜力，但根据现阶段中国社会的实际情况，这个产业的发展还充满着各种不确定因素。第一，政府有指导但并没有从立法层面给予确立，对于什么样的人或机构可以进入这个领域开展商业活动，可取得什么样的报酬等没有统一标准，以致让很多机构或法人处于观望之中；第二，养老产业必须是一个要赢利的产业，唯有这样，才有企业或机构能持续不断地为这个产业提供服务，说得更简单点，资本是要追求利润的；第三，公众特别是老年人对于进入养老机构或者将钱花在养老所涉及的相关领域上有一定的认知误区，认为不值得；第四，老年人对于老年生活缺乏全新的认识，处于老年阶段本身就是要从生活方式、生活内容等方面做全新的改变，而对老年人来说，适应新的生活方式，产生新的生活内容，维系新的人际关系是一个不小的挑战。这也是目前中国养老产业仍被称为"朝阳产业"而不是一个正当时的产业的重要原因。虽然养老产业是一个朝阳产业，但是政府应该高屋建瓴，社会应该未雨绸缪，着力解决老龄社会中可能出现的关键问题，以期获得较好解决，促进社会和谐。

二、养老产业心理人才供给能力不足、素质普遍较低

调查显示，我国城市中 48.5%的老年人有各种各样现实的养老需求，其中排在前列的是家政服务、护理服务、聊天解闷和法律援助，目前我国康复治疗师、心理咨询师、社会工作者的人数较少，工作地点多集中在大城市的繁华地区。这些专业人才的服务费用较高，且很少深入社区开展服务，使得老年人的需求得不到满足。尤其是对农村地区的老年人来说，得到专业康复治疗师、心理咨询师、社会工作者的服务更是难上加难。社会养老服务人员的流动性很大，很多年轻人把社区养老服务岗位当成暂时的过渡，工作一段时间就要跳槽。

我国养老心理服务产业主要存在两个问题：一是人才不足，二是养老产业服务功能结构单一。目前我国的养老产业通常以养老院为主，多是提供简单的院舍管理和生活照护，基本没有开展什么文娱活动，更不要说老年心理健康教育等工作。除此之外，我国在老年人心理咨询方面的相关人才也几乎是空白。据"中国老年人供养体系调查"浙江调查资料显示，城市老年人心理健康率仅为 30.3%，农村老年人的健康率则更低，这进一步反映出我国老年人心理卫生问题突出，需要大批心理咨询与治疗人才。

三、养老心理服务需求较高

中国人民大学老年学研究所给笔者独家展示了一份关于老年人社会养老服务与需求的调研报告。调研随机选取北京市 8 个街道 43 个社区，获得 2 000 份老年人有效问卷信息，掌握了社区老年人服务的实际情况。调查结果显示，在解闷聊天等精神慰藉服务方面，70 至 79 岁年龄段的老人，尤其是独居老人和失能老人，对此需求最大，需求量达到 40.3%。

此次调查除了调查老年人在社会服务方面的需求程度之外，还统计了老年人在一年内接受社区服务的情况。结果显示，43 个社区中 74%都设置了老年心理咨询室，然而在这些已经设置了老年心理咨询室的社区中，有 95.5%的老人并没有接受解闷聊天等精神慰藉服务，一年内只有 2.8%的老人经常接受、1.7%的老人偶尔接受。由此可以看出，老人在精神慰藉方面有相当高的需求率，社区给予的供给率并不低，但老年人的使用率或者接受率却很低。

综上所述，中国现阶段在心理保健方面还没有做好应对老龄化社会到来所带来的各种挑战的准备。

第二节　常见老年心理问题

一、老年期的概念

根据心理学家的观点，65 岁以上的人生阶段即为老年期。可是不同的社会背景与态度对"年老"的看法有所不同，不能通过生物年龄或者人工地划分其界限，也很难以职业或其他社会功能来硬性地分别界限。在社会学、公共卫生与医学界里，为了方便讨论与统计，一般都以 60 岁为老年期的开始。

根据埃里克森的心理社会期理论，老年期属于人生全程的最后一个发展阶段，有其自身的心理发展特点及发展任务。老年人的生理和心理都发生了变化，社会关系的改变也是老年期的重要适应课题。可见，老年人心理健康研究要建立在该群体的发展特点之上。

从四五十岁的中年期开始，随着视、听、消化系统等生理机能发生变化，记忆力、判断力、情绪情感、性格与态度等心理方面也发生改变；面对躯体与精神上的变化，老年人需对自己的生活随时进行调整与适应。老年人的家庭关系和社会生活也不同于成年人，子女不在身边、退休后社会活动时间充裕等，都是老年期较为突出的特点。因此，从壮年期步入老年期，老年人如何适应身心及社会关系方面的改变，并且努力发挥自己的心理潜能，以积极的态度度过晚年，是老年心理健康理论探讨中的关键问题。

二、老年心身变化特点

老年人的心理问题有四个主要特征：一是高龄性，即心理疾病易发生于高龄人之中，且随着年龄的增高，发生率也随之增高；二是广泛性，即心理疾病在老年人中广泛存在，比例较高，且呈现明显上升趋势；三是时代性，在诱发心理疾病的要素中，有些与时代紧密相连，以前考虑孩子就业顶班、分房等，而今主要考虑各项待遇等；四是多样性，即心理疾病表现形式的多种多样性，主要有社会失落感、生活孤独感和精神抑郁感等。

人到老年，肌体各部分包括大脑在内，逐渐老化，功能减退，如视力模糊、两耳失聪、行动不便、皮肤多皱、毛发变白或脱落、代谢下降、免疫功能低下等。老人在正常的生理方面的改变的同时，也发生着心理方面的改变，具体表现在以下几个方面：

（一）感知觉的退行性变化

人到老年后，感知觉是衰退最早的心理机能。具体表现为视觉退化，听力下降，味觉、嗅觉、皮肤觉逐渐减退。老年人认知功能的下降又会使老年人产生衰退感，进而造成情绪和人格上的变化。老年人在很多方面都要求助于其他人，才能更好地生存，因而自己的价值感和意义感也会大大降低，出现抑郁情绪。

（二）记忆力下降

老年人记忆变化的总趋势是随着年龄的增长，而呈现下降的趋势。如放一件东西，过后就想不起放在哪里了；见到以前的同事、朋友，却想不起在哪见过面或叫什么名字等。据有关资料记载，经常用脑的老年人记忆力下降缓慢。但下降的进度却因个体的差异而不同。老年记忆力的逐渐丧失往往是一个不可逆的过程，特别是患有一些老年神经系统疾病（如阿尔兹海默症）导致记忆丧失，记忆的丧失最终会导致人格解体。

（三）思维的年老变化

人到老年期后，往往因为社会生活阅历的丰富，各方面能力的不断积累，逐渐完善，表现出更稳重和智慧，但思维能力却存在普遍下降的趋势，如思维比以前迟缓，反应速度不如以前，等等。且在过去几十年的生活中形成的生活经验、社会经验会固化下来，形成一些难以改变的思维方式和认知图式，接受新事物、新思想的能力下降，且固执己见。故一般对老年人进行心理治疗，其疗效不是太好。

（四）社会生活的改变

年老退休，从原来的工作岗位下来，转而进入家庭生活，这是人生中一个重要的生活事件。面对角色变迁，要改变并建立新的生活秩序和生活模式，可能很难调整和适应。特别是退休前，在工作单位有一定的地位，被单位或他人所需要。而一旦退休后，似乎也没有被他人需要的感觉，没有存在感。如果退休后或年老之后没有找到新的生活方式，找到新的兴趣，较少与社会接触，长期独居，则易导致知、情、意和人格的急剧改变。

（五）人格的变化

老年人的人格特征变化，有的表现为不安全感，对自己的身体功能变化很敏感，担心自己得病；有的表现为孤独感，退休在家、离开群体的失落感和信息缺乏感，加重了空巢阶段老人的孤独感；有的适应性差，不接受新观念和新的生活方式，对新事物的接受程度低，对事件的应变能力有所下降；有的行为拘泥、刻板，在解决问题时过分追求谨慎，而决断速度减慢；有的趋于保守，注重经验性，观念保守，对子女不接受自己的经验方式不理解、发牢骚；有的心理由外部世界转向内部世界，总爱回忆往事，遇事也易联想到往事；有的产生对死亡来临的恐惧等。

总的来说，老年心理发生的变化是整个心理现象的改变，有些老年人可能只存在一部分的改变，而相当多的老年人却在几乎所有方面都会发生改变。这也是对老年心理进行干预的困难所在。

三、老年心理健康标准

世界卫生组织认为，心理健康有四大标志：① 身体、智力、情绪调和；② 适应环境，人际关系中能彼此谦让；③ 有幸福感；④ 在工作和职业中，能够充分发挥自己的能力，过着有效率的生活。这是根据普通人群所形成的标准。老年人有自己的特点。

关于老年人心理健康标准，在学术界有多种观点。国内学者将国外学者关于老年心理健康的标准总结为 10 条，分别是：有充分的安全感；充分了解自己，并能对自己的能力做出恰当的估计；有切合实际的目标和理想；与现实环境保持接触；能保持个性的完整与和谐；具有从经验中学习的能力；能保持良好的人际关系；适度的情绪表达和控制；在不违背集体意识的前提下有限度地发挥个性；在不违反社会道德规范的情况下，能适当满足个人的基本需要。

我国著名的老年心理学专家许淑莲教授，将老年人心理健康的标准概括为 5 条：热爱生活和工作；心情舒畅，精神愉快；情绪稳定，适应能力强；性格开朗，通情达理；人际关系适应性强。

根据国内外心理专家对老年人心理健康标准的研究，结合我国老年人的实际情况，我们认为老年人心理健康的标准基本可以从以下 5 个方面进行界定：① 有正常的感觉和知觉，有正常的思维，有良好的记忆；② 健全的人格，情绪稳定，意志坚强；③ 有良好的人际关系，乐于帮助他人，也乐于接受他人的帮助；④ 能正确地认知社会，与大多数人的心理活动相一致；⑤ 能保持正常的行为，能坚持正常的生活、工作、学习、娱乐等活动。以上这五个方面只是界定老年人心理健康的基本标准。因为许多国内外专家学者从自己研究的角度提出了许多具体标准，但无论多少标准，都不约而同地认为最重要的一条是：基本正常，即说话办事、认识问题、逻辑思维、人际交往等都在正常状态之中，只要不偏离正常的轨道，那么其心理健康就是达标的。

除老年心理健康外，老年人的生活质量也值得关注，因为生活质量与心理健康有相当的关系。关于生活质量评估指标，绝大多数学者认为，生活质量既应包括主观感受，也应包括客观评价，两者缺一不可。环境、社区、邻里、家庭、收入都决定着生活质量，但这些客观指标不能充分揭示老年人对生活是否满意，是否顺心。同时，仅仅知道主观感受对于制定何种政策和如何实施干预介入也是不够的。越来越多的人认为，主观感受应在生活质量评估中占相对较大的权重。Lawton（1991）指出生活质量是一个多维概念，并强调生活质量在结构上应包括评估、个人标准、社会规范、人与环境、时空等5个方面;而在内容上应包括行为能力、感知、环境、心理4个方面。Kahneman等（1999）提出生活质量应包括5个层次的内容：外部条件（如收入、邻里、住房等），福康的主观评价（如自评满意不满意），一贯的情绪状态（乐观/悲观），行为的生化和神经基础。目前，尽管对于生活质量应该包括哪些内容仍没有一致意见，但许多研究者认为生活质量应该是一个多维概念，至少应包括躯体健康、自理能力、认知功能、心理健康、社会交往、家庭情感支持、生活满意度、健康服务可获性、经济状况、业余生活、幸福感等方面。对于老年弱势群体的生活质量，研究发现年轻老人与高龄老人在生活质量中的某些主观性问题，如生活满意度上没有很大的差异，而且年龄越高，对生活满意的比例可能还略高些。美国的一项调查发现，高龄老人对延长寿命并不十分关心，而更关心自己与健康相关联的生活质量。

四、影响老年心理健康的因素

1. 健康状况和性别差异会影响老年心理健康

张美兰等人采用自行设计的调查表及 SCL-90、HAMD（抑郁量表）、HAMA（焦虑流量表）对 75 例老年期痴呆病人及 65 例老年非痴呆病人的主要照料者进行测查。老年期痴呆病人的照料者的心理健康水平显著低于老年非痴呆病人的照料者，焦虑和抑郁情绪障碍是主要的心理问题。痴呆病人照料者的心理健康水平比非痴呆病人照料者的心理健康水平要低得多；痴呆病人照料者中抑郁、焦虑障碍者的比率分别为 46.67% 和 53.33%，显著高于非痴呆病人照料者。

邢华燕、倪居采用 SCL-90 自评量表、社会支持评定量表和艾森克人格问卷（成人），对郑州城区 116 例高血压患者和 186 名健康者进行调查。调查发现：老年高血压患者心理卫生状况较差，与性别、年龄、职业、文化程度社会支持量表（SSRS）总分、主观支持、倾向性、稳定性和精神病性有不同程度的相关。加强老年高血压患者的心理卫生服务，可提高老年高血压患者的生活质量。

刘靖等人对城市老年冠心病患者的心理状况与相关因素进行了研究。他采用 SCL-90 症状自评量表、社会支持评定量表和艾森克人格问卷，对 90 例冠心病和 186 例健康者进行调查分析。调查发现：老年冠心病患者的心理状况较对照组差，躯体化、强迫、人际敏感、忧郁、焦虑、恐怖和精神病性均显著高于对照组；老年冠心病患者的心理状况与性别、年龄、职业、文化程度、子女数、社会支持和人格特点有关。建立老年冠心病患者心理健康档案，加强其心理卫生服务，对提高老年冠心病患者的生活质量和防治冠心病可能有重要意义。

谢秀梅、李别非、余国龙对老年慢性病与心理健康关系的研究发现，老年慢性病患者存在较严重的心理健康问题，以躯体化、抑郁、焦虑、强迫、人际关系等心理问题最为突出。老年人往往多病共存，需多种药物联合治疗，但服十多种药物可能会使身体和心理健康都受到某些损害。

梅锦荣根据 554 名年龄在 70 以上的老人进行了调查，发现女性比男性有更多的心理症状和抑郁表征，且对生活有较大的不满。男性老人的心理健康随着年龄的增加而下降，但与教育水平并没有显著的关系。相对地，女性老人的心理健康与年龄并没有显著的关系，但与教育水平和婚姻状况却密切相关。本研究表明，若以社会人口特征预测老人的心理健康，性别差异是一个重要的考虑因素。张兰君等人发现男性老年人正向情感和负向情感得分均低于女性老人；在快乐感上，城市老人得分均低于乡村老人，女性老年人得分均高于男性老人，均呈现显著性差异；城市老人躯体化、强迫症状、抑郁、焦虑、精神病性等因子分均高于乡村老人组，差异非常显著；男性老人躯体化、强迫症状、恐怖等因子分均高于女性老人。

2. 婚姻状况、养老方式和社会支持

婚姻状况是与老年人心理健康密切相关的一个因素。老年人在几十年的生活经历中，夫妻之间互相支持、互相帮助，精神上相互依赖、互为寄托，形成了紧密的感情联系，一旦丧偶或离异，就会感到孤独无依、情绪抑郁，导致生活幸福感降低。老伴在经济支持、日常生活照料和精神慰藉方面都发挥着无法替代的作用，一旦失去老伴，就会对老年人的身心造成很大损伤。对男性老年人来说，丧偶意味着精神上孤独和生活上无人照料；对女性老年人来说，丧偶意味着妻子角色转变为寡妇角色再转变为自我角色，孤独与悲哀有时会伴其一生。丧偶是一重大生活事件，对老年人的身心都有重大影响。因此，重视老年人的再婚问题是保持和提升老年人生活质量的重要内容。

不同养老方式下老年人的心理健康状况也会有所不同。吴振云等人采用自编老年心理健康问卷，评定对象为 441 例年龄为 55～106 岁的集中养老者和 1 010 例年龄为 55～96 岁的北京城区居家养老者。调查发现，两类养老方式下老年人的心理健康状况具有类似特点：心理健康水平有随教育程度的提高而改善的趋势；年龄差异不显著。居家养老者心理健康状况明显好于集中养老者。两类养老方式的最大区别在于养老机构中亲情纽带作用减弱，老年人缺少天伦之乐，容易产生负性情绪，使心理健康水平下降。这提示当前养老机构应重视对老年人的精神慰藉，物质与精神养老相结合已提上日程。

社会支持对老年心理健康会产生重要影响。一般认为，有较多的社会支持，老年心理会更加健康，产生心理障碍或疾病的可能性更低；即使产生了心理障碍或疾病，其治疗后也较易恢复健康。陈立新探究社会支持对老年人心理健康的影响，发现社会支持对老年人心理健康具有主效应和缓冲作用；在有轻度及以下心理压力的情况下，较多邻居、同事、家人、经济和活动支持能显著改善男性老人的心理健康水平，较多朋友、同事和活动支持能显著改善女性老人的心理健康状况；在有中度及以上心理压力的情况下，较多家人支持和较多安慰支持能分别显著改善男性老人和女性老人的心理健康状况。

3. 人格特征、应对方式和主观幸福感

根据不同的人格理论，人格特征的描述是不尽相同的。一般来讲，人格特征常分为内外倾向性、情绪稳定性、乐群性以及自我概念。人格本身常被赋予某种色彩，有褒贬之别。外倾性较明显且情绪稳定、乐群的人人际关系良好，所获得的社会支持就多，看待世界的方式也较理性，其应对方式也较积极，所获得的主观幸福感也较高。

黄希庭等人发现老年人的自我概念对其心理健康具有重要的影响。其中，生理自我的影响最大，其次是社会自我。老年人自我概念水平的高低显著地影响其心理健康的水平，尤其是影响老年人的躯体化、忧郁、恐怖和精神病性等症状因子的表现程度。陈立新等人的研究表明，情绪稳定的老年人心理健康水平高于情绪不稳定的老年人。

黎春虹发现老年人应对方式随性别、年龄、文化程度和经济收入而发生变化，男性、低年龄组、文化程度高和经济收入高的老年人的应对方式更趋向于成熟。对老年人心理健康与其应对方式的相关分析显示，消极的应对方式与老年人心理健康成负相关，积极的应对方式与老年人的心理健康成正相关。

陈立新探讨了心理压力和应对方式对老年人心理健康的影响，该研究采用社会再适应量表、应对方式量表和心理健康症状自评量表，对在武汉市随机抽取的 442 位 60 岁以上老年人进行了问卷调查。研究结果表明：心理压力对老年人心理健康有直接影响，心理压力越大，老年人心理健康水平越低；解决问题、自责和幻想三种应对方式在心理压力与心理健康之间起中介作用，采用解决问题的应对方式，有利于调节压力对老年人心理健康的影响，反之，采用自责和幻想的应对方式则不利于老年人心理健康。

第三节　老年心理健康教育

随着人口老龄化进程加快，老年人的健康问题日益突出。不少老年人由于诸多心理疾患，加速了心理的衰老，如心理功能降低，严重影响了健康。我国目前死于心身疾病的患者占 70%。因此，关注老年人的心理问题，谋求老年人的身心健康，不仅对其晚年生活很重要，而且也是家庭幸福、社会稳定的一个重要因素。重视老年人的心理健康教育，是摆在我们面前的一项重要而紧迫的任务。良好的情绪可以使心理功能处于最佳状态，可以帮助人们战胜疾病；反之则会降低人体生理功能或破坏某些机能，引发各种疾病。但是，还有不少人认识比较肤浅，认为没有什么疾病就是健康，只注意身体健康、生理上的治疗和保健，而忽视心理健康、情绪的调节和心理障碍的清除。其实，这样的认识是不准确、不全面的，治疗效果也是很难令人满意的。人的精神状态影响着各器官的机能活动。进入老年是人生的一个大的转折，它将给老年人心理状态、生理机能、生活规律、饮食起居、人际关系、社会交往等带来很大的变化。其中以心理变化更为突出、更为重要。据老年科研机构的专家称，老年期是老年人在心理上最容易出问题的时候，老年人在老年期遇到的挫折较多，又特别容易关注他所关心或担心的某一问题。这种过于关注，往往会造成他们在心理上的压力和障碍，引发各种心身疾病。因此，关心老年人的心理健康问题，不仅要注意解决他们所遇到的问题，还需要进行心理疏导，帮助他们解开心中的症结。综上所述，可以看出，不良的心理、社会因素，已构成对老年人健康的重大威胁。老年人的心理健康应当引起社会的足够重视。

一、老年人心理健康教育的重要性

祛病延年、健康长寿，是人们共同的愿望，更是老年人的愿望。而什么是健康呢？世界卫生组织对健康所下的定义是：健康不仅仅是躯体没有疾病，而且还要具备心理健康、社会适应良好和道德健康。有学者还指出"健康的一半是心理健康"。心理健康是身体健康的必要条件，是老年人生活的前提。由此可见，人到老年，心理健康最为重要。

根据 2002 年一篇文章《老年期精神障碍流行病学现状分析》报告，国家九五攻关项目在北京、上海、西安、成都、广州和沈阳等地 39 个区县进行的流行病学调查显示，55 岁以上人群中痴呆的总患病率为 2.90%，65 岁以上人口中痴呆的总患病率为 5.2%。我国现有 65 岁以上人口 9 610 万，据此估计，全国共有各类痴呆患者 500 万，其中老年痴呆约占 340 万。北京的一项两年随访调查资料显示，在 65 岁以上人群中，抑郁症的患病率由 1997 年的 1.78%增长至 1999 年的 3.85%，两年净增长 2.07%。上海的一项对 2 235 名 65 岁以上老人的调查发现，抑郁症的患病率并不低，为 1.8%；其中女性（2.2%）高于男性（1.2%）。成都地区调查表明，55 岁以上人群中抑郁症总患病率为 2.62%，其中男性为 1.60%，女性为 3.54%。

而最新研究《中国≥55 岁人群归因于痴呆的精神残疾描述性流行病学研究》表明，归因于老年前期痴呆的精神残疾率为 0.89‰，归因于老年期痴呆的精神残疾率为 4.65‰。归因于痴呆的精神残疾中，多重残疾的残疾程度高于单一残疾，归因于老年期痴呆的残疾程度高于老年前期痴呆。

除老年痴呆外，还有其他心理障碍困扰老年人，如焦虑障碍、抑郁症、性心理障碍以及其他精神疾病，对此，国内有大量的专著和论文报告，此处不再赘述。由此可见，开展老年人心理健康教育非常重要。

二、老年人心理健康教育的任务

心理学家指出，人的心理健康是战胜疾患的康复剂，也是获得机体健康、延年益寿的要件。开展老年人心理健康教育，就是要引导老年人用积极的、平衡的、正常的心理，去适应外界环境的各种变化。以下几方面的教育对老年人尤为重要：① 自我健康意识教育。老年人要充分了解自己、正确评价自己，既要看清自己的优缺点，更要客观全面地、恰如其分地评价自己。要坦然、乐观地面对现实，懂得人到老年，生理机能逐渐衰退，但是心理机能并不会因此而失去活跃。老年人的活动能力包括经验知识、技能等仍具有优势，仍能为社会做贡献。可以根据社会需要和个人实际情况，发展、开展和更新自己的活力，寻找新的位置，充当新的角色，进行社会交流，发挥余热，以满足自我实现的需要。② 心理调适能力教育。许多退休者特别是刚退下来的，由于突然赋闲在家，不再拥有职位职权，生活空间缩小，往往一时难以适应。因此，要教育他们正确认识和接纳退休的事实，尽快找到退休生活的定位，安排好有规律的生活。保持与社会的有效接触，建立良好的人际关系，与周围的同事、邻居、亲友等互相关心、互相尊重，团结友爱、和睦相处。还要主动地结交一些新朋友，特别是年轻的朋友，建立"忘年之交"。这样既可获得新的信息和行动的支持、排遣消极的情绪，又可及时调整自己的行为，以便更好地适应环境、激发生活的乐趣。对他人忍让、宽容，是老年人的健康之道。老年人更要注意调节自己的心情，保持良好的情绪，做到大事知分晓、小事不计较，忘得了过去，想得开现在。注意避免不必要的人际冲突。对于家庭和社会人际关系中的是非功过、恩恩怨怨，应本着严于律己、宽以待人的态度泰然处之。要时时事事、处处宽容忍让，维护心理平衡，保持愉悦、恬静的心境。③ 良好的心理素质教育。人到老年，生理、心理、生活和人际关系等，都会使心理状态失去平衡，失去生活的情趣和志愿，产生一种"心有余而力不足""夕阳无限好，只是近黄昏""人生如梦""看破红尘"等精神上的老化现象。这种心理状态会影响身体，加速衰老。为此，步入老年期后，应对情感加以调节。要树立科学的健康观和乐观向上的人生态度，欢快愉悦、心胸豁达、自得其乐，知足常乐，对生活充满热情与向往，保持心理与生理健康的良性环境。老人要坚持学习，要活到老，学到老，用到老。可以重新培养自己的兴趣和爱好，可以上老年大学，以重温旧时梦；可以多阅读一些健康的文学作品，多看些轻松愉悦的戏剧、影视节目，培养乐观和愉悦的心境。④ 心理承受能力教育。不少老年人退休后，在生活上变得闲散、懒惰，在心理上感到空虚、失落、自卑、抑郁。随着时间的推移，慢慢适应了。有的老人由于家庭生活环境发生变化，或子女独立门户，或丧偶而成鳏夫寡妇，或老年丧子等，导致生活不安定，产生孤独感。更使老年人不安的是生理机能衰退，疾病缠身，常常会产生害怕、恐惧的心理，引起焦虑、精神萎靡不振，导致心理平衡能力减弱，情绪不稳定、意志消沉，进而加速生理功能失调，引起各种疾病。美国最近研究发现，人类的疾病与心理上的压抑密切相关。正确的态度是学会自我调节、自我保护，保持良好的情绪、情感，摆脱困境，达到心理平衡。心情不好时，应及时宣泄、放松或转移，把良好的人际氛围作为心理调节的枢纽和场所。在自我调节困难或效果不佳时，应及时去寻求心理咨询，或请心理医生进行治疗。通过调控不良情绪，变消极情绪为积极情绪，做到面对现实、心胸豁达，遇挫折能顶住，遇疾病不忧愁，遇失去亲人能承受。凡事想得开，保持平常心，愁事不愁，悲事不悲，不失态，不变态，保持正常的心态和良好的情绪，安度幸福晚年。

三、对老年人心理健康教育的建议

为了完成上述老年人心理健康教育的任务，必须采取积极有效的对策，使老年人认识到社会因素对心理的正负效应，增强适应社会的能力，提高心理健康水平。只要掌握了与各种致病心理因素作斗争的主动权，保持正常的心理活动而促进健康是完全可能的。为此，笔者建议在具体工作中应该采取以下对策：

第一，广泛宣传，提高对老年人心理健康教育重要性的认识。在政策和人、财、物上给予必要的支持，做到有组织、有领导、有计划、有措施地加强老年健身和活动设施建设，建立老年教育网络，保障老年人心理健康教育有序地进行。开展符合老年人特点的心理健康教育，开办心理健康讲座，开展心理咨询和心理辅导活动，向老年人普及心理保健知识，回答他们提出的问题。通过一系列活动，使老年人了解心理基础知识，了解心理健康标准和影响心理健康的因素，了解人体生理机能老化的原因和特征，了解自身是否存在不良心理倾向和心理障碍，懂得老年病的预防和治疗，懂得并掌握老年人常见病、多发病的预防和护理知识。这样做有利于老年人平时注意保养自己的身体，有病及时治疗，消除不必要的恐病心理和心理障碍。

第二，开展适度的文体娱乐活动。老年人保持一定的体力活动显得格外重要。要根据"流水不腐，户枢不蠹"的精神，经常开展健康有益的文体活动。经常组织老年人从实际出发，因人而异、因地而异、因时而异地选择符合自己特点的文体娱乐项目，如静养、看报读书、养花种草、下棋打牌、散步、垂钓、打太极拳、练气功、参观旅游等，使生活丰富多彩、充满生机，使老人乐而忘忧。全社会都要关注老年人的心理健康。老年人自我保健能力差，需要社会、集体、家庭的关爱、支持和帮助。要建立健全为老年人服务和保健的机构，完善社区为老年人服务的功能，给老年人提供全面、完善的服务。

老年心理服务说起来易，做起来难。有学者调查发现，在一些发达地区和城市，社区一般配有心理服务场所和人员，但是真正来接受老年心理服务的人非常少。在一些欠发达地区，公众所受的心理健康教育较少，对心理健康服务工作缺乏正确认知，对社区或其他心理机构开展的心理服务工作有抵触情绪。

此外，老年心理健康服务专业人才缺乏。从事心理咨询与治疗工作的专业人才接受的专业训练也多是一般心理学知识、理论和技能训练，没有专门针对老年心理的训练。因此，笔者认为，培养老年服务专门人才（心理服务方面的）非常有必要。

第四节 老年心理服务专业人才培养

一、人才培养现状

近年来，伴随老年事业发展的需要，高等院校开始探索开设一些与老年服务有关的专业，以培养未来需要的老年服务人才，抢占人才和学科建设的高地。值得关注的是，开办这些专业的多是职业技术学院、独立学院或三本院校。

培养与老年服务有关的人才是社会的需要，也是老年事业发展的内在要求。老年服务人才培养不易，因为老年服务涉及的领域太多，包括饮食服务、护理服务、心理服务、团体管理、老年产业管理等方面。所以在制定人才培养目标时，很难做到全面，这也充分说明老年服务对人才的需求是巨大的。

我们认为老年服务相关人才培养必须围绕以下几个方面开展工作：老年护理、老年营养膳食与搭配、老年康复保健、老年心理咨询、老年活动策划、社会工作、老年机构经营与管理。在这些领域中，笔者认为老年心理干预或心理咨询是非常重要的一环。

老年心理学是研究个体和群体成年以后增龄老化过程的心理活动变化、特点和规律的一门科学，是研究老年期个体的心理特征及其变化规律的发展心理学分支，又称老化心理学，它也是新兴的老年学的组成部分。由于人的心理活动以神经系统和其他器官功能为基础，并受社会的制约，所以老年心理学涉及生物和社会两方面的内容。老年心理健康咨询研究范围包括人的感知觉、学习、记忆、思维等心理过程以及智力、性格、社会适应等心理特点因年老而引起的变化。

虽然国内有一部分学者提出老年心理学这一学科，但涉及老年心理的内容非常复杂，有较多的学科都可以也事实上在关注老年心理，所以目前来看，老年心理学成为一个独立的学科，进而在大学里开设老年心理学专业似无可能。即便如此，针对老年服务工作的现实需要，可在国家职业资格中设置老年心理抚慰师，重点培养社会所需的老年心理服务人才。

如前所述，国内一些高校开设了"老年服务与管理"专业，其培养人才的重点还是在护理服务、饮食服务和团体服务方面。从国内高职院校本专业人才培养方案来看，其课程设置中关于老年心理的课程太少。或可以在"老年服务与管理"专业中设置不同方向，每个高校的人才培养各有侧重，以按社会所需而差别化培养，这才符合人才培养的内在逻辑。

二、"老年服务与管理"（老年社会工作方向）人才培养方案

（一）人才培养目标

本专业方向旨在培养具备老年社会工作、老年心理护理等方面的知识和技能的同时，培养适合中国国情的老年社会工作者，能在各级医院、社区服务中心、康养中心等单位从事心理护理、老年心理咨询与治疗以及其他老年社会服务等工作的高级应用型人才。

（二）人才培养要求

本专业学生在学习社会工作、心理学的基本理论、基本知识和基本技能的基础上，接受严格的社会工作和心理咨询治疗训练，具备一定的老年事务管理的基本能力。通过四年的学习和实践，毕业生应具备以下知识、技能与态度：

（1）掌握相关的老年医学、社会学和心理学的基本理论知识。

（2）具有规范而熟练的老年心理咨询与治疗操作技能的基本理论知识。

（3）具有良好的人际沟通能力和获得信息的能力，具有一定的老年事务管理的能力。

（三）课程设置

（1）基础课程模块：人体解剖学、生理学、生物化学、微生物、病理学、药理学、老年医学。

（2）专业课程模块：管理学、社会工作、老年心理学、老年心理咨询与治疗、人际沟通、老年精神病学、老年心理卫生与保健。

（四）毕业条件

必须在学校规定的学习年限内，修完教育教学计划规定的全部课程，成绩合格者准予毕业；取得的总学分达到 190 学分（其中实习学分 40 分）及以上，符合学校学士学位授位条件者，获得管理学学士学位。

三、职业标准

目前国内心理咨询与治疗方面有关职业标准主要有：心理咨询师（人社部规定职业标准）、心理治疗师（卫计委规定职业标准）。还没有专门的老年服务与管理及相关方向的职业标准。根据心理咨询师的执业标准，我们设计了老年心理健康管理师（拟名）职业标准（附后）。

1. 职业名称

职业名称为：老年心理健康管理师。

2. 职业定义

老年心理健康管理师是运用心理学、管理学、社会学和老年医学相关知识，遵循心理学原则，通过心理咨询、心理健康教育等健康管理的技术与方法，帮助老年人解除心理问题的专业人员。

3. 职业等级

国家职业资格鉴定共分五个等级，作为高知识含量的职业，老年心理健康管理师从三级开始鉴定。共分老年心理健康管理师三级（国家职业资格三级）、老年心理健康管理师二级（国家职业资格二级）、老年心理健康管理师一级（国家职业资格一级）三个等级。

4. 职业环境条件

应在常温、安静的心理咨询室。

5. 职业能力

具备观察能力、逻辑思维能力、表达能力、人际沟通能力、自我控制能力。

6. 基本文化程度

老年人心理健康管理师要求专科毕业。

7. 培训要求

（1）培训期限。

① 初次培训：老年心理健康管理师三级不少于 500 标准学时（71 天）。

② 晋级培训期限：老年心理健康管理师二级不少于 400 标准学时（57 天），老年心理健康管理师一级不少于 300 标准学时（43 天）。

（2）培训教师。

培训三级老年心理健康管理师的教师应具有心理学、管理学、老年医学和社会学等专业副高及以上专业技术职务任职资格或取得二级老年心理健康管理师职业资格证书满 3 年，并具有 500 小时的老年心理服务实践。

培训二级老年心理健康管理师的教师应具有心理学、管理学、老年医学和社会学等专业副高及以上专业技术职务任职资格或取得一级老年心理健康管理师职业资格证书满 3 年，并具有 800 小时的老年心理服务实践。

培训一级老年心理健康管理师的教师应具有心理学、管理学、老年医学和社会学等专业正高级专业技术职务任职资格或取得一级老年心理健康管理师职业资格证书满 5 年，并具有 1 000 小时的老年心理服务实践。

8. 申报条件

（1）老年心理健康管理师三级。

具有心理学、医学或老年服务与管理专业的专科生及以上学历者；接受本职业培训机构培训并达到规定学时，取得结业证书。

（2）老年心理健康管理师二级。

取得老年心理健康管理师三级职业资格证书，连续从事老年心理健康服务满 3 年，经老年心理健康管理师二级正规培训达规定标准学时数，并取得结业证书者。

（3）老年心理健康管理师一级。

取得老年心理健康管理师二级职业资格证书，连续从事老年心理健康服务满 6 年，经老年心理健康管理师一级正规培训达规定标准学时数，并取得结业证书者。

（4）鉴定方式。

分为理论知识考试和专业能力考核，均采用闭卷笔试方式。理论知识考试和专业能力考核均实行百分制，成绩皆达 60 分及以上者为合格。单科考试合格成绩有效期为 2 年。

理论知识考试时间不少于 120 分钟；专业能力考核时间不少于 120 分钟。

（李尚学）

第九章　智慧养老

第一节　智慧养老的发展现状

一、智慧养老概念

近年来，互联网和大数据技术的应用与发展为社会各个领域提供了巨大的机会，人们在面对老龄化带来的各种问题时，自然而然地转向了互联网和大数据技术，"智慧养老"应运而生。智慧养老最早由英国生命信托基金会提出，当时称为"全智能化老年系统"，即老人在日常生活中可以不受时间和地理环境的限制，在自己家中过上高质量、高享受的生活；又称"智能居家养老"，指利用先进的信息技术手段，面向居家老人开展物联化、互联化、智能化的养老服务。其核心在于应用先进的管理和信息技术，将老人与政府、社区、医疗机构、医护人员等紧密联系起来。2008年11月，IBM在纽约召开的外国关系理事会上提出了建设"智慧地球"这一理念。2010年，IBM正式提出了"智慧城市"愿景，希望为世界城市的发展贡献自己的力量。

在此背景下，在"智能养老"的基础上进而发展出了"智慧养老"的概念。"智慧养老"是"智能养老"概念的更进一步发展，从词义上讲，"智能"（intelligent），更多体现为技术和监控；"智慧"（smart）则更突出了"人"以及灵活性、聪明性。在上述历史沿革讨论的基础上，我们给出一个智慧养老的定义。智慧养老（smart care for the aged），是指"利用信息技术等现代科技技术（如互联网、社交网、物联网、移动计算等），围绕老人的生活起居、安全保障、医疗卫生、保健康复、娱乐休闲、学习分享等各方面支持老年人的生活服务和管理，对涉老信息自动监测、预警甚至主动处置，实现这些技术与老年人的友好、自主式、个性化智能交互"。可以想象，智慧养老理念和技术的介入，将使得未来的养老模式变得多样化、人性化、高效化。比如，通过智能化设备，不论是养老机构，还是社区、居家老人，未来都可以实时监测老人的生活和健康状况，而家属也可以远程了解老人的信息；如果老人有任何日常生活需求，家属和机构可以通过云平台发布需求，并由服务公司根据需求为老人提供上门服务；通过老人佩戴的便携式定位设备收集数据后，系统可以分析预测出老年人的情况，养老机构或社区服务人员可以迅速为有需要的老年人提供帮助。而一旦发生意外或摔倒等情况，也能够第一时间发起求助，为老人的生命安全保驾护航。

相比其他几种养老模式，智慧养老具有其所不具有的优势。一方面，"智慧养老"融合了计算机网络技术、移动互联技术以及物联网技术等先进的技术手段，通过软件管理系统，能够优化养老服务的流程，提升服务效率。同时，又降低了人力和时间成本，用较少的资源最大限度地满足老年人的养老需求。

另一方面，"智慧养老"体现了"以人为本"的思想，把老年人的需求作为出发点，通过高科技的技术、设备、设施以及科学、人性化的管理方式，让老年人随时随地都能享受到高品质的服务。

智慧养老对解决居家养老和机构养老中的问题有很大的帮助，因此我国政府与产业界已经做了许多相关工作，积极推进智慧养老。2013 年 8 月，全国智能化养老专家委员会在北京召开了第一次工作会议；2013 年 10 月，北京市人民政府与国台办等单位共同举办了"首届京台智慧养老论坛"；2013 年 10 月，上海召开了第二届"沪台健康城市论坛"，养老问题作为上海面临的重大问题被提及和深入讨论。

二、智慧养老发展现状

（一）国外情况

因为文化和社会福利制度的差异，国外的养老模式和国内的有很大的不同。欧洲一些国家因较低的生育率而率先步入了老龄化社会，法国是世界上第一个老龄化国家，瑞典、挪威、英国也随后步入了老龄化进程。到了 20 世纪 70 年代，老龄化问题逐渐在亚洲和美洲地区显现。由于进入老龄化社会比较早，所以国外的社会工作，不管是在社区还是老年公寓，以及对个人心理健康的重视都有很深厚的底蕴，各种社会保障措施和政策对老年人的生活都比较有利，且国外的社区养老网络、居家养老服务、机构养老、养老地产发展得都很成熟，老年人有多种选择。除此以外，国外互联网应用较之国内更为普遍，老年人接受程度和操作能力都比较高，网络的覆盖更为全面有效，为智慧养老提供了很好的基础。因此，在智慧养老研究探索方面，欧美国家起步较早。瑞士、荷兰、丹麦、英国等发达国家通过制定一些激励计划来促进机构养老、社区养老、居家养老等不同养老服务类型的提供者协作运营，促进养老资源及其他社会资源进行资源整合，提高服务质量，是智慧养老模式的探索的萌芽。欧盟智慧养老的变革也促使欧盟修改了的一些涉及养老保险方面的法律法规，以应对养老危机。美国自 20 世纪 80 年代末就开始在以社区卫生信息网络（CHIN）为主的区域级卫生信息、共享领域内进行探索，建立国家健康信息网络，实现医疗机构之间的信息共享。

国外对智慧养老的研究主要集中在需求和服务体系上，Smith 在 2010 年的调查表明，老年人使用互联网日益普及化，越来越多的老年人开始与互联网为伴度过自己的晚年。Zickuhr 和 Madden 以美国为例进行调查，截至 2012 年 4 月，在 65 岁以上的老年人中，使用互联网的比例达到 53%，老年人成为美国互联网使用增长最快的群体。Eastman 通过对老年人对互联网的使用态度的调查，得出对于互联网，老年人有较积极的学习使用意愿，并且收入越高的老年人越愿意使用互联网进行购物活动。Courtney 对老年人的居住环境进行了调查，调查显示越来越多的老人愿意选择到护理社区（CCRCs）居住，因为老年人认为护理设施能够很好地提高自己的生活质量和安全性。Khvorostianov 等人发现老年人上网经常从事与健康相关的活动。Cresci，Jarosz 和 Templin 认为许多老年人倾向于把互联网看作维护健康的工具。他们通过互联网收集、学习与健康相关的知识、技能，或者直接通过互联网进行健康咨询，以实现维持或增强健康的目的。

国外智慧养老服务模式体系主要由智慧养老服务主体（外界组织、社区）、智慧养老服务对象（老年群体）、智慧养老服务方式以及智慧养老服务环境组成。英国认为社区是养老的最佳选择，也就是以社区为依托，建立智慧养老服务中心，以为老年人提供多样化、快捷的养老服务。Andrew 认为英国智慧社区养老服务体系集合了社会各界人力资源，用以为英国社区老年人进行服务。英国政府会免费赠给有需要的老年人相关的照护设备，而养老服务人员除了专业的照护人员以外，还囊括了老年人身边的亲戚、朋友、邻居等；新加坡政府提倡进行多样化的智慧养老服务，为了保障服务的顺利进行，在社区高度自治的基础上还制定了一系列法律法规。

国外由于信息化技术比较发达，所以信息技术在养老问题上的应用相比我国来说，更加先进。国外的互联网养老服务更侧重于为老人建立健康及安全支持系统，通过各种移动终端收集相关的老年人的生活和活动数据，再利用大数据处理，为老人提出解决方案或建议。目前国外针对智慧养老领域的技术研究大多集中在远程医疗监控、家用养老机器人、全智能化老年公寓及老年人佩戴辅助设备上。

远程医疗监控技术在欧美已经非常成熟。远程医疗监控包括远程医疗和远程监控两个方面，通过远程医疗服务，很多老年人在家就诊；并且可以实时监控老年人的身体状况、行为动作等信息，以此来预判断老年人可能出现的危险情形。目前更多的研究都集中在远程医疗监控，以及监控中出现老年人体征异常的紧急救治上。

家用养老机器人通过各类传感器，如激光、热成像、声音识别等技术来监测老年人的情况，并把这些监测结果实时传送到老年人的主治医生手机上。目前对家用养老机器人的研究主要集中在提高机器人与老年人的互动能力，机器人对老年人动作行为做出判定并进行异常监控检测，以及增加机器人对老年人的服务功能上。

全智能化老年公寓将采用电脑技术、无线传输技术等多项现代技术，例如在地板和家用电器中植入全套电子芯片，让老年人无需任何护理人员陪伴也能处于远程监控状态。除此以外，针对老年人化肉萎缩、行动不便的特点，国外还研制出了相应的辅助设施，使老年人和护理人员的工作变得更加简单。

总的来说，国外的互联网养老服务模式的出发点较高，所追求的是提高老年生活品质，注重与老年人相关的互联网产品的开发，尤其是智能电子设备研发。

（二）个案分析：英国远程照护（Telecare）

远程照护（Telecare）是对老年人和身体能力差的人提供远程医疗的术语，是指为他们提供护理以确保他们在家中能够继续独立生活。远程照护所使用的传感器可为老年痴呆症患者或有跌倒风险的人提供帮助与支持。英国政府将远程照护定义为"一种服务，使人们，特别是老年人和更脆弱的个体，能够在家中独立、安全地生活。它包括个人和环境传感器，使人们在家中更安全、更独立。"

研究显示，大多数身体条件不太好的人仍愿意保持生活独立，而远程照护能使他们的愿望得以实现。远程照护不同于远程医疗，它利用以人为中心的科学技术，使人们在自己家中就能得到照护。当这些特殊人群的亲人朋友不能近身照料他们时，远程照护能代替亲友的作用。

远程照护会涉及一系列远程监控设备。通常包括一个连接监控中心的个人24小时监控警报，当个体发现自身的紧急情况时，可按下SOS按钮联系监控中心，之后就会有专人帮助他们。随着技术的进步，一些远程照护服务提供商将个人警报系统与移动电话和全球定位系统（GPS）相结合，这就意味着个人与监控中心建立了一种双向对话机制，操作员可以从地图上看到用户的位置并及时提供紧急的医疗救助服务。除此以外，用户也可以使用独立的远程照护，它不发送信号到监控中心，而是通过在用户家里提供本地警报，以提醒用户什么时候需要引起注意。值得注意的是，远程照护并不仅仅是一个预警系统，同时也是一个预防手段。现在有很多的报警系统，如药丸分配器（Pill Dispenser）、电话提示服务（Telephone Prompt Service）和行动监测（Movement Monitoring）等。如今多语种（Multi-lingual）远程照护服务已经获得了更广泛的受众。这些系统在保持人的独立性、使用户能够待在家得到照护的方面发挥着重要作用。

因为远程照护所需的各种设备，包括通讯设备、远程监护设备、花费小于 1 000 英镑的居住类护理设备，及用于残疾人在家独立行动的康复设施和设备都是由英国政府承担，所以英国居民在选择远程照护之前，必须接受一系列的评估，评估由地方政府来负责。在英国，地方政府负责提供社会护理等公共服务，以此判断居民是否符合条件。英国远程照护的评估涉及十项内容：① 是否可以自己准备食物以保证体内营养足够；② 是否能独立清洗衣物；③ 大小便是否能自理；④ 是否可以根据天气变化增减衣物；⑤ 是否能安全地到户外活动；⑥ 是否能保持家里足够干净和安全；⑦ 和家人、邻里的关系是否健康，是否独居；⑧ 有能力完成工作，可以接受训练、教育等，包括体能训练；⑨ 可以安全地使用地方机构提供的设施设备；⑩ 可以很好地执行护理相关要求。

（三）国内情况

我国智慧养老起步相对较晚，最早是 2007 年胡黎明发表的《新型数字化居家式养老社区解决方案》中提出了"数字化养老"的概念，随后学术界在 2010 年开始运用"信息化养老"的概念，2011 年出现了"科技养老"概念，2012 年又提出了"网络化养老"的概念，进而发展成了"智能养老""智慧养老"。近几年来，特别是 2013 年以后，学术界开始统一使用"智慧养老"来代替上述的一些概念。国内出现了以左美云为代表的学者，对智慧养老的发展做出了积极的推动作用。

我国对智慧养老的研究集中在需求、服务体系和技术研发上。据中国互联网络信息中心（CNNIC）发布的《第 35 次中国互联网络发展状况统计报告》显示，截至 2014 年 12 月底，在网民的年龄结构上，60 岁以上的上网比重由 2013 年的 1.9%上升到 2014 年的 2.4%。可见网民年龄结构呈现由青少年逐渐向中老年扩散的趋势，中老年群体成为网民数量增长的主要来源。所以发展智慧养老具有一定的现实基础，而明晰老年人的需求点更是发展智慧养老的关键。王琳通过问卷调查的方法对 200 多名有信息科技使用经验的老年人进行了调研，了解他们使用信息科技的主要情况，以及他们对信息科技产品功能和界面设计的需求，从而为信息科技产品的设计者提供行之有效的设计准则。孟凡兴运用 Nielson 的启发式评估法、认知走查法、可用性实验对老年人的社交网站进行了可用性评估，发现对老年人而言，此类网站存在功能过多、操作不便的问题，需要对网站进行优化，使老年人使用起来更加便捷。

国内在过去的 20 年中涌现了一大批智慧养老服务体系研究者与建设者，包括各专家学者、政府、社会组织及民间团体。睢党臣、彭庆超认为居家养老是解决我国养老问题的一种有效方法，而"互联网+"的迅速发展和运用有利于解决目前居家养老服务发展中的困境。张新华认为，社区"智慧养老"服务平台就是利用先进的技术手段，以居家为基础、社区为依托，为居家老人提供全方位、智能化、系统化的居家养老服务，让老人享受便捷和舒适的生活。李宗华对欧美社区照顾模式进行了回顾及总结，并结合中国国情，构建了以家庭照顾为主，以社区和非营利部门为辅的智慧养老服务体系，并强调调动社会各类资源，以满足老年人多样化的需求。华中生等人提出了促进以物联网、云计算、大数据为基础的智慧健康养老产业与事业发展的主要研究方向和关键科学问题，包括智慧养老服务模式与服务资源组织、数据驱动的养老服务质量管理、数据驱动的养老服务运营管理和健康养老大数据共享融合机制等。

相对于欧美国家，我国的智慧养老技术发展还比较落后，这也阻碍了整个产业的发展。目前国内针对智慧养老领域的技术研究大多集中在平台监控、智能家居、家用养老机器人和智能穿戴设备上。

国内有众多学者投身于智慧养老平台及系统领域的开发研究。王欣刚依托电信运营企业的统一化开放平台分析了服务平台的功能，设计了智慧养老信息系统总体架构，并将平台与政府网站群对接，最后对接口管理和定制终端功能进行了描述。耿蕊等通过分析我国的健康养老服务需求，基于物联网信息技术，搭建智慧健康养老平台，整合家庭、社区、社区卫生服务中心和大型医疗服务机构的资源，为居家老人和慢性病老人提供实时、智能、动态、全程的服务，实现智慧养老、信息化养老、健康养老有机融合，以满足居家老年人健康养老的服务需求。

国内对智能家居的研究大多集中在智能家居系统设计范畴，对智能家居产品的研究还比较缺乏，相对国外而言，研究尚处于起步阶段。左美云对智能家居产品做了一些总结性的介绍，列举了虹膜识别门、气象感知器、防跌倒地板等智能家居产品。魏广巨在家居安防的基础上提出了其他可以进行感应检测的家居产品，构建了一幅智能家居图画。

国内机器人研究由于起步较晚，同时受到本国机器人技术的局限，因此机器人研究滞后于世界先进水平。2012年，国家科技部发文《服务机器人科技发展"十二五"专项规划》，表明要促进服务机器人产业的发展，将重点开发辅助高龄老人与残障人服务机器人，将机器人发展纳入老龄化的社会背景中。陈殿生将老年人分为完全能自理老人、介助老人、介护老人三大类，将养老机器人分为生活服务、安全监护、医疗保健、学习交流四大类，并将不同老年人的需求进行不同功能的机器人匹配。刘玉雪重点强调了养老服务机器人的监管功能。而张立超将中医按摩理论融入机器人。而对于可穿戴设备的研究，国内并不多。

鉴于"互联网+"与居家养老结合能够给养老服务带来诸多机遇，我国不少省市都在积极试点这种新型的智慧养老服务模式。早在2011年，杭州市就在各城区建立了各个区域的智慧养老服务平台，包括信息呼叫中心、信息管理系统、终端呼叫器以及服务平台所整合的各类服务资源。该类服务平台均采用政府购买服务的方式完成信息化平台及呼叫中心建设、呼叫器终端发放、居家养老服务请求受理及服务提供等工作。2012年，成都市锦江区成立了"长者通"呼援中心，通过整合社区、家庭、社会以及政府等多方力量，为居家老人提供基本的生活服务、医疗卫生服务和健身服务等。2013年，北京市搭建了统一的智慧养老综合服务信息平台，为覆盖智慧养老服务信息平台辖区内的老人提供一体化、智能化的养老服务，包括家庭服务、紧急求助、医疗保健、安全监控、精神慰藉五大内容。2013年，重庆市南岸区依托社区服务信息平台，整合家政服务、医疗服务、文化服务等各类信息资源，建立居家养老服务热线，形成服务信息网络，为社区老人提供养老服务。2014年，天津市南开区委托天津广电网络公司等社会企业参与网络信息与呼叫平台建设并接入电视作为终端，建设"智慧社区"平台，为老人提供安全签到、点餐系统、便民缴费、社区超市、电视挂号等服务。除此之外，上海、山东、江苏、福建等地区积极响应政府推进互联网与养老服务和医疗服务相结合的要求，在智慧养老、智慧医疗方面进行了一系列的尝试和探索，积累了有益的经验，为其他地区发展智慧养老提供了经验借鉴。但是从总体来看，这些地区试点智慧养老还处于初级阶段，所涉及内容大多都是生活照料和健康照护服务。

（四）个案分析：杭州市西湖区智慧养老服务

杭州市西湖区智慧养老各项工作主要是通过智慧养老服务系统展开的，该系统是由助老呼叫中心、养老服务信息管理系统、智慧养老云服务网站等信息化养老平台，以及"智慧医疗""智慧健身""智慧教育"等多个配套系统组成。

首先，杭州市西湖区通过对云技术的运用，搭建智慧平台，有效整合、优化辖区养老服务资源，从而逐步实现全区养老服务在网络空间上的延伸。通过对系统内老年人基本情况、服务设施、评估补贴等数据库进行定期的维护更新，实现老年人身体状况评估、申请政府补贴对象资格评审、政府补贴和资金结算、养老服务提供和反馈跟踪、养老机构管理等基本业务的全过程数字化管理。老年人及其家人除了可以获得相关的养老服务外，还可以通过系统进行远程教育、缴费等服务。

其次，为了规范运作养老服务信息管理系统，西湖区建立全区统一的老年人基础信息数据库，目前已实现老年人基本信息的全面覆盖，现累计拥有2.5万余智慧养老呼叫用户，智慧养老系统已有效覆盖11个镇街，全区9万多名老人都能享受到智慧养老相关服务。此外，通过政府购买服务的方式，由中标运营商为老年人派发呼叫器，设置专门的服务座席，其中70周岁及以上空巢老人和80周岁及以上高龄老人可免费获赠。通过呼叫后台及时反馈，高效地为老年人提供全方位、多元化的居家养老服务。截至2014年上半年，全区累计呼叫4.3万余次，其中联系110、120达101次，提供上门服务2.5万余次，回访满意率达96%以上。

再次，西湖区加强了与社会组织的合作。例如，与"小棉袄""慈爱嘉"等社会组织多次对接，探索试行居家养老服务照料中心第三方托管。同时，西湖区与华神消防科技有限公司、修正药业集团等涉老企业积极合作，打造健康产业园等养老产业集聚区，以"医养融合"为措施，积极发展养老服务产业。并且，西湖区还结合智慧城市、智慧社区建设，打造本地智慧养老的特色。

最后，西湖区利用"智慧医疗""智慧健身""智慧教育"等多个配套系统来帮助老年人丰富晚年生活。自2013年西湖区"智慧医疗"项目实施以来，全区老年人可持市民卡开通"智慧医疗"诊间结算功能，实现"一站式"服务。同时，进行医疗场所适老化改造，老年人在医疗场所刷卡后检查数据会自动导入个人健康档案中，实现老年人健康数据的动态管理。为了满足老年人的健身需求，全区49所公办中小学的体育场馆向持卡的老年人全面开放；同时，西湖区也在着手开发健身地图和手机App，将"智慧健身"向智慧养老的移动平台延伸。对于渴望老有所学的老年群体，西湖区积极运用老年电视大学远程教育系统，借助网络平台，让老年人不用进校园就能通过网络参加老年大学课程，实现远程互动教学。

三、智慧养老的局限

在中国，智慧养老尚属一个新兴产业，需要走一段比较长的不断探索的路程。结合我国养老的实际情况，智慧养老在其发展中还存在诸多瓶颈。主要有如下几个方面的问题：

（一）缺乏统一的服务信息化标准

随着人口老龄化的加速，养老问题日益突出。在信息技术的支持下，智慧养老产业发展十分迅速。然而，由于我国出台的养老服务标准政策文件并不多，且大多数以描述性语言为主，缺乏实质性的指导作用，智慧养老行业的标准就更少了。同时，涉及智慧养老的文件内容较为分散，缺乏统一性和系统性。所以，我国在智慧养老建设方面缺少规范化，提供的养老服务水平也参差不齐，服务内容也不够量化和细化。由于缺乏统一的标准进行规范，导致在智慧养老的实践过程中，众多养老服务提供者在提供相应的养老服务时自成一派，智慧养老的服务质量参差不齐，对其服务不能进行有效的标准判断，并且对整个智慧养老服务市场不能进行有效的监管。

而对于现在越来越多的智能养老产品，市场上并没有统一标准，这不仅使得智能化养老产品在稳定性上仍有所欠缺，而且对于智能化养老产品应达到怎样的效果，哪些服务是智能居家养老系统所必备的，智能养老机构的鉴定及等级划分标准又是什么，目前都没有明确规范。即使是同一个城市的智慧养老服务，亦有可能存在很大的差别，例如浙江省杭州市西湖区的"智慧养老云服务平台"和上城区的"居家养老服务平台"，虽然同隶属于杭州市，但两地区所搭建的养老服务信息平台是不同的。不同省份的差异就更不言而喻了。标准的不统一不仅使得智能养老产品质量参差不齐，而且还造成相关资源的浪费，进而制约养老服务信息化产业发展。随着越来越多的社会资本涌入智慧养老产业，标准的缺乏将直接影响到我国养老产业的健康发展。

（二）资源分布不均

受地区自身经济实力、科技实力的影响，各地区居住的老年人在享受信息化的养老服务资源上存在数量或种类的差异。东部地带建设比较完善，全部都已建设有信息化的养老服务系统；中部地带紧随其后；而西部地带发展滞后。不仅如此，从已建成养老服务信息平台的城市名单来看，在三个地带内部之间也存在差异。与此同时，信息化的养老服务资源基本集中在城市，而在农村却少有相关的养老服务资源。据民政部组织专家学者对部分省份农户进行的调查表明，对于当前农村最迫切需要解决的问题，8.52%的农民选择了"养老"。因此，推广实施社会基本养老不仅在城市，而且在农村也日显其重要与紧迫。未来我国养老问题，难点在农村，重点也在农村。而在广大农村，老龄人口的受教育程度低、储蓄有限，以及信息化建设滞后的问题更是在农村地区推行智慧养老的极大阻碍。

（三）覆盖面过窄

受限于资金、技术问题，目前在推广的智慧养老项目大多推行不佳，例如南京市鼓楼区的物联网"智慧养老"项目还只是在社会福利院和两个试点小区推开，只有300位老人从中受益。人口老龄化不是简单的人口结构问题，而是养老问题，体现在对养老金、福利补贴、公共卫生服务、生活照料以及各项养老设施建设投入等的需求日益增长，而现有的养老服务机构及设施远远不能满足这个市场的需求。互联网O2O对养老服务产业的改变，就在于对养老服务供给资源的集约化管理和供需有序衔接，供给不足将导致互联网优化市场资源配置的潜力难以完全发挥，尤其是在三、四线城市，养老服务资源严重不足，社会劳工来源十分稀少，如果盲目建设社区养老服务平台，很可能陷入光有平台、无人服务的困境。

（四）数据共享与分析工作还需完善

数据是智慧养老的关键要素之一。由于缺乏统一的标准来对养老服务供给资源进行有效的调度，目前智慧养老数据主要集中在民政局和卫生局，除了部分分享自用和信息公开外，大部分没有充分发挥数据源作为"生产要素、无形资产和社会财富"应有的作用。大数据之父舍恩伯格说："大数据的核心要义在于共享。"而目前我国政府部门和公共机构未意识到共享开放价值。且由于缺乏严格规范的数据相关法规，从事此项工作的人员担心政务数据共享会引起信息安全问题，担心数据泄密失控，对开放有恐惧。目前，智慧养老的核心——数据共享分析问题如何真正步入实践、落地操作成为一大问题。不仅数据没有被进行共享，数据背后隐藏的许多重要的信息，也没有得到有效的分析利用。在信息数据应用、整合和处理方面，落后的数据处理能力无法充分利用所采集的有效数据信息，不能实现服务对接，难以满足养老需求。比如：现在"智慧养老"通过传感器传输的，只是一些血压、血糖之类的简单数据，处理这些数据，物联网已是驾轻就熟，但是如果想要再进一步甚至"未卜先知"，对老人的疾病起到预警作用，则很难完成。

（五）隐私难以保障

由于我国智慧养老产业才刚刚起步，总体上还处于探索阶段，因此各方面发展还比较滞后，尤其是在隐私保护、基础设施建设等方面还相对滞后。在智慧养老中，信息服务平台通过对老年人的远程监测，能够获得海量的信息数据，包括老年人的生活状态、身体机能和心理状态。"智慧养老"把老人的情况通过各类传感器告知家人的同时，其实也在一定程度上"收集"着老人的隐私，这使老人面临个人隐私保护失控的极大风险。随着数据采集、加工和应用的推广，数据泄露事件时有发生，进而会给老年人带来一系列的危害。例如，个人信息的泄露，可能带来一系列推销和诈骗等问题，而老年人正是最易受推销和诈骗影响的群体。此外，在大数据环境下的数据泄露，其危害不仅仅限于泄露本身，还包括在此数据基础上得出的预测与判断。即使目前已采取匿名处理或对重要字段进行保护，但是，入侵者还是可以通过其他方面，轻松推断出用户的相关信息。

（六）适老化设计不够深入

目前智慧养老产品市场发展非常快，不断有新产品涌现。但是，由于行业没有统一的标准，所以产品质量良莠不齐，还存在不稳定等缺点。对年轻人而言，对于智能产品的使用很容易就可以学会，例如一部手机可以"网罗天下"，出行靠网约车、吃饭叫外卖、穿的用的全网购，互联网时代貌似是年轻人的专利。而对老年人来说，上网、玩智能手机、用支付宝等便捷的新生活利器，显得有些笨手拙脚，力不从心。虽然针对养老的家居、辅助设备研究比较多，但是在市场上并未推广开来，除了价格的原因外，还有一个重要原因是市面上设计的很多养老产品缺少针对老年群体的人性化处理，老年人往往不会使用，导致产品只能闲置。

（七）缺乏智慧养老服务复合型人才

目前我国的养老产业面临着人才匮乏的问题。当下我国失能、半失能人员约 3 500 万，假设 3 个老人需要一个护理员，则需要 1 000 多万养老服务人员。而现有的所有养老机构的护理人员仅有 22 万，符合资格的仅有 2 万。按照国际上的普遍要求，照顾这些失能老人所需要的护理人员比例是 2：1，也就是两个护士照顾一个老人；但目前国内能做到的只是 1：10，10 个老人才分得一个护士。中国现实与国际标准之间差了 20 倍。并且，目前从事养老服务的人员大多未通过专业性的培训，通过养老服务平台提供的养老服务质量无法得到保障。而智慧养老所需要的并不仅仅是懂得医疗护理、心理疏导的专业养老服务人员，它需要的是在此基础上，还要懂得网络信息管理、智能终端应用、数据处理的复合型人才，这样的人更是少之又少。再加上社会上认为养老服务人员就是家政人员，社会地位不高，这也导致养老服务专业人才产生不愿从业的消极心态。巨大的人才缺口与养老服务专业人才不愿从业的消极心态之间的矛盾，将成为制约"互联网+"引入养老服务的瓶颈。

第二节　智慧养老的发展前景

自进入 21 世纪以来，我国已经迈入老龄化社会行列，并以年均超过三个百分点的较高速度持续增长。有研究报告认为我国老龄人口的比例到 2030 年将会达到 24%，此后还会增加。根据第六次全国人口普查数据，我国（港、澳、台除外）65 岁以上的老年人为 1.19 亿，占比 8.87%；到 2014 年，60 岁以上老年人口已经达到 2.1 亿，占比高达 15.5%，远高于国际社会的通行标准；我国各省（自治区、直辖市）的情况也都大抵如此。由此可见，我国（包括我国的各省级区域）已经进入"老龄社会"。据联合国（United Nations，2012）预测，中国 60 岁以上老年人口的比重将从 2010 的 13.26%上升到 2025 年的 20%，到 2050 年将进一步上升到 35%~40%。同时，工作人口的比重（15~59 岁）预计将从 2000 年的 65%下将到 2025 年的 62%和 2050 年的 53%。到 2020 年，工作人口的增长率将转为负。随着生活水平的提高与医疗技术的改善，中国人的预期寿命也迅速上升，2010 年已达到 74.83 岁，这进一步加深了人口老龄化程度与养老压力。由此可见，市场的需求十分巨大，且未来养老服务需求还将不断增长；而相应的养老服务产业的发展却相对滞后。

随着人们生活水平的提高，老年服务需求逐渐发生改变，不再局限于一般的家政服务和生活照料，高质量的护理保健成为发展趋势。"三网融合"和手机上网的普及使得老年人开始以各种形式接触网络，越来越多的老年人熟练操作信息平台获得所需服务成为可能。中国互联网络信息中心发布的《第

36 次中国互联网络发展状况统计报告》指出，近年来网民中高龄群体比例不断上升，并且据调查，"老年人对通过网络获取养老服务需求较大并且热情很高，网络养老服务平台有很大的发展空间，尤其是老年人对网络获取医疗服务的需求最大"。

　　近年来，国家不断加强对养老服务业的政策支持力度，财政、金融、用地、税费、人才、技术及服务等相关配套政策也在逐一完善并落实，这对我国养老产业的发展将起到积极的推动作用，养老医疗、养老地产及养老服务等相关领域无疑将迎来发展良机。而关于倡导智慧养老的政策也在密集出台。2013 年《国务院常务会议：确定深化改革加快发展养老服务业的任务措施》提到："要在政府'保基本、兜底线'的基础上，锐意改革创新，发挥市场活力，推动社会力量成为发展养老服务业的'主角'，到 2020 年全面建成以居家为基础、社区为依托、机构为支撑的覆盖城乡的多样化养老服务体系，把服务亿万老年人的'夕阳红'事业打造成蓬勃发展的朝阳产业，使之成为调结构、惠民生、促升级的重要力量。"2013 年，全国老龄委专门成立了"全国智能化养老专家委员会"，为我国智慧养老服务事业与产业发展把脉导航，发挥市场活力，兴建各种性质的养老机构和服务设施。据权威数据统计，截至2014 年年底，登记在册的全国各类养老服务机构和服务设施总量达到 94 110个，其中养老服务机构发展快速，已兴建 33 043 个；国家重视发展社区养老服务机构和设施，其数量也已达到近 19 000 个；互助型的养老设施发展均衡，全国已有 40 357 个；军队离退休干部休养所近 1 800 个。其次，各类养老床位总量达到 577.8 万张，比上年增长 17%（每千名老年人拥有养老床位 27.2 张，比上年增长 11.5%）；在主要用于老年人社区留宿和日间照料的床位总数已达到 187.5 万张；与上年相对比，年末收留抚养老年人 318.4 万人，增长了 4.2%。[①]

　　2015 年《关于鼓励民间资本参与养老服务业发展的实施意见》指出推进养老服务信息化建设，逐步实现对老年人信息的动态管理。支持民间资本运用互联网、物联网、云计算等技术手段，对接老年人服务需求和各类社会主体服务供给，发展面向养老机构的远程医疗服务，发展老年电子商务，为老年人提供紧急呼叫、家政预约、健康咨询、物品代购、服务缴费等服务项目。有条件的地方，可为居家老年人免费配置"一键通"等电子呼叫设备。

　　2015 年国务院印发《关于积极推进"互联网+"行动的指导意见》，明确

---

　　① 《2014 年社会服务发展统计公报》，http：//www.mca.gov.cn/article/sj/tjgb/
　　201506/201506008324399.shtml。

提出了"促进智慧健康养老产业发展"的目标任务。这些利好政策与信息，意味着智慧养老已经开始上升到国家战略层面。

2016 年，中国人民银行、民政部、银监会、证监会、保监会联合印发了《关于金融支持养老服务业加快发展的指导意见》，鼓励金融机构与养老信息和智慧服务平台合作，运用"互联网+"大数据资源，提供更高效的金融服务。《中华人民共和国国民经济和社会发展第十三个五年规划纲要（2016—2020年）》指出，积极开展应对人口老龄化行动，弘扬敬老、养老、助老社会风尚，建设以居家为基础、社区为依托、机构为补充的多层次养老服务体系，推动医疗卫生和养老服务相结合，探索建立长期护理保险制度。全面放开养老服务市场，通过购买服务、股权合作等方式支持各类市场主体增加养老服务和产品供给。这为今后一段时期全国老龄事业的发展指明了方向。

目前大量的资本已经涌向智慧养老，其中养老信息化、家政护理行业竞争较为激烈，老年娱乐、养老医疗服务、养老咨询服务领域竞争相对较小。结合现在的发展情况，未来我国的智慧养老将会呈现出以下几个趋势：

（一）推进智慧养老标准化建设

目前我国的"智慧城市"建设进入高峰期，全国智慧城市试点已达到 409个，与此对应的智慧养老也蓬勃发展起来。但是，由于顶层设计的规划不足，智慧养老行业的标准还未统一，导致市面上的产品质量参差不齐，稳定性不够。对此，国家、社会已经开始进行改善。2015 年 5 月，国家标准委正式下达了全国第二批社会管理和公共服务综合标准化试点项目，绍兴市申报的智慧居家养老服务标准化试点榜上有名，成为全国智慧居家养老服务领域的首个服务标准化试点。统一化的智慧养老服务标准与法律规范和产业监督、评估机制，可以保障智慧养老行业的健康、稳定发展。

（二）实现智慧养老数据共享，加强数据挖掘分析

智慧养老的推行需要有数据作为依托，而目前数据主要集中在政府和公共机构，对此应鼓励政府、医院各类机构共同搭建老年人信息公共服务平台，为不同信息来源的数据提供一致的、单一版本的正确数据，实现数据共享。同时鼓励第三方网络平台开展在线健康测评，积极探索、有序推动个人健康信息资源的开放与共享，以打破"数据孤岛"，将共享和收集到的海量、零碎信息形成一个系统性的数据库，进行数据收集、存储、挖掘，充分发现数据的潜在价值。

（三）智慧养老产品更加人性化

目前市面上设计的很多养老产品缺少针对老年群体的人性化处理，由于害怕弄坏或者学习困难，老年人使用这些产品往往比较困难，且大多数产品功能比较单一，特别是随身携带的产品，如果想要全面地进行检测，往往要携带大量的产品，增加老年人的使用负担，这也是众多产品无法很好地推向市场的原因。智慧养老产品的设计最重要的是要考虑老年人的生理特点和真实需求，在设计一些智能产品时，要方便、简单、可操作性强。除产品设计以外，还要通过对老年人进行培训，加强老年人对信息技术的了解与掌握，使其能更充分地利用智慧养老产品，提升生活质量。

（四）智慧养老服务产品情感化

对于老年人，除了给予生活上的帮助外，更应该关注的是老年人精神上的问题。目前我国老年空巢家庭率已达 50%以上，大中城市高达 70%，空巢现象直接导致了"老年人精神上缺乏归属感"。而现阶段，我国的养老服务还无法很好地满足这一要求，更多地是注重老人物质和医疗护理方面的满足，忽视了其精神慰藉方面的需求。智慧养老应该不仅仅把老人当作客户，而更多地需要注入情感，让更多老人得到精神慰藉。要充分挖掘老年人丰富的人生经验、社会经验以及专业学识和能力这些隐形资源，实现老有所为、老有所用，释放老年人群体的隐性智慧能量，弥补养老行业缺乏精神关怀的重大缺陷。

（五）智慧养老的医养结合

随着年龄的增长，老人的身体机能不断下降，对医疗服务的需求不断增加。如何在养老过程中便捷地获得医疗服务是我国目前面临的最大的难题，特别是老年人由于行动不便，对上门服务的需求更加迫切。"医养结合"就是医疗资源与养老资源相结合，实现社会资源利用的最大化。其中，"医"不仅包括医疗救治服务，还包含康复保健服务等；"养"包括生活照护服务、精神心理服务、文化活动服务。利用"医养一体化"的发展模式，集医疗、康复、养生、养老等为一体，把老年人健康医疗服务放在首要位置，能够突破一般医疗和养老的分离状态，实现为老年人提供及时、便利、精准的医疗服务，从而满足老年人的整体养老需求。

随着城市老龄化、高龄化速度的加快，城市养老服务的供给压力会越来越大。在信息技术对各行各业影响越来越深远的今天，我们应认识到，要充分利用"物联网""大数据""互联网+"的优势去解决目前我国居家养老服务发展中的问题。这并不是哪一个养老主体能够单独实现的，而需要在政府的主导和统一规划下，企业积极参与协同创新，社会各方力量参与共同合作，这样才能实现为老年人提供及时、便捷、智能、高质量养老服务的目标，才能促进我国的养老服务事业持续健康发展。

（刘琰秋）

第十章　社会化养老服务中的政府责任

第一节　养老服务体系良性发展的支撑条件

养老服务体系是由社会的和商业的养老保险制度、养老机构、养老从业人员、政府管理者以及配套的医疗服务等紧密相关因素组合成的内在运动系统，该体系既有一般服务体系的特色，也有自身独具的特点。要促使该体系良性运行，则必须具备与之适应的支撑条件。这些支撑条件既有外部的，也有内在的；既有制度性的软件，也有物质性的硬件；既有铺垫性的，也有指引性的；既有促进性的，也有牵引性的。但我们最终需要的核心是唤醒市场内在因素起决定作用的长效机制。

一、制度和政策

制度和政策具有鲜明的导向和引领作用，其重要性不言而喻。在我国，制度和政策的优越性是促进养老体系良性发展的灵魂，因此，在发展的初期即高度重视制度的设计，避免因为制度和政策设计的缺陷而浪费更多的资源（时间、人力、物力、技术和信心等）。

（一）坚持的原则

1. 紧迫性原则

我国老龄化发展迅速，妥善解决养老问题已成为政府的紧迫要务。因此，在制定相应的制度和政策时，必须清楚认识到目前所面临的巨大压力，既不能急于求成，也不能拖延缓行，必须以紧迫的理念用追赶发展模式，有条不紊地分时间段分解任务，制定紧密衔接的阶段性发展目标，严格考核并落实领导和执行责任。

2. 系统性原则

我国的养老服务体系涉及的板块很多，这些板块必须无缝糅合在一起才能发挥最大的效能。因此，在制定制度和政策时，必须始终坚持系统性原则，系统组份不能少，各组份所占比重和发展次序应当有差异，各组份之间应当在目标一致的前提下相互衔接而不留空白，各组份应当在统一领导的前提下对应相应的责任部门，对于影响各组份的因素必须全面考虑并按照敏感性和重要性排序予以处置，各组份对应职能部门在处理事项时必须兼顾其他组份利益并与之协调发展。

3. 科学性原则

在目前时间紧、任务重的情形下，既不能胡乱上马项目，也不能慢腾腾搞建设，必须坚持科学发展的理念，充分利用有利条件，切合实际进行体系建设。科学性原则主要表现为以下几方面内容：

（1）及时性和前瞻性。我国的养老压力大，但是相应的配套服务体系建设相对迟缓，未曾预料的众多复杂因素及其影响力还处于未知状态。对此，我们应当立即行动起来，做出及时反应，通过大量的实地调研、试验区的经验教训、国外已有的成功模板等大数据，结合我国养老事业的特点，及时制定出适合我国国情的发展制度和政策，建立动态的监测机制，定期或不定期根据相关反馈信息对制度和政策进行及时修订。为了避免出现朝令夕改的短命制度和政策，制定者应当具有前瞻性眼光，从而保证制度和政策的相对稳定，避免制度和政策指南失误而带来更大、更多的损失。为此，需要制定短期（1~3年）、中期（3~5年）、长期（5~10年）计划和规划，相互之间必须衔接和承继，不得因为领导的更替而另起炉灶，也不得因为形式发生重大变化而墨守成规。

（2）探索性。由于我国幅员辽阔，区域之间的差异性明显（包括自然环境、经济发展水平、人口分布特点、消费理念等），如果按照一套模式进行全覆盖，必然会出现违背客观规律、强行加载发展模式而最终因为水土不服宣告失败的现象。为此，应当允许在统一原则的指导下，鼓励各地根据自身的特点先行先试，允许探索和实验，经过一定阶段的探索和试验之后，应当及时确立当地的发展制度和政策，由下及上（按照县、市、省、全国的顺序）顺次制定，最终形成全国统一领导下的地区差别发展机制，构建区域性特色养老服务体系。

（3）可操性。在我国养老服务体系的建设过程中，各级政府部门出台了相应的鼓励发展文件，但实效性较差，其根本原因在于可操作性差，无法落地生根，出现了众多看似美好却难以实施到位的弹簧门、玻璃门效应。这对制度和政策的制定者提出了"可操性"的要求。为此，拟制定出台的制度和政策，必须经历"由下至上"和"由上至下"相结合的多次反复校验，使之既有相对的高度，又有扎实的实施基础，具备向上生长和开花结果的充分必要条件。从上往下的制度和政策，其属性必须逐步由指导性转向实施性、原则性转向程序性，避免逐级照抄、转发文件的陈规陋习。

（二）核心内容

1. 体系的有效组份

狭义的养老服务体系，一般是指社会养老服务机构及其附属机构所提供的养老服务。而本书所研究的是广义的养老服务体系，它是指与养老相关的所有服务，既有国家层面的社会养老保险，也有社会提供的商业养老保险；既有养老机构及其附属机构所提供的可见的养老服务，也包括国家的相关制度和政策，各种技术服务、管理服务等无实体形态的服务。凡是与养老直接相关和间接相关的因素，有形服务和无形服务，均包含在列。为此，在制定制度和政策时，必须全面考虑，相关因素缺一不可。

2. 各组份的责任人和相互之间的衔接与制约机制

为了有效约束和激励各组份，实现自觉性和积极性的平衡，必须对各组份对应的职能部门进行明确而严格的规制（激励与约束并重），尤其需要高度重视职能衔接，交叉地带的界限要清晰无误，主次分明无争议，不搞并重而不清、多管而不管的做法。各组份间需要相互监督制约机制，使其能够通过自身的科学流程将各种失误过滤和修正，将各种责任和弊端在内部消除掉，而不能对外转嫁给社会、养老服务经营者和自然老年人等。

3. 各组份的操作流程及内控制度

之所以在制度上需要规定各组份规范性操作流程，主要有以下几个目的：一是便于明确指导其实施明白无误的正确操作行为，规避非规范操作情形下产生的损失；二是可以让被执行人能够做好相应的对接准备，明确自身应当承担的义务，自觉抵制对方无关的非分之欲望（吃拿卡要、摊派、变相加重成本等）；三是便于监督，监督的内容清楚明了，易于判别和掌握，可以对执行者形成一种外在的强大震慑力，利于行政效率的提高。

各组份必须建立科学的内控制度，这是实现办事效率高效化、办事质量高质化、老百姓满意度高企化的必然要求。因此，各组份必须根据各自的特点，坚持合理和效率原则，建立起不同层级、不同内容、不同长度的内控制度，并在各环节相互督查之下有效运转。

4. 目标考核和责任追究机制

养老服务所规定的制度和政策，其规制的行为主体主要是政府，政府的效能将会直接影响到相应养老服务经营者和老年人的权益。为此，必须对政府实施严格的目标责任考核制，由上及下，层层细化分解，上一级政府和同级人大要实施定期考核和不定期抽查，开通广泛有效的监督渠道，将政府的行政行为及其效能置于阳光之下，接受全环节、全过程的监督；然后根据其效能的高低实施对应的奖惩措施。奖惩并重固然重要，严厉追责更需落到实处，尤其对延误发展机遇、造成重大损失的直接责任人和负有领导责任的高层指挥者，需要加大惩戒力度。

（三）效力评估及完善

政策具有显著的实效性，随着环境（自然环境、政治经济环境、国际环境等）的变化，政策也需要进行适应性修正，才能适应变化后的生产关系和生产力，变阻碍性作用为促进性作用。对养老体系相关制度和政策的效力评估，可以采取定期评估与社会反映热点专项评估相结合的方式进行，它是由独立于政府管辖之外的第三方专业评估机构来完成，具有显著的客观公正性；政府相关得到评估报告之后，需要对此做出快速而积极的反应，拿出完善的方案报经上级政府批准之后予以严格执行，上级政府和同级人大作为监督机构督促其在规定时间内落实到位，至于具体的落实效果，如有必要则可以由第三方评估机构进行二次评估予以确认。

二、资金和人才

资金对于养老服务体系来说就是不可或缺的血液，而相应的管理和技术人才则是神经单元细胞，两者均具有十分重要的作用，可以被视为养老服务体系的硬件和软件。

（一）资金因素

集全社会有利因素共建养老服务体系，是一件兼顾当前利益和长远利益的民生工程，同时也是国家的大政方针。而资金这一块，是启动该体系建设最为重要的因素。目前很多建设多阻梗这一条件，为此，需要相关的制度和政策来铺平道路：首先，国家投入必不可少，但需要有明确的来源途径和相应的额度，不能责任不清；其次，要采取一切措施鼓励社会资金进入，让社会资本愿意进，进来之后能够留得住，在保护社会资本的合法权益的同时让利于社会资本；最后，要巧妙地把国家资本与社会资本结合在一起，共同发挥最佳的社会效益，如 PPP 模式、国有资本和社会资本的股份制组合、影子收入分成模式等。

（二）人才因素

目前在养老服务体系建设过程中，严重缺乏相关的管理人才和专业技术服务人才，为此，国家相关部门应当将这部分人才需求纳入国家培养计划。首先是本科及以上层次的管理人才培养，其次是护理本科层次和职业技术教育层次的老年护理（护工）人才培养，最后需要根据现实情况采取多种方式进行上述紧缺人才的培养。对于现在在岗的，采取请进来、送出去的方式进行提高式培养；对于尚在成长中的人才队伍，根据人才需求计划，必须在学校增加相应的专业设置，设置相应的课程和实践基地进行培养。

三、监督与评价

监督与评价是专业评级机构采用适宜的标准，对被监督对象围绕某一工作目标开展工作的内容及其效能的客观监测和评估，肯定其优秀成分，揭示其不足部分，指出改进的路径。这是一种追求发展、理性面对自我并进行自我完善之举，现已越来越多地得到推广。

（一）对经营环境的监督与评价

我国的养老服务体系建设环境主要包括政治环境、法制环境、经济环境、文化环境等方面，因而，对它的监督主要在于：是否为养老服务体系建设提供了及时、全面的服务？服务效能是否最佳？该如何进一步进行改进？

1. 政治环境

党和国家高度重视我国养老服务体系建设，这在已经出台的相关政策和领导人的重要讲话中已经体现得淋漓尽致，不容置疑。这为该体系的建设和发展奠定了坚实的基础。但为什么还要将该项指标列入监督和评价的内容呢？其原因在于下级政府存在执行力衰减和政策走样的问题。因而，需要监督和评价的重心也就相应地移到省、市、县等下级政府贯彻执行党和国家相关政策的正确性和力度大小、营造良好政治环境的创新方式等方面。

2. 法制环境

我国养老服务体系在起步的初期，主要靠好的制度和政策，但要获得长远的良性发展，则不能少了法制的根本支撑。因此，是否有法可依、有法必依、违法必究，法制建设对该体系建设的支撑力度如何等直接相关问题，则成为了该项目下细化的监督评价条目。在目前尚无统一法律出台的情形下，重点监察的对象则是相关的制度和政策，包括是否及时制定、合理性、执行力度、对实践行为产生的影响力、反馈信息处理、修订与完善等内容。

3. 经济环境

一般意义上，分析与养老服务体系建设相关的经济环境所包含的内容主要有：国家发展养老服务的经济政策、国家及各区域经济整体发展水平与个人收入分配状况、经济资源配给方式、经济供给与需求状况、金融融资政策、劳动力供给状况、人口结构，等等。在我国大力倡导有序发展养老服务体系的大背景下，经济环境对该体系建设的重要性更为显著，其中又以资源的配给方式（主要是建设用土地资源、人才资源等）、融资政策（是否有倾斜、方式的多样性及其难易度等）、国家资本与社会资本能否实现平等竞争、社会资本能否无障碍自由流动、社会资源的集中与分配制度的公平性等为重。

4. 文化环境

我国具有"孝道"这一优良传统，又具有先进的社会主义核心价值观文化，这些必将促进我国养老服务体系的建设和完善。但是传统的孝道文化有时又会成为阻碍性因素，为此，需要通过广泛深入的宣传教育活动，将正确的养老理念进行全民普及，促使其共同正向着力于养老服务体系建设。为此，监评的相应内容就是被监评对象是否因地制宜宣讲和培育了先进的养老文化，其普及率和执行率如何，养老文化是否助推了体系的建设，等等。

（二）对经营行为的监督与评价

养老服务经营者既是国家产业政策激励与约束的主体，也是服务的直接提供者，是多种合力最终作用的对象，具有承接和转换的作用。因此，这也是监评的主要对象。对此，应当强化这方面的工作，以促使其不断改进，通过向老年人提供优质养老服务的方式，充分体现国家的福利政策。

1. 执行政策监评

通过该项目的监评，可以考察经营者执行政策的准确度和力度、政策产生的效能、政策在实践中遇到的阻碍因素及其原因、实践中尚缺乏的政策需求等，这既是对经营者的监评，也为政府管理者提供了相应的政策反馈信息，具有多重效用。因此，有必要加强该项目的监评频次和力度，这既可以合并在对经营者的监评项目中进行，也可以不定期单独进行（用以考评政府制定养老服务体系建设政策的合理性）。

2. 内控制度监评

养老服务机构的内部控制制度是指一个养老经营实体的各级管理层为了协调和控制资源利用，确保各环节操作行为正确可靠，从而提供安全优质的服务，利用单位内部分工而产生的相互制约、相互联系的关系，形成一系列具有控制职能的方法、措施、程序并予以规范化，进而形成的一个严密的、较为完整的体系。通过对内控制度的监评，可以评价其控制制度是否完整有效、薄弱环节及其强化措施、执行的有效性（有无梗阻和断层现象、有无覆盖性跳跃失误、有无隐蔽性瑕疵等）、制度效力等。内控制度直接与被监评对象的管理水平及其实际效果密切相关，是贯穿整个管理过程的核心。因此，对内控制度体系进行监评是非常重要的一环，需要予以高度重视。

3. 基础条件监评

根据被监评对象的规模大小，参照相应的标准对其基础条件进行深度监评，包括物质条件和软件条件。前者重点包含经营场所所处位置、场地面积、床位等设备设施配置、功能科室设置（饮食、娱乐活动、医疗保健等）、应急处置、安全保卫等，经营者所提供的基础条件必须保证服务对象的安全、合法权益得到充分保障、应急处置条件齐备等；而后者重点监评的内容则包括人员构成比例、管理人员人数及其综合素质、服务人员（餐饮、后勤保障、护理、医疗、心理安慰、娱乐引导等）人数及其资质、管理软件的配备及其使用情况等。这里强调的是必须有一支与其经营规模、服务档次相匹配的人员队伍，要彻底颠覆长期以来"圈养式"的陈旧养老模式，代之以生机勃勃、充满希望和活跃元素的现代养老概念。

4. 服务质量监评

监评者根据被监评对象的属性，参照相应的标准对其所提供服务的内容、质量、满意度等指标进行检测和评价，划分的主要的大类服务项目包括住宿、餐饮、清洁卫生、娱乐与学习、医疗保健和康复、心理抚慰、开放程度（与亲人的会见和交流）、安全保障、应急处置、临终关怀、智能化程度等 11 项。在每一大类下面还可以进一步细分出相应的子项目，比如住宿项下可以细化出床铺的舒适度（面积、材质、柔软度等）、防暑降温措施、更换被褥的频次、特殊老年人在住宿方面的特殊措施等 5 项；餐饮大项下可以细分出食材采购验收制度、厨房的条件、厨师资质、食品营养结构调配、特殊人员的特殊需求满足程度、食品安全性控制等 6 项；其他的以此类推。服务质量与被服务对象的感受直接相关，无论经营者规模的大小，服务质量都是至关重要的，它是保障被服务者权益的直接体现，所以必须高度重视对这方面内容的监评。

5. 发展规划监评

发展规划会影响到被规划对象的未来发展方向，其合理性与其未来的命运休戚相关，因此，必须重视发展规划的设计和执行。对养老服务经营者的发展规划，可以从区域整体规划和单个个体规划两个层面进行监评，监评其合理性、先进性、科学性和引导性，从而妥善化解养老服务数量不足、层次缺乏、质量低下等矛盾，切实为辖区内的老年人提供适宜的养老服务。

6. 整体结构监评

这是对一定区域内养老服务经营者的整体状况而言的，是为政府管理提供决策支撑的基础材料。它是指对所有的养老服务经营者按照不同的划分标准进行结构性分析，监评其结构是否合理，如何进行结构性改革以更好地满足需求。

（1）按照经济属性划分而形成的结构。按照经济性质划分，可以分为公立养老服务机构和民营养老服务机构。目前按照政府引导、政府兜底、市场主导的发展理念，必然会形成公立养老服务机构占比逐渐下降、民营养老服务机构占比逐渐上升的趋势，公立性质的养老服务机构逐渐会退居到兜底弱势群体养老的职能，而民营性质的养老服务机构则会扮演市场主角，承担更多的养老服务功能。

（2）按照经营规模大小划分而形成的结构。按照该区分标准，可以划分为大、中、小三个类别，这三类可以根据投资规模、床位数、从业人员数等指标赋予不同的权重值予以确定，还可进一步与人口分布特点进行对比，考察其合理性和改进措施，具有一定的参考价值。

（3）按照服务质量高低划分而形成的结构。根据经营者所提供的综合服务质量的优劣、高低，可以将其按照从低到高的顺序划分为 1～5 级等多个等级，不同等级的养老服务机构所提供的服务和费用收取有差异，相应地其服务对象也会产生差异。追求高质量养老服务并且有足够经济来源的，则可以选择高等级的养老服务机构，以此类推。管理者根据该条件下的结构比例，结合本区域的经济发展水平和个人收入水平，采取稳妥措施引导结构调整，最终达成合理的结构比，实现资源效益的最佳化。

第二节　养老服务体系中的政府责任

从上述的论证中明显可见，政府在构建养老服务体系中居于核心地位。该服务体系能否建成，建成后能否有效运行，老年人的权益能否得到充分保障等一系列问题，均需政府来承担主要责任。

一、完善法制建设的责任

构建完善的养老服务体系，是一项事关社会和谐稳定，体现社会主义核心价值观的民生工程，同时这也是一项新兴的产业，处于发展的起始阶段，实验、探索、先行先试等手段被广泛应用，各地政府因地制宜，出台了相关的管理和促进发展的措施，全国呈现出管理模式多样化、促进制度差异化的可喜的发展势头。为了促进我国养老服务体系的规范化、高效化建设，在其发展之初，有必要借鉴国内外相关的成熟、先进的管理经验，再结合我国近年来的经验教训，完善相关的法制建设，法制先行，避免实验探索成本过高，避免乱象丛生而损害国家、企业和公民的合法利益；有效规制该行业沿着正确的方向健康发展，有效保护投资人和老年人的合法权益。

老年服务体系的法制建设涉及该体系建设中所有主体责任、义务和权益等三方面核心内容，下面分别从不同主体视角阐释法制建设的核心内容。

（一）政府主体

这是建设完善养老服务体系的核心责任主体，需要用法制规制政府主体责任的内容包括：建设完善的法制体系，落实投入责任，清除建设中的制度障碍，营建规范的市场运行机制，保障投资人的合法权益，保障老年人的合法权益，及时制定、出台充分的配套优惠和激励措施，构建多层次养老服务体系，兜底救助贫困老年人，构建完善的监管体系，等等。

（二）投资主体

投资主体包括政府资本和社会资本，对此需要法制规制的内容包括：政府投资必须逐步增加（最好是规定按照确定的比例，如以 GDP 或公共财政总额为基数），充分激发社会资本的投入并充分保障其合法权益，鼓励开发相应的金融产品以增加养老服务板块资本的活跃度，鼓励商业保险公司开发与老年服务相关的保险品种（包括经营责任险、老年护理险、老年意外伤害险等），鼓励开发旨在满足老年人精神层面需求的服务项目，等等。总之，要在落实政府投资主要责任的基础之上，达到让社会资本进得来、留得住、回报合理、积极性不断提升，老年人满意度不断提升的目的。

（三）经营者主体

这是养老服务体系中服务的直接供给者，其服务质量与老年人的生活质量密切相关，呈正相关。相关的法制规制内容包括：经营主体合法合规，满足营业的基本条件，使用具有相应资质的服务人员，服务质量规范达标，各项服务软硬件达标，内控制度严密有效，充分保障老年人权益，等等。

（四）老年人主体

老年人是消费服务的主体，在履行缴费义务和遵守管理制度的前提下，应当充分享受相应服务质量标准的服务，其权益应当得到充分的保障。相关法制规制该群体的主要内容包括：按照规定缴纳相关的费用，遵守相应的管理制度，享受相应等级的服务内容（根据协议约定的条款），利益受损后能够得到合理的处置（包括恰当的经济赔偿、无偿得到医疗诊治和康复等），强调必须给予老年人精神抚慰等人性关怀，等等。

二、充分激发市场发展的责任

我国养老服务体系建设必须遵循社会经济发展客观规律，既不能摆脱经济规律的制约和内在促进作用，也不能超越，只有适应并遵循客观规律，才能形成良性有序发展。

在社会主义市场经济体制下，政府直接干预市场的职能逐渐弱化，退而转为服务型政府，市场运行主体则让位于各企业，从而形成"政府服务、市场做主"的格局。

充分调动和激发市场各种因素发展养老服务体系成为政府的主要责任之一，那么，如何调动和激发市场因素呢？一是适应市场经济发展规律，打造充分竞争的大环境。公立养老机构应当转化角色，国有资本不应再享有特权，其核心职能应当演变为为社会兜底、救助底层弱势困难群体。二是应当赋予市场主体充分的自主权，为其扫清发展过程中的限制性障碍。减少政府干预，杜绝国有资本垄断经营，给予市场主体无差别化待遇，实现资源的最优配置。资本嗅觉敏感，具有逐利性，它们对养老服务这一朝阳产业具有极大的热情。

个别企业也先知先觉进行了尝试，但是结果不尽人意，其主要原因在于受制因素太多，无法按照市场经济规律运行。而这些受制因素主要是政府或缺位或越位或异位或虚位等多种原因造成的，这就导致本身具有巨大吸引力的养老服务业表面鲜亮而问津者少、难以撬动且发展迟缓的结局。三是鼓励建立多资金来源渠道、多种服务模式、全社会参与的养老服务体系。建立社会养老服务体系是全社会的事，单靠政府的力量是无法完成的；必须调动全社会的有效元素参与，才能获得强有力的支撑和长效发展。政府要采用行政的手段和核心价值文化撬动和唤醒社会相关因素参与其中，从而形成资金来源渠道多样化、服务模式多样化、参与因素多样化的养老服务体系。这样的架构因为多柱支撑而变得稳固，承担和化解风险的方式因渠道多样化而变得有效，服务质量因多因素的同心力作用而得以稳步提升，服务满意度因模式选择性宽泛而获得广泛赞誉。通过上述市场手段的综合发力，质量可靠、发展有支撑的养老服务体系即可形成。

三、直接投入的责任

"人人享有社会发展的红利"是我国社会制度优越性的直接表现之一。而劳作了一辈子退下来养老的老年人更应该充分享有改革和发展的成果。为此，政府应当履行直接投入的责任。把握政府的直接投入责任，必须牢牢遵循以下原则。

1. 投入固定性

政府投入必须按照一定的标准，在一定时间内足额投放，不得挤占、挪用和延迟。借鉴国际经验，可以将 GDP 设置为计算基数，然后按照规定的比例予以计算（财政拨付金额=GDP×固定比率），在一个财政年度按照预算进度予以拨付，并跟踪监督落实到位。

2. 投入伸缩性

在经济发展过程中，往往会因为各种长期的或偶发的、国内的或国外的、政治的或经济的因素产生正向和反向影响，经济形态相应地会表现出增长和下滑的态势，经济总量也会发生相应的同向变化。基数变化也就会相应地影响到投入额的增减，这就表现出自然形态下的伸缩性；另外还有一种人为状态下的伸缩性，即在特殊的经济时期或经济环境下，根据经济整体长远发展的需要，需要对计提比例做适当的调整（升高或降低），由此导致拨付资金总额的变化。

3. 投入层次性

国家建设养老服务体系的压力很大，若单一地由中央政府承担，是很困难的。因此，各级政府都应当承担起建立养老体系的责任，中央分解到省，省级分解到市级，实行省级统筹或者市级统筹（当然最好选择前者），在责任分解的情形下，各负其责，责任分散且明确，则很容易达成设定的目标。

4. 投入结构性

建设养老体系，需要根据需求量和需求项目，分轻重缓急、重点和非重点进行区别对待，这就要求各投入标的之间必须有合理的结构比例，该结构比例先由下及上进行预算汇总，最后由上及下下达执行，执行责任在省级部门。

5. 投入次序性

养老体系是一个综合性的复杂工程，涉及硬件投入（场地、设备设施等）、监管和技术人才培养、制度建设、配套医疗服务、餐饮娱乐供给、贫困救助等。对于这么多内容，必须分清主次，找准切入口，按序投入，力争用最少的资金撬动更多的建设资源参与建设，从而实现投入效益最大化。

四、兜底解困的责任

考察民生工程的效果，其中占有相当分量的就是对贫困弱势群体的救助力度和效果。所以，在考察养老服务体系中政府责任实施效果时，必然会涉及政府兜底的责任问题，这也是社会主义核心价值观和优越性的直接表现之一。

政府兜底要解决的是以下几个核心问题：

第一，让所有贫困人群能够被养老福利政策覆盖，不会因为贫穷而被拒之门外。首先是参加进入养老保险的范畴。养老保险是老年人最为基础的养老资金来源途径，由于历史的原因，我国养老保险制度实施和积累的时间比较短，很多老年人未被纳入其中。面对这种未富先老的特殊情况，政府可以采取特殊措施将其纳入（比如农村地区老年居民通过转让土地经营权而获取一次性缴纳养老金的资金，城市居民通过抵押房屋而获取进入养老保险的一次性缴纳资金，等等），也可以比照养老保险的标准由政府统筹专项资金给予解决；其次是取消限制性规定，让适龄贫困老年人都能进入福利政策所覆盖的范围，不能因为不合理的限制性条件将其挡在玻璃门之外；最后是为贫困老年人开设直通车和绿色通道，把政府的优惠政策完整无缺地递送到需要帮助的老年人手中，不能因为缺乏对政策的了解、无力办理相关报审手续、地缘偏僻和信息闭塞等原因而出现政策折扣和政策缥缈的现象。

第二，让贫困的老年人群体能够有条件长期安心养老。这个问题的核心是解决贫困老年人养老的后续供给，政府对此可以分类处理：一是对于那些尚有部分资产可以盘活使用的，在充分征求其本人意见之后，可以通过盘活资产获取最佳收益，用于其本人养老花费，例如土地使用权的出让、房屋出租、抵押融资等；二是对于有赡养义务的人，需要采用多种方式（教育、行政、经济和法律等）敦促其履行赡养义务，根据其承受能力分担全部或部分养老费用；三是对于无收入来源的老年人，政府也需要多渠道筹措其养老费用，具体备选方式有结对帮扶（动员社会力量，以多对一的方式与贫困老年人结对予以帮扶）、领取社会低保、单位扶持（职工退休前所在单位给予适当补助）、民政救济、福利企业补贴，等等。

第三，能够同等享受相应的诸如医疗等配套服务。对于贫困老年人，政府要向其倾斜扶持，这是国家的既定政策，不容置疑。所以在制度设计上，需要始终坚持平等、公正、公开等原则，对其提供基本的生活、医疗等养老服务，这是政府不容推脱的责任。那么，贫困老年人如何才能平等享受相应的诸如医疗等配套服务呢？首先，政府需要明确公立养老机构、公立医院具有完全满足其基本需求的职责。由政府出资建设的公立养老机构、公立医院具有鲜明的公益性，它在发展过程中微利经营，所获取的利润就可以反哺给贫困老年人；如果仍然存在差距，再由政府采取其他方式筹措补齐。其次，采取直补和暗补的方式予以兑现。前者是将政府的补助资金直接划转到被救助对象的私人账户，按照消费项目进行定期支付；后者是直接将救助资金划转到养老机构或医疗机构的账户上，然后根据被救助对象的消费金额予以支付。这两者均具有一定的好处和弊端，可以根据具体情况单独或结合使用。最后，需要建立完善的监督机制。这是一个全环节、全过程的监督，目的在于把政府的优待措施真真切切地落实到需要帮扶的贫困老年人身上，既不能只见政策不见行动，也不能让行动出现偏差，严禁救助资金被搁置、挤占、挪用、侵占等情况发生。因此，需要建立一套独立于运行机构之外的监管机构，实施定期和不定期监督检查，督促其完善制度建设、纠正不当操作行为、追回被非法使用的资金，切实保障老年人的合法权益。

第三节 政府缺位、越位、虚位现象分析

截至 2015 年年底，全国 60 岁及以上老年人口达 22 200 万，占总人口的 16.1%；其中 65 岁及以上人口 14 386 万，占总人口的 10.5%。面对我国快速

老龄化的形势（详见图 10-1），政府的压力十分巨大，为此进行了系统性建设。

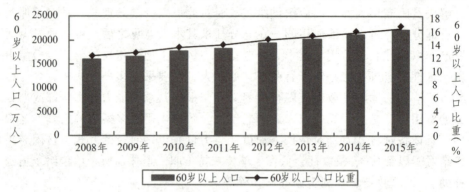

图 10-1　近八年我国 60 岁以上老年人口占全国总人口比重及其变化趋势图

我国政府在建设养老服务体系方面做出了巨大的贡献。据相关统计数据显示：2013—2015 年度，全国各类养老服务机构和设施分别为 4.25 万个、9.41万个、11.6 万个，分别比上年增长 32.78%、121.41%、23.4 %。其中注册登记的养老服务机构分别为 2.6 万个、3.3 万个、2.8 万个，社区养老服务机构和设施分别为 1.59 万个、1.89 万个、2.6 万个，互助型养老设施分别为 3.87 万个、4.1 个、6.2 万个；各类养老床位分别为 493.7 万张、577.8 万张、672.7 万张，分别比上年增长 18.9%、17.0%、16.4%（每千名老年人拥有养老床位分别为24.4 张、27.2 张、30.3 张，分别比上年增长 13.9%、11.5%、11.4%），其中社区留宿和日间照料床位分别为 64.1 万张、187.5 万张、298.1 万张。

截至 2015 年度，政府在全国建设了老龄事业单位 2 280 个，老年法律援助中心 2.1 万个，老年维权协调组织 7.1 万个，老年学校 5.3 万个（在校学习人员 732.8 万人），各类老年活动室 37.1 万个；享受高龄补贴的老年人为 2 155.1万人，享受护理补贴的老年人 26.5 万人，享受养老服务补贴的老年人 257.9 万人。

上述数据表明政府在直接投入和激发市场有利因素方面为养老服务体系建设做出了巨大贡献，为众多老年人提供了适宜的养老服务。但是，面对我国快速老龄化的形势，政府还需要总结已往的工作经验，用先进的服务理念、非常的发展措施，扩展服务职能，更好地为老年人提供服务，让老年人老有所养、老有所依、老有所托、老有所乐。

一、政府缺位现象分析

1. 部门之间不衔接的现象

我国养老服务体系建设是一个多部门联动的系统工程，需要相关部门有机联合、无缝对接，实现事项的顺利承接转换，让有志于养老服务事业的经营者能够顺利进入并获得良好的发展环境，将政府部门行为不力而造成的行政成本降到最低。经过调查研究所掌握的信息以及媒体公开披露的信息表明：养老服务经营者因为政府部门非正常的原因而导致不能开业、延迟开业、经营过程中遇到阻碍等现象屡见不鲜，其中比较典型的一个现象就是政府职能部门之间不衔接、相互推诿，导致经营者无所适从。

"铁路警察各管一段"的陈旧陋习仍然存在，各部门只在自己的职能范围内机械行事，对于职能交叉重叠或混淆不清的部分，谁也不愿意担当。从表面来看，似乎谁也没有错误，均是严格照章办事，不越雷池一步。但是，这却让经营者找不到办事的"庙门"，更别说将事情办成了。

实际上，这是一种严重缺乏担当精神和协调机制的表现，需要从教育转变服务理念和建立新的决策机制入手。首先应当进行深入持久的"全心全意为人民服务"的职业教育，牢固树立职业担当精神，抛弃官本位思维，代之以寓管理于服务之中、坚定不移支持和培育市场主体的主导行为的全新理念，真真切切地为市场建设做实事，真真切切地为养老服务体系建设高效地做事。其次，要建立联席会议决策机制，用以协调和解决职能交叉重叠、含混不清，未被政策覆盖的真空地带、新生事物，以及突发特殊状况等情形下的滞留事项。该机制需要明确会议召集人、启动条件、议事流程、责任划分及其追究等核心内容，尤其要全面赋予市场经营主体主动启动该机制的权力。

2. 障碍性规章制度尚待清理

随着国内外经营环境的变化，原有的与养老服务相关的规章制度已经失去其本身应当具有的效能，转而变成了发展过程中的阻碍性因素。为此，政府职能部门应当启动清理程序，及时将其废除，或进行修改和补充，还原其规范和激励经营行为的作用。但当前比较难办的是，政府层级之间相互等待，只要是上级政府未废止的政策，下一级部门就不得不照章执行（尽管执行人也发现了其存在的不合理性）。这就给经营者造成了不小的困惑和麻烦，最终结果就是因不适应市场发展规律而惨遭淘汰。

对于这方面工作，政府部门需要完善的要点是：

（1）发文部门应当及时、主动清理规章制度。这是一种处于动态的清理过程，清理部门根据各地的反馈信息以及党和政府新的规定，间隔尽可能短地予以清理。未清理之前，可以用通知、函件等特殊形式及时解决。

（2）下级部门需要及时进行信息反馈。各地根据实践中表现出来的突出矛盾，及时逐级进行信息反馈，详细表述事件、与政策的冲突点、事项应当具备的政策支持建议等内容。

（3）原则性与灵活性相结合，及时解决问题。市场形势瞬息万变，在"政府引导、市场主导"以及"法无禁止即可为"的原则下，对于"不伤筋动骨"、不触及根本性原则的事项应当采取诸如联席会议的形式予以及时解决，大胆支持迫在眉睫的养老服务体系建设。

3. 对新生事物缺乏恰当反映

养老服务体系建设受制于多种因素，随着环境的变化，新的事物会不断出现，这些新事物将会对原有制度产生极大的冲击。为此，政府部门应当做出敏感反应，要用一种保护、扶持的态度友善地对待具有发展潜力、代表未来发展方向、受老百姓欢迎的新生事物，为其发展抚平道路，起到保驾护航的作用；对于尚未清晰明了的新生事物，可允许其实验探索，待成型后再做决定；对于不具备发展条件的异类，应当采取及时的封杀行为，及时制止其负面影响的扩散。在我国养老服务体系建设过程中，出现了许多积极的、新鲜的业态形式，比如医养结合养老模式、互助公寓养老模式、社区养老机构附属医疗机构建设等，这就需要政府做出积极的响应，用实际行动予以坚决支持。

二、政府越位现象分析

1. 对市场干预过多，市场机制无法建立

在建立市场经济的过程中，要求政府逐步转型为服务型政府，减少直至取消行政干预手段，让市场主体按照市场经济内在规律运行。但是，在养老服务市场建设过程中，政府的作为还有许多值得改进的地方。

（1）放权给市场的理念尚未完全建立。"一放就乱"这个多年的市场经验教训长期残存于部分政府管理人员头脑中，再加之缺乏创新精神，在此多种禁锢条件的作用下，他们仍然墨守成规，走不出条条框框的约束，牢牢地把握着政府管市场的权力，生怕放了就乱了。这是一种典型的缺乏市场知识、唯权力为上的陈旧思维卫道夫，成为一种阻碍市场发展的因素。因此，政府需要转变理念，将那些真正支持市场发展的政府管理人才充实到市场管理的一线。例如，在养老服务体系的建设过程中，部分政府管理者仍然坚持政府作为运行的绝对主体这一错误观念，导致社会资本很难进入，养老服务市场也就很难发展起来，老百姓的不满情绪也就越积越多。

（2）放权给市场的行为尚未普遍。中央政府再三强调，为了适应市场经济的发展，应当大力减少行政干预，还权给市场，对于那些条条框框，该取

消的就得立即取消，该建立的就得立即建立。但是在实践中，政府管理者为了部门或个人的利益（包括审批职位所能带来的直接经济利益、潜在利益以及高贵的心理满足感等），死死抓住手中的权力不放。不但如此，少数地方的政府领导还额外规定审批事项，给市场经营者造成了极大的障碍。严格地讲，法无禁止即可为、限时审批等明确的规定，已经给他们戴上了紧箍咒，但是为什么还会产生这样的行为呢？主要还是地方政府权力过大、监督机制缺失、市场转型缓慢等原因造成的。因此，各级政府和人大应当就此进行严格的监督，以建立起适应市场发展的服务型政府。

（3）人治现象屡有发生。市场经济的实质就是法治经济，市场主体在统一的法制下开展平等竞争，谁违背了规则，谁就会承担相应的责任，政府管理部门也不例外。但是在构建养老服务体系的过程中，政府的人治现象时有发生，这就导致了非平等竞争、错配资源、延误发展时机等多种不利后果，这是市场经济所禁止的。例如，某两家民营企业准备进入养老服务业，其中一家使用非常手段取得了政府的通行证，取得了某地块的使用权；而另外一家却迟迟拿不到通行证，拖延很久之后，原本心仪的地块的使用权已经不复存在，只能另寻他处。在经营过程中，前者仍然靠非常手段继续一路绿灯，取得了发展先机；而后者却处处受难而错失发展良机。结果前者因为管理不善出现事故而被迫关张歇业，后者在磨难中艰难前行。透过这个案例，我们不难发现违背市场规律的人治行为的后果是灾难性的，它可以暂时性胜出，但不能持续，最终将被市场淘汰。

2. 对人员干预过多，人才机制尚待完善

政府对人才进行干预的表现主要分为三方面：一是对公立养老机构实施了等级差异显著的行政管理制度。对公立养老服务机构按照（或参照）行政机关（或事业单位）的管理办法实施管理，导致其管理者唯上唯权的意识非常明显，因此就会疏于对具体事务的管理；另外，在行政管理方式的指导下，经营管理人才的积极性难以激发和保持，经营行为与市场脱节明显，结果导致管理效率低下，经营效果不尽人意。

二是对人才流动的限制。由于公立养老机构的管理者具有"铁饭碗"的显著优势，再加之跨入公立性质行列的门槛很高、条件很苛刻，所以该行业的人才流动就会变得十分困难。这种由于经营实体经济属性差异而带来的人员身份和待遇方面的差异，导致民营养老服务经营机构的生存十分艰难，最主要的是缺乏一支适宜的人才队伍。

三是对市场需求旺盛的老年护理人才培养的限制。老年护理人才严重匮乏，这是严重制约养老服务质量提升的重要因素之一，但是政府部门并没有对此给予足够的重视，表现最突出的就是没有将这方面人才需求计划纳入高等职业教育规划，因此这方面的人才缺口只能靠师徒式、自学式、盲目模仿式等低级的培养模式予以弥补，结果是人才质量参差不齐，大多不能满足实践的真正需求，数量、质量与需求之间均有明显的差距。

3. 对政绩期望值过高，考核机制尚待完善

政府管理者为了追求政绩，突出自己的业绩，有时就会超越自己的职权范围去干预额外的事项，这就必然引起负面连锁反应，具体表现为：一是跨部门越权处理事项。擅自干预其他部门事项，会引起秩序的混乱，导致政府部门信誉和国家利益受损，因为这一般是政府管理者因为利益的关系而想方设法为对方钻制度的空子、逃避法制规制，从而谋取个人和小集体的利益。二是违背市场规则，强制干预市场规律规制的事项。之所以出现这一现象，除为利害关系人共谋利益之外，还有就是急于求成、急于获取政绩，枉顾客观条件而强行推进相关事项。因此，对政府管理者的绩效考核机制有待完善，以便将其引导到对本职工作尽职尽责的轨道上去。

三、政府虚位现象分析

这是一种在其位而不能达成该职位应有效能的行政行为，其所造成的影响是负面的，包括直接的和间接的两方面。

1. 在位慢作为

这种懈怠现象的出现有客观和主观两方面原因，如业务不熟悉、不思进取、性格缺陷、年龄老化、考核机制松懈，等等。为此，政府管理者应当重视在窗口的人员配置，将那些战斗力强、业务娴熟、心智健全、坚持原则的人员配置在这些与老百姓直接接触的一线。同时，要健全考核机制，及时将那些混日子、不想作为、不愿作为的人员予以剔除，始终保持队伍的高效性、廉洁性、公正性和战斗力。

2. 在位不作为

这是一种占着位子不干事的现象，一般以领导岗位居多，多处于隐形状态，即表面积极、实质懈怠、对抗无所作为。之所以出现这种现象，在于个人能力不及、故意刁难、打击报复和考核机制不健全等。为此，必须严格建立健全考核机制，切实把那些没有真本事、拉关系、混日子的低效人员清除

出公务员队伍。

3. 在位乱作为

这是一种枉顾制度规定，为了某一利益不择手段扰乱公正秩序而采取的违纪违规、违法、犯罪行为，造成这一现象的原因在于当事人缺乏法治意识、工作单位缺乏严密的动态考评机制。这不仅造成政府信誉受损、公共秩序遭受破坏，而且还让国家和市场经营主体蒙受直接或间接的经济损失。对此，有两点需要改进，一是健全领导干部考核录用机制；二是对在岗领导干部实施健全的动态考评机制，并将考核结果与责任不打折扣地挂钩落实到位。

第四节　养老服务中政府责任的实现路径

一、打造服务型、法治型、效能型政府

1. 转变理念

长期以来，官本位、尊官尚僚的思想仍然顽固地残存在部分人的脑子里。而在当今社会，部分以权谋私、权钱交易、在位好办事等典型事例，扰乱了人们正常的思想观念，产生了错误的引导作用，导致人们不自觉形成了尊官尚僚的思想，而官僚们也因此心理膨胀，并用手中的权力为所欲为。这样的思想和行为违背了官僚内涵和社会意志，是不被允许的。在国家大力反腐倡廉、整治官场乱象的大背景下，我们必须通过社会主义核心价值观的宣传教育以及纪律约束、法律规制等方式，树立从政为民、从政为国、从政即服务的先进理念。

（1）法治理念。"不立规矩，不成方圆""事物长效良性循环的根本保障在法治""法治是实现人人平等的根本保障"，可见，法治在治国理政方面具有异常重要的作用。在全力推进法治中国建设的大背景下，政府官员更应当率先垂范，身先士卒地成为法治人。

"有法可依、有法必依、违反必究"的法治理念应当始终贯穿于人们的一言一行中，从而形成言行必法治的文化，所有的言行均纳入法治轨道，依法公开公正地处理行政事务，将各种违法乱纪行为阻止在外，培育风清气正的社会风尚，切实维护公民和社会组织的合法权益。

在构建养老服务体系的过程中，涉及政府行政审批的事项比较多，再加之养老服务行业是朝阳产业，欲进入者众多，进入者中欲充分享受国家优惠

政策者众多，于是很多心术不正者，就会想方设法，采取拉关系和利益共享等方式达到官商勾结的目的，从而套取国家的各种补贴和优惠。这严重地扰乱了正常的市场秩序，严重拖延了该体系的正常建设进度。为此，应当严厉禁止那些靠亲属和熟人关系、靠官位影响、靠利益输送等非常手段占有养老资源的现象，而代之以公开透明、公平公正的行政审批，让真正有经营能力的主体进入，并以法治的手段充分保障其在经营过程中的合法权利，严禁任何以非法手段影响其正常经营的现象出现，严禁以任何非法手段将国家的优惠政策截留而人情化。

（2）尊重市场规则的理念。养老服务体系是系统化的市场建设，并非国家资本能够单独承建而成。既然是市场化的运作方式，则必须尊重市场运作规则，严禁以行政的手段对其进行不恰当的干预，否则将产生偏离正确目标的结果。市场运作规则包括：

供给与需求规则。目前在养老服务的供需方面，总体上处于供不应求的状况。但是在这一总体状况之下，又表现出了差异化的供需补足和供过于求并存的现象，即公立的养老机构供不应求，而民营的高档养老机构则供过于求。所以，在进行市场建设的过程中，始终需要根据需求状况进行恰当投入，实现供需平衡，否则将会造成资源浪费、公民需求不被满足而不满意等负面后果。为此，政府需要切实遵循市场规律，完成宏观调控，及时收集和发布市场供需信息，做好市场发展趋势预测等工作。

平等竞争规则。只有平等竞争的市场环境，才能让已进入的资本树立持续经营的信心，也才能对场外资本产生吸引力。否则，该行业将会极度萎缩，回复到少数经营者垄断经营而市场需求不被满足的原始状态。这是市场规则所不允许的。为此，政府应当营造出充分自由竞争的市场氛围，打破公立养老机构垄断或半垄断的局面，实现公立养老机构的职能转变，将更多的市场份额和利润空间让渡给社会资本，充分吸收社会资本参与养老服务体系建设。唯有如此，才能将该产业做大做强，充分满足社会的多元需求。

价值与价格规则。按照市场规则，价格是价值的货币化表现，与价值成正比。在养老服务市场存在多层次需求的状况下，按质定价、按需定价的基本规则在发挥调节作用，故应当允许不同档次的养老服务机构的存在，允许其按照市场需求进行价格调整，政府部门应当减少价格审批等行政干预措施，实现市场自由定价、自我调节、自我补偿的良性机制。

（3）创新与勇于担当的理念。政府官员在其位要善谋其政，尤其是具有决策权力的领导岗位。在大原则的统一要求下，需要创新管理方式，用敢于人先的创新和担当精神充分激发和调动市场因素，实现资源的优化配置，求取效益的最大化。我国养老服务体系建设是一项新生事物，积累的经验尚且不足，处于一种摸索前进的阶段。在这一阶段，必须有这种创新和勇于担当的精神，否则将会贻误发展时机，欠众多养老需求者的账，影响社会的和谐稳定。这里所说的创新包括养老模式创新、付费机制创新、社会资源参与养老事业路径创新、国家资本撬动作用创新等，唯有如此，才能更好、更快地完成养老服务体系建设这一项艰巨的任务。

（4）服务理念。人民是书写历史的主人，是社会发展的推动力量。政府唯有全心全意为人民服务，才能激发和聚集人民的巨大创造力推动国家建设，实现中国梦。因此，每一位政府职员都必须牢固地树立全心全意为人民服务的理念，不能有丝毫动摇和改变。只有具备该理念的管理者，才能有效抑制官本位思想的膨胀，从而把人民的利益放在首位，切实为人民办实事。人民是推动社会发展进步的主体，为人民服务即是为社会发展和进步服务。

2. 转变职能

（1）服务型政府。在建设养老服务体系的过程中，不是不要政府管理，而是要政府转变服务的方式方法，让其放低身位，平等地与被服务对象对话，用前述的服务理念指导自己的职能行为，寓管理于服务之中，用一种全心全意为人民服务的姿态来达成管理的目的，实现多赢的效果。

具体到养老服务体系建设上来讲，主要体现在：一是把老年人急需的养老服务放到有限考虑的日程上来，想方设法充分满足其需求；二是为市场经营者着想，因为商机稍纵即逝，经营过程中也会遇到许多意料之外的干扰，因此政府要为他们鼓气撑腰，如为他们充分做好基础准备、及时解决经营过程中的阻碍性因素、全力提供配套条件和服务；三是管好自己的人，及时制止和纠正不作为、乱作为、吃拿卡要等行政行为，大力弘扬为人民服务的政风，旗帜鲜明地惩戒无服务、服务质量差的行政行为主体。

（2）法治型政府。法治的对立面就是人治，即强调政府将过去那种依靠领导个人意志随意决策的方式转变为依照规章制度办事，严格按照相关程序、依据相关规定，采用公开透明的民主决策方式参政议事；依据相关法规的规定，创设公平的竞争环境，切实维护当事人的合法权益，严禁以行政的手段非法干预；一切以法律为准绳，行政手段和个人意志必须绝对服从法制，不能凌驾于法制之上。这对于构建养老服务体系是至关重要的，因为在现实中出现了较多有经营实力和发展潜力的经营者被领导个人意志灭失的案例，出现了较多的因领导个人意志和偏好而被歪曲处置的案例，也出现了较多行政强权干预正常经营而导致停业的案例……这些令人痛心的案例的核心在于与法治精神相背离，他们破坏了养老服务市场自身的运行规律，是社会发展过程中出现的短命丑恶现象，终将被法治手段取而代之。

3. 承担责任

（1）完善管理人员任用和考核机制，组建一支富有战斗力和效率的政府管理队伍。通过上述对政府部门缺位、越位和虚位现象的分析可知，还有很大一部分政府部门管理人员执拗于位尊薪厚的优越感，对老百姓实施着权力制约的管理，从而导致养老服务体系建设速度缓慢、资源配置错位的乱象，这使得老年人的养老需求无法得到很好的满足。为此，我们必须正视这种不作为、乱作为、慵懒作为的现象及其深层原因，采取严厉的措施补齐这一短板。

严格入口管理。管理人员队伍建设必须与时俱进，实现新老正常更替，建设一支年龄结构、知识结构、能力结构合理的人员梯队。通过公开招考，将那些具有现代管理理念，富有创新能力和实干精神的人员纳入队伍之中予以使用（建议抛弃唯文凭论、唯书本理论知识论的空谈主义，这部分人员可以纳入理论研究队伍中使用）；同时政府还需要大力实施"政府购买服务"模式，通过建立社会管理咨询专家团队的方式将社会优秀人才的智慧成果汇聚起来予以使用，从而充分激发编内、编外两支队伍的工作激情；此外，还可以通过诸如常年有效的有奖征集合理化建议的方式，随时发掘、收集民间高人的管理建议，等等。政府管理的目的在于为民谋取福利，因此，凡是有益的意见和方案，我们都要想方设法去发现和利用它。通过上述三种途径，即可构建起"不拘一格用人才"的机制，充分吸纳管理智慧为社会建设之用。

严格过程管理。针对上述三种用人路径的差异，其过程管理也会呈现相应的差异性：对于编内人员，必须进行全方位考核，涵盖思想理念、遵纪守法状况、工作态度、工作方式、工作能力、创新能力、语言表达能力、工作效果等多方面内容，凡是出现不足者，则需要通过离岗教育、培训、基层锻炼等方式予以弥补和提升，按照宁缺毋滥的原则实施严格管理；而对于编外人员，则必须采取激发潜力和积极性、及时履行付费和物质奖励义务、树立榜样、给予荣誉奖励等措施，保障其智力成果的数量、质量和效能，充分挖掘社会优秀智力成果，有效促进社会建设质量的持续提升。

严格岗位管理。政府管理者的不同岗位所产生的影响是有差异的。若处在直接与群众接触的一线岗位，必须熟悉政策内容，熟悉操作流程，富有耐心，具有一定的口头表达能力与应急处置能力，能够熟练处理公务和解答群众的疑惑，有效化解相关矛盾和处置危急情况；而处在具有决策权力的岗位，则必须具备充分掌握相关政策内容，完全掌握基础支撑信息材料，具有发展眼光和前瞻性，熟悉科学决策程序及其相关因素，坚持正确的立场和原则等素质。建立岗位适应性评价体系，对应各岗位进行客观评估，如果出现差异，则需要及时进行能力提升或岗位调整，否则将会产生极为严重的负面后果。如前所述，在养老服务体系建设过程中，部分以权谋私者、故意刁难者、打击报复者、拖延不办者，均属于应当提升或调整的对象，需要及时、果断地进行处理。

（2）实施行政手段组合拳，提供直接、便捷、高效的服务。在我国养老服务体系建设过程中，政府的引导作用是必不可少的，它可以有效地通过行政手段进行政策引导、宏观调控和利用杠杆原理撬动更大级别的资源投入体系建设。政府的行政组合拳必须反应及时、方向精准、规模适度、力度适宜，否则将会造成浪费资源、延误时机、产生过剩等负面后果。行政手段包括：

一是财政手段。积极的财政政策，能够刺激和撬动社会资本的大规模有序流动，具体可以采取的方式包括直接投入、融资租赁、PPP 项目、融资贴息、混合资本改革重组等，其指引作用就是向市场发出明确的进入信号，并率先直接投入或给予充分的政策支持，减少进入资本的成本和后顾之忧，达成资本追逐利润的初衷。在目前经济转型升级的关键时期，下行压力较大，所以应当采取积极的财政政策进行深度干预，但规模也不应过大，防止经济过热和出现泡沫。在养老体系建设方面的力度可以大一些，因为时不我待，必须及时疏解、满足老年人对这方面的直接需求。

二是税收手段。我国的养老服务业目前普遍处于微利经营状态，为此，税收政策应当采取扶持发展的取向，即对养老服务业区别不同情形，采取低税率、减、免等保护性政策，如开业前3～5年可以免交所得税，长期享受微小企业税收待遇，根据区域内养老服务业的发展情况给予返还增值税待遇，等等。总之，要树立保护、扶持、放水养鱼的宽松政策，给予扶上马、送一程、空中加油的政策支持，促进其尽快步入发展正轨，实现自我良性发展。另外，税收政策需要改进的是，在目前没有区分营利性养老机构和非营利性养老机构的情形下，税收政策对公立养老机构和民营养老机构应当一视同仁，不能搞区别对待，否则将会严重挫伤其进入和经营的积极性，严重抑制养老服务业的发展。

三是金融机构。金融机构已经步入了自我约束、自我发展的轨道，已经不再受制于政府的直接指挥。尽管如此，政府部门还是应当尽其职责来构建完善、良好的融资环境，为养老服务业发展输血。具体的工作包括发展地方性商业银行、引入战略合作银行、成立地方性质的小贷公司、完善担保公司等中介配套机构建设等，由此，可以让有志于养老服务业的企业、个人能够解决前期资金不足、发展过程中适度扩建资金欠缺的问题，帮助经营者解决暂时性的困难并督促其健康发展，这是政府在金融视角下应当承担的责任。

四是工商行政、国土、国资等部门。在国家实行减少行政审批、多照合一的大背景下，工商行政机关应当及时、快捷地给予经营者经营执照，对于新出现的医养结合型养老机构，也应当主动提出解决办法，不能按照固有的陈旧思维让经营者分别办证，以有效减少其开业的难度和成本。国土部门所要研究的问题是，如何以优惠的价格向养老服务业经营者便捷地提供相应的地块。目前的主要模式是招拍挂。对于如何在坚持原则的前提下，更好地服务于养老产业，可以发掘一些新的办法。国资部门所要发挥的作用就是利用好国有资产搞好养老服务，这涉及两方面：一是直接经营，坚持社会效益高于经济效益的原则，在一般经营的层面上，承担兜底的作用；二是采取多种合作模式，撬动更大量的资源参与建设，例如混合所有制（政府可以考虑以土地入股等）、PPP模式、融资租赁等。国资部门在确保国有资本性质不变、保值增值的前提下，应当适应市场规则的需要进行灵活经营，不能以死水一潭的方式浪费宝贵的资源。

（3）建立适应市场发展的用人机制，并进行养老服务业人才培养。我国在养老服务业方面经验不多，经营人才严重缺乏。为此，政府应当采取多种鼓励性措施，让那些有志于该行业建设的人才能够进得去、留得住、有奔头，废除公立和民营养老机构经营管理人才的非平等待遇政策，一视同仁、同等对待；同时，将养老服务业所急需的经营管理和服务人才纳入教育培训规划，采取学历教育、在职培养、继续教育等多种方式，产出合格人才，填补人才需求缺口。

（4）精准扶贫，夯实养老业持续发展的基础。我国已经步入了老龄化社会，由于历史原因，形成了未富先老的鲜明特点。这导致的直接后果是养老钱不够用，养老服务机构收费上不去（因为入住老年人的经济承担能力有限），养老机构的赚钱效应无法显现，社会资本因为获利水平偏低而不愿意进入。这些因素综合在一起，则形成了恶性循环，而要破这一困局，则必须让养老钱充足起来。

养老钱的花销，向来坚持的是同代自养原则，但是我国很大一部分老年人收入有限，只能维持基本生活所需，无法实现养老质量的提升。为此，应当结合国家精准扶贫的政策，想方设法让他们摆脱贫困、富裕起来，只要有丰裕的经济来源，养老问题就好办了。另外还有一种思路，就是在这特殊时期，需要兼容代际赡养的方式，用平移的方式来保障现有老年人的基本养老需求，根据养老资金的结余情况，逐步提升其质量。

二、充分激发市场主体的主力军作用

1. 遵循市场规律，清除障碍性因素

对养老服务体系这种新生事物而言，市场中明确限制其发展的规章制度还是比较少的，令人担心的是管理者在面对新生事物、无规律可循的情形下，保守而不愿意担当，参照旧制漠视其发展，这就导致该新生事物缺乏生存和发展的环境，处于一种艰难求生存、自生自灭难发展的状态。为此，我们需要牢牢把握几大市场规律，创设良好环境，促进市场依靠其自身规律进行调节和发展。

（1）垄断与公平竞争环境。市场主体要实现长期生存和发展，不可能依靠政府的暂时性援助而长盛不衰，而必须依靠其自身的实力。在市场竞争中，政府需要做的就是构建平等竞争的公平环境，将垄断经营、阻碍公开平等竞争的因素铲除，从而释放出市场本身的活力。

（2）供需平衡的自发调节。市场具有自我调节供需关系的巨大能力，凡是出现供不应求和供过于求的情形，资本都会敏感地做出进入和撤退的反应。对此，政府需要进行动态监测，弥补市场信息滞后的弱点，让市场主体做出自发的选择，不能人为地干预供需之间的关系。

（3）价值与价格的内在逻辑关系。价格是价值的货币表现形式，价值是价格的基础，两者之间具有严密的内在逻辑关系，不能割裂。因此，对于养老服务市场所出现的优质优价现象，政府不能强行干预，要保护优质社会资本进入高端养老服务市场，从而形成多层次结构的养老服务体系。

（4）分配调节规律。我国遵照按劳分配的基本原则，一次分配主要依靠效率因素，二次分配主要坚持公平原则。二次分配具有调节和弥补一次分配不公的作用，因此，政府更应该做好二次分配。对养老体系而言，二次分配的主要表现形式是养老保险制度、救助、救济等。二次分配主要靠政府政策调节，但同时也需要遵循市场规则，比如养老金的上调、社会救助渠道的广泛开拓、商业养老等补充养老方式的新设、养老金的投资运营等。

2. 保护和鼓励新生业态发展

传统意义上，我国常见的养老模式分为家庭养老、社区养老、机构养老和互助养老等四种。随着社会发展所带来的环境变化，养老模式也会相应地呈现多样化的可能，比如目前在多地兴起的医养结合养老模式、跨区域旅游养老模式、靠亲情友情纽带链接而成的专业化公寓养老模式等。这些新型的养老模式适应环境变化，满足了人们的需求，理应给予全力的支持，但这又

会涉及新出现的诸多行政审批事项。对此，政府部门如果仍然按部就班地履行公事，这些新生事物就可能无法领到出生证而夭折或被扣以非法经营的帽子，为此，政府部门必须深入实践一线，用一种扶持和鼓励的态度，从自我开刀手术、转变观念、主动清理旧制度，为符合市场发展规律、满足养老服务需要的新业态铺就发展之路。

　　3. 充分利用杠杆原理撬动资源的优化配置

　　市场的本质就是通过公平竞争实现资源的优化配置。与养老服务体系相关的市场资源要素是丰富的，但要实现资源的优化配置，则少不了催化撬动因素，这是政府应当给予的。

　　一是靠政策撬动。稳定长效、积极、符合市场规则的政策，会让经营者树立起信心和希望，可以刺激相关要素有序进入，从而形成健康有序的养老服务业市场。这些要素在政府的引导下，遵循市场规则，供给有效服务，获取相应利润，最终形成自我约束、自我发展的良性循环。

　　二是靠政府资源先期投入撬动。政府资源的投向会产生头羊效应，从而带动产业链的发展。这里所指的政府资源是广义的，包括资金、养老场所、土地、养老机构附属设施、管理人才及技术等有形资产和无形资产。投入方式也是多样的，既可以独资，也可以股份制；既可以一次性投入，也可以多期连续投入。其中最为关键的是要大胆地、真实地投入，不能因为各种主客观原因而演变为诱饵式的圈套和陷阱；投入之后，要真正地发展，要用发展效应带动更多资源流动起来、参与进来。

三、监管、评估与奖惩体系建设

　　1. 监督体系

　　不折不扣地执行完善的制度，才能产生应有的效益。由于养老体系建设设计的环节多、链条长、相关因素广泛，在执行的过程中，很难靠自觉性达到预期效果。为此，必须建立完善的监督体系，以此校正方向、调校偏差、纠正错误、查处违法乱纪事项等。监督体系需要秉持客观、独立、专业等原则，不能因为属性的非独立性而导致监督的无效性。

　　监督体系分为内外两部分，分别履行不同的监督职能。前者设置于内部，与被监督对象同属于运行单位的构件（例如民政部门内部的审计监察科室受该部门领导指挥），它具有熟悉业务流程、能够全天候监督的特点，但干扰因素相对较多，独立性相对较差，因此其监督效果也会不尽如人意；而外部监督的独立性明显（例如独立于民政机关之外的政府审计机关、上级政府部门、同级和上级人大常委会等），专业性具有优势。因此，需要将两者结合起来，内部监督业务由外部监督进行指导，独立开展监督工作，外部监督实施抽查和重点内容监督，这样的监督方式及其效果相对理想。

监督体系的监督对象既包括政府行政部门的行政行为，也包括养老服务体系经营者的经营行为，还包括老年人的消费行为。只有将所有因素全纳入，才能产生正确的、相互串联和印证的结论，改进措施才能更具针对性。

2. 评价体系

上述监督体系主要是政府序列的，它受制于政府方的干扰因素也相对较多，独立性相对较差。为此，必须适应市场的发展，建立和完善第三方评价机制，让真正独立的、专业的社会评价机构对养老服务体系的主体进行诊治，最终形成客观、可行的评价报告。

首先，政府部门应当鼓励建立数量适宜、质量上乘的社会第三方评价机构，严打红顶中介机构扰乱秩序的行为，创造公平竞争环境，杜绝行政干预行为，确保第三方中介机构按照其自身的独立规律运行；其次，政府需要采用购买服务的方式，定期和不定期聘请第三方评估机构对常规性和特定性对象进行评价，提出科学严谨的评价报告，政府将其作为改进和完善行政行为的重要依据。

3. 奖惩体系

实行上述监督和评价的目的是进一步完善政府行政行为，提高行政效能，提升市场资源配置效率。对于在其中发现的不作为、乱作为、慢作为的责任人，必须予以惩戒（降职降级、警告、记过、扣减目标奖等）；而对于其中坚持原则、具有创新力、奉献高效能的行为人，则必须给予奖励（职务职级晋升、通令嘉奖、给予物质奖励等）。通过这种完善的奖惩制度，可以鞭策落后、褒奖先进、剔除违法乱纪，从而确保政府构建完善养老服务体系阶段性和最终目标的实现。

四、实施"1234+N"养老服务体系建设专项工程

养老服务体系建设所涉及的要素众多，政府管理者必须在注重自身提供高效服务的同时，建设完善的市场运行机制，并最终将运行的主动权交与市场，实现养老服务业的自主调节和良性发展。为此，提供如下"1234+N"养老服务体系建设专项工程方案供参考使用。

一支队伍。组建一支思想政治素质、业务素质过硬，创新能力强，具有现代管理和服务理念的政府行政人员队伍和实体经营管理人员队伍，这是最具决定性作用的因素，它将直接影响养老服务业发展速度的快慢、质量的好坏、数量的多寡。如果有这样一支队伍，将会促进市场体制的繁荣，将会充分实现资源优化配置并促成养老服务业保持适宜的发展速度，最大限度地满足老年人对养老服务的需求。

二个支柱。这二个支柱分别指的是政府履职所建立的公立养老服务机构和社会资本所建立的民营养老服务机构，二者分别是政府直接责任与市场建设责任的体现。这两类性质的养老服务机构成为了支撑养老服务业坚实的支柱，两者相互依存、分担不同责任、缺一不可，在建设的过程中，需要兼顾发展。

三类机制。这三类机制分别是科学决策机制、奖惩机制和市场机制，它们是养老服务体系建设过程中不可或缺的三类机制。科学决策机制需要解决的是集思广益、民主决策和面对新生事物时有人主动决策等问题。养老服务业有着广阔的市场发展前景，而目前面临着养老资源短缺的现实，为了防止出现职权滥用、平庸无为、推诿责任等现象，需要采取科学的决策方式，充分体现个人的能动性和主体责任。其中值得一提的是联席会议制度，这是面对新生事物时，触动预设条件的部门必须召集相关部门商议限时解决，从而为养老服务业经营者扫清阻碍性因素。奖惩机制是鞭策后进、奖励先进的重要措施，必须切实地执行到位，通过该方式的严格执行，可以有效推进整体工作质量的全面提升，取得多赢效果。市场机制是一种无形的但具有巨大动能的机制，政府管理者应当放手让其发挥作用，实现优胜劣汰规律下的高质发展，这是构建养老服务体系最为重要的手段。

四项原则。针对养老服务业，坚持系统性、科学性、创新性和差异性等四项原则，具有重要的意义。养老业发展的过程中涉及的要素众多，各要素的重要性有所差异。因此，在决策时，必须时时坚持系统性原则，全盘考虑所有的影响因素，防止遗漏；在建设过程中，必须坚持科学性原则，充分尊重事物本身的发展规律，严禁违背其内在规律搞人为的行政干预；面对收入差异，公立养老服务机构和民营养老服务机构的功能也应当有所差异，前者主要是承担兜底的职能，而后者则根据收入水平的差异而形成多层次的供给；在发展过程中，面对环境的变化和尖锐的供需矛盾，应当因地制宜创新服务模式，以便最大限度地满足社会的养老需求。

N 种模式。养老模式无限制。在已有的社会机构养老、社区养老、家庭养老和自助养老等成熟模式的基础之上，鼓励社会创新养老模式，比如旅游养老、医养结合养老、以亲情和友情为纽带的集中养老公寓养老等。这些新的养老模式是伴随着环境的变化和人们养老观念的变化而产生的，对此应当给予支持和鼓励，期待社会出现适宜的 N 种养老模式，妥善、友好地化解养老资源供需矛盾问题，多方共赢地实现老有所养、老有所托、老有所乐、老有所为的理想目标。

（黄显官、刘毅）

参考文献

[1] 窦玉沛. 民政部：着力加快建立健全社会养老服务体系[J]. 社会福利，2010（11）：8-10.

[2] 孙国华. 中华法学大辞典·法理学卷[Z]. 北京：中国检察出版社，1997.

[3] 王汝洋. 我国社会养老服务法律问题研究[D]. 济南：山东大学，2012.

[4] 《中华人民共和国老年人权益保障法》立法意义[EB/OL]. 法制日报—法制网，2013-11-04. http://www.legalinfo.gov.cn/zhuanti/content/2013-11/04/content_4989107.htm?node=56029.

[5] 赵一红. 意识形态福利视角下的养老模式——城市社区养老和机构养老的比较分析[J]. 中国社会科学院研究生院学报，2015（3）：115-120.

[6] 柯卫. 我国社会养老法律保障制度的完善[J]. 广东行政学院学报，2015（6）：56-61.

[7] 冯威. 老年人社会优待政策法治化[J]. 浙江学刊，2012（5）：19-25.

[8] 陈湘. 我国老年人监护制度研究[D]. 海口：海南大学，2014.

[9] 代云鹏. 农村留守老人权益的法律保护研究[D]. 桂林：广西师范大学，2012.

[10] 冯阳阳. 论我国养老机构监管机制的法律完善[D]. 曲阜：曲阜师范大学，2014.

[11] 杨溶. 政府购买居家养老服务的法律保障研究[D]. 重庆：西南政法大学，2015.

[12] 张裕. 政府购买居家养老服务合同中老年人权益保护问题研究[D]. 天津：天津商业大学，2013.

[13] 张颖. 建立有中国特色的标准化法制保障——加快我国社区养老服务法律制度建设[J]. 海峡科学，2011（7）：6-8.

[14] 梁艳华. "农村空巢老人"权益保障之法律思考[D]. 南昌：江西农业大学，2014.

[15] 陈宁. 我国城市社区养老问题研究[D]. 长春：吉林财经大学，2011.

[16] 林毓铭. 养老保险与医疗保险多支柱体系建设：应对人口老龄化危机的长远之策与应急之策[M]. 北京：知识产权出版社，2009.

[17] 中国医疗保险研究会组织. 完善中国特色医疗保障体系研究报告[M]. 北京：中国劳动社会保障出版社，2015.

[18] 段家喜. 市场、政府与全民医疗保障[M]. 北京：中国财政经济出版社，2009.

[19] 杨贞贞. 医养结合——中国社会养老服务筹资模式构建与实证研究[M]. 北京：北京大学出版社，2016.

[20] 朱勇. 智能养老蓝皮书：中国智能养老产业发展报告（2015）[M]. 北京：社会科学文献出版社，2015.

[21] 许江萍，张东志. 中国养老产业投资潜力与政策研究[M]. 北京：经济日报出版社，2016.

[22] 秦兴俊. 医疗保险与老年人卫生服务利用的政策评估[J]. 广东财经大学学报，2016，31（1）：105-112.

[23] 于涛，王昊，余海瑞，等. 天津市部分养老院康复医疗现状及服务需求[J]. 中国康复医学杂志，2016，31（1）：77-79.

[24] 龚秀全. 居住安排与社会支持对老年人医疗服务利用的影响研究——以上海为例[J]. 南方经济，2016（1）：11-27.

[25] 肖倩，武晓猛，张龙. 城乡居民参保与参合老年患者住院医疗费用对比[J]. 中国老年学杂志，2016，36（1）：180-182.

[26] 刘晓红. 综合医院内老年医疗服务模式的探索[J]. 中国实用内科杂志，2016，36（1）：44-45.

[27] 宗莲，吴静雅，吴丹，等. 老年人社会经济保障的国际经验与启示[J]. 中国卫生事业管理，2016，33（1）：36-38.

[28] 朱昕婷. 医疗保险对老年人健康影响研究[J]. 中国卫生经济，2016，35（1）：38-40.

[29] 卢少萍，任晓晓，徐永能，等. 家庭跟进照料模式对老年卧床患者家庭康复效果的评价[J]. 中国全科医学，2015，18（35）：4354-4357.

[30] 胡静. 医疗保险对不同收入老年群体健康和医疗服务利用的影响[J]. 中南民族大学学报：人文社会科学版，2015（5）：141-145.

[31] 刘晓婷. 医疗保障制度改革与老年群体的健康公平——基于浙江的研究[J]. 社会学研究，2015（4）：94-117.

[32] 马爱霞. 我国老年人医疗卫生支出影响因素研究[J]. 中国卫生政策研究，2015，8（7）：68-73.

[33] 杨洁，唐庆华. 重庆市老年人医疗保险现状调查与分析[J]. 重庆医学，2015，44（23）：3297-3299.

[34] 黄显官，裴华，余郭莉. 构建老年人医疗保障体系的研究[J]. 卫生经济研究，2015（6）：33-35.

[35] 胡宏伟，栾文敬，李佳怿. 医疗保险、卫生服务利用与过度医疗需求——医疗保险对老年人卫生服务利用的影响[J]. 山西财经大学学报，2015（5）：14-24.

[36] 张涵，吴炳义，董惠玲. 不同类型养老机构老年人医疗服务现状及需求调查[J]. 中国全科医学，2015，18（15）；1786-1790.

[37] 高晓娜，陈迎春. 新农合老年人住院服务过度需求特征及原因分析[J]. 中华医院管理杂志，2015，31（4）：279-282.

[38] 平卫伟，谭红专，曹文君，等. 老年人医疗保险认知度及其影响因素分析[J]. 中国卫生统计，2015，32（1）：26-28.

[39] 贺飞燕，任燕燕，阚兴旺. 老年人群医疗服务和健康状况的影响因素研究[J]. 调研世界，2014（12）：13-19.

[40] 王琼，王林智，黄显官. 国外老年医疗保障制度对我国的启示[J]. 医学与法学，2016（1）：59-63.

[41] 杨晓玲，曾建霜，杨茜，等. 我国养老护理员培训研究现状的文献分析[J]. 护理研究，2016（18）：2209-2213.

[42] 王凤，徐萍，叶国英，等. 国内外养老护理人员培训现状[J]. 护理研究，2016（17）：2060-2062.

[43] 符秀华，陈瑜. 顺应人口老龄化趋势培养实用型老年护理专业人才[J]. 卫生职业教育，2016（11）：70-71.

[44] 刁文华. 养老护理员培训标准的构建[D]. 杭州：杭州师范大学，2016.

[45] 王莎，何国平，姚菊琴，罗艳. 健康服务业与养老服务业人才培养[J]. 中国老年学杂志，2016（7）：1767-1769.

[46] 王成文. 上海市养老机构养老服务人员培训现状调查及对策研究[D]. 长春：吉林大学，2016.

[47] 张国海，凌玲. 基于服务养老需求的职业培训探索[J]. 中国成人教育，2016（5）：136-138.

[48] 邱恒，吴德钦，张远妮，等. 国内外养老护理人员培训课程体系的研究

进展[J]. 护理学报, 2016 (4): 37-40.

[49] 丁亚媛, 何贵蓉, 孟娣娟. 对养老专业大专生护理员的培训与思考[J]. 全科护理, 2016 (5): 523-525.

[50] 杨永丽, 倪进东, 梁兰萍. 我国养老护理员队伍现状、成因及专业化建设分析——基于老年护理专业人才供给不足的现状[J]. 科教导刊 (中旬刊), 2016 (2): 184-186.

[51] 赵丹, 肖品圆, 王长兴, 等. 我国养老护理人才现状及再教育途径浅析[J]. 卫生职业教育, 2016 (2): 93-94.

[52] 隋国辉, 蔡山彤. 养老服务专业产学研一体化人才培养模式探索——基于老龄产业需求和个人价值实现的研究[J]. 老龄科学研究, 2015 (12): 11-20.

[53] 张晓峰. 养老服务人才队伍建设亟须解决四个问题[J]. 社会福利, 2015 (12): 48.

[54] 曾猛. 我国养老护理员培训研究[D]. 济南: 山东师范大学, 2015.

[55] 张俊浦. 四川文理学院老年服务与管理专业人才培养模式创新研究[J]. 教学研究, 2015 (5): 74-76, 110.

[56] 王静, 施榕, 程芳, 等. 上海市老年护理服务现状与发达国家的对比分析[J]. 上海预防医学, 2015 (9): 528-532, 539.

[57] 魏平峰, 魏茜. 老年护理从业人员严重不足职业教育需增老年非医疗护理专业[J]. 科技视界, 2015 (26): 36, 71.

[58] 刘效壮, 吴美蓉, 朱岱霖. 养老服务人才培养研究述评[J]. 中国老年保健医学, 2015 (4): 80-83.

[59] 赵雪伶. 北京市养老护理员的专业化程度研究[D]. 北京: 首都经济贸易大学, 2015.

[60] 高丽. 养老护理员规范化职业培训模式的构建及初步应用[D]. 西安: 第四军医大学, 2015.

[61] 赵要松. 郑州市养老护理员规范化培训模式构建的研究[D]. 郑州: 郑州大学, 2015.

[62] 赵要松, 李亚楠, 朱迪, 等. 养老护理人员培训模式研究新进展[J]. 河南医学高等专科学校学报, 2015 (2): 259-262.

[63] 杨瑞攀. 中国养老护理员职业发展困境研究[D]. 重庆: 重庆大学, 2015.

[64] 王丽华, 吴玲玲. 多元化养老护理员培训模式的研究与探索[J]. 中国高等医学教育, 2015 (1): 22-23.

[65] 王学清. 国内养老护理现状及专业建设分析[C]//中国职协 2014 年度优秀科研成果获奖论文集（下册）. 2014：12.

[66] 吴杰. 日本养老服务人才培养模式及其对上海的启示[J]. 中外企业家，2014（24）：226-227.

[67] 王黎，郭红艳，谢红. 国内外长期护理机构护理人员资质及培训现状研究[J]. 护理管理杂志，2014（8）：555-557，568.

[68] 李红武. 养老服务专业人才培养的现状及对策分析[J]. 老龄科学研究，2014（7）：53-60.

[69] 孙虹，李彩福，李花. 养老护理人员培训现状及研究进展[J]. 中国民康医学，2014（13）：77-79.

[70] 刘翠兰. 高校如何培养适应老龄社会需求专业人才的探讨[J]. 老龄科学研究，2014（2）：29-36.

[71] 崔艳，张宏晨，高丽. 中外养老护理发展中的"四化"问题研究[J]. 护理研究，2014（2）：137-139.

[72] 邹文开. 养老服务人才培养的机遇、挑战与对策[J]. 社会福利，2013（11）：15-17.

[73] 石金武. 中级养老护理员培训的课程结构与教学模式的设计与研究[J]. 知识经济，2013（19）：138.

[74] 陈延. 借鉴日本经验发展宁波养老护理队伍[J]. 宁波通讯，2013（15）：58-59.

[75] 李春静，张会君，郭晓萱，等. 辽宁省养老机构初级养老护理员分层培训内容认同的调查研究[J]. 护理研究，2013（15）：1437-1439.

[76] 白利民，卢秀真，万爱军. 老年护理人才培养体系的构想[J]. 当代护士（中旬刊），2013（4）：184-185.

[77] 李春静. 辽宁省养老机构初级养老护理员分层培训内容的研究[D]. 锦州：辽宁医学院，2013.

[78] 李洁，徐桂华，姜荣荣，等. 我国养老护理服务人员现状及人才培养展望[J]. 南京中医药大学学报（社会科学版），2012（4）：236-239.

[79] 尹姣. 养老机构护理人员分层培训模式构建及应用研究[D]. 锦州：辽宁医学院，2012.

[80] 王冬梅. 由日本养老护理浅谈我国老年护理人才的培养[J]. 卫生职业教育，2012（4）：84-85.

[81] 宁素荣，张会君，尹姣，等. 英国养老护理人员培训对我国的借鉴与启

示[J]. 医学与哲学（临床决策论坛版），2011（7）：78-80.

[82] 黄菲，张会君，解杰梅. 国内外养老护理人员培训的研究进展[J]. 护理研究，2011（3）：189-191.

[83] 张白. 社会化养老服务人才的培养培训研究[D]. 济南：山东大学，2010.

[84] 刘笑梦. 由澳大利亚的养老护理及教育引发的思考[J]. 中华护理教育，2009（7）：333-334.

[85] 黄菲. 辽宁省养老机构护理人员现状及培训需求的调查研究[D]. 锦州：辽宁医学院，2012.

[86] 张美兰，许明智，杜耀民. 老年痴呆病人照料者心理健康状况研究[J]. 中国临床心理杂志，2006，14（4）：25-25.

[87] 邢华燕，倪居. 老年高血压病患者心理状况及影响因素分析[J]. 中国公共卫生，2006，11（22）：55-58.

[88] 刘靖，宋金伟，何俐. 老年冠心病患者心理状况与相关因素调查[J]. 现代预防医学，2008，35（4）.

[89] 谢秀梅，李别非，余国龙. 老年慢性病患者心理健康状况及其影响因素[J]. 中国临床心理学杂志，2002，10（3）.

[90] 张兰君，马武玲，杨兆兰. 西安城乡老年人心理健康状况研究[J]. 中国健康心理学杂志，2006，14（4）.

[91] 梅锦荣. 老年心理健康的性别差异[J]. 中国临床心理学杂志，1995，3（4）.

[92] 吴振云，李娟，许淑莲. 不同养老方式下老年人心理健康状况的比较研究[J]. 中国老年学杂志，2003，11（23）.

[93] 陈立新，姚远. 社会支持对老年人心理健康影响的研究[J]. 人口研究，2005，29（4）.

[94] 黄希庭，陈传锋，余华. 老年人自我概念与心理健康水平的相关研究[J]. 中国临床心理学杂志，1998，6（4）.

[95] 姚远，陈立新. 老年人人格特征对心理健康的影响研究[J]. 人口学刊，2005（4）.

[96] 黎春虹. 社区老年人心理健康及其应对方式研究[D]. 苏州：苏州大学，2005.

[97] 陈立新，姚远. 老年人心理压力、应对方式与心理健康关系的研究[J]. 西北人口，2006（1）.

[98] 刘肇瑞，黄悦勤，陈红光. 中国≥55岁人群归因于痴呆的精神残疾描述性流行病学研究[J]. 中国心理卫生杂志，2016，30（9）.

[99] 费梅苹. 社会保障概论[M]. 上海：华东理工大学出版社，2005.

[100] 陈景耀. 对当前中国财政可持续性的探讨[J]. 经济科学，2000（4）.

[101] 班茂盛，朱连. 城市人口老龄化对养老保险筹资模式的影响及政策建议[J]. 浙江大学学报（人文社会科学版），2003（11）.

[102] 陈玉领. 人口老龄化与保险业的发展——中国和日本的一个简单比较[C]. 保险业的科学发展：新起点新阶段新形势，2004.

[103] 陈社英. 公共政策视角下中国人口老龄化问题研究[J]. 改革与战略，2010（7）.

[104] 付伯颖. 人口老龄化背景下公共财政政策的选择[J]. 地方财究，2008（10）.

[105] 高淑红. 人口老龄化的财政负担及对策建议[J]. 地方财政研究，2011（1）.

[106] 黄燕芬，尹太兵. 促进我国养老机构发展的财税政策[J]. 税务研究，2010（5）.

[107] 穆光宗. 我国人口老龄化的发展趋势及其战略应对[J]. 华中师范大学学报（人文社会科学版），2011（9）.

[108] 邱红. 发达国家人口老龄化及相关政策研究[J]. 求是学刊，2011（7）.

[109] 苏春红. 人口老龄化的经济效应与中国养老保险制度选择[M]. 北京：经济科学出版社，2010.

[110] 杨默如，李平. 积极应对人口老龄化的税收政策研究[J]. 税务研究，2008（5）.

[111] 杨胜利，高向东. 人口老龄化对社会保障财政支出的影响研究[J]. 西北人口，2012（3）.

[112] 周清. 促进民办养老机构发展的财税政策研究[J]. 税务与经济，2011（3）.

[113] 谢安. 中国人口老龄化的现状、变化趋势及特点[J]，统计研究，2004（8）.

[114] 蔡昉，王美艳. "未富先老"对经济增长可持续性的挑战[J]. 宏观经济研究，2006（6）.

[115] 胡志勇. 论我国"老龄化"的经济影响及财税政策[J]. 东南学术，2012（5）.

[116] 高淑红. 人口老龄化的财政负担及对策建议[J]. 地方财政研究，2011（1）.

[117] 张桂莲，王永莲. 中国人口老龄化对经济发展的影响分析[J]. 人口学刊，2010（5）.

[118] 胡鞍钢，刘生龙，马振国. 人口老龄化、人口增长与经济增长——来自中国省级面板数据的实证证据[J]. 人口研究，2012（3）.

[119] 孙梦楚，高焕沙，薛群慧. 国内外智慧养老研究进展[J]. 特区经济，2016（6）：71-73.

[120] 席恒，任行，翟绍果. 智慧养老：以信息化技术创新养老服务[J]. 老

龄科学研究，2014，2（7）：12.

[121] 左美云. 智慧养老的内涵，模式与机遇[J]. 中国公共安全，2014（10）：48-50.

[122] Godfrey M，Johnson O. Digital circles of support：Meeting the information needs of order people[J]. Computers in Human Behavior，2009，25（3）：633-642.

[123] Eastman J K，Iyer R. The elderly's uses and attitudes towards the Internet[J]. Journal of Consumer Marketing，2004，21（3）：208-220.

[124] 王倩. 社区养老信息服务体系研究[D]. 成都：西华大学，2014.

[125] 刘楠. 深入解读远程照护 Telecare[EB/OL]. 2015-08-17. http：//www. yigoonet.com/article/22517982. html.

[126] 王琳，饶培伦. 中国老年用户信息科技产品的设计准则[J]. 人类工效学，2013，19（3）：82-85.

[127] 孟凡兴，杨华胜，吴庆超. 中国老年人社交网站的可用性评估[J]. 人类工效学，2014，20（3）：42-46.

[128] 王辅贤. 社区养老助老服务的取向、问题与对策研究[J]. 社会科学研究，2005（6）：110-113.

[129] 李宗华，李伟峰，陈庆滨. 欧美社区照顾模式对我国的启示[J]. 东岳论丛，2005（4）：76-78.

[130] 华中生，刘作仪，孟庆峰，雒兴刚，霍宝锋，卞亦文，李四杰，杨翼，金庆伟. 智慧养老服务的国家战略需求和关键科学问题[J]. 中国科学基金，2016（6）：535-545.

[131] 向运华，姚虹. 养老服务体系创新：智慧养老的地方实践与对策[J]. 西安财经学院学报，2016（6）：110-114.

[132] 陈豪，唐艳昕. 西湖区"智慧养老"应用探索[J]. 杭州科技，2014（4）：36-37.

[133] 2014 年社会服务发展统计公报[EB/OL]. http：//www.mca.gov.cn/article/sj/tjgb/201506/201506008324399. shtml.

[134] 罗军飞，廖小利. 社会治理视角下我国养老服务体系建设研究[J]. 广西社会科学，2016（4）：144-149.